慶祝萬國法律事務所
成立45周年系列之一

台灣
IP 法制近十年發展

❀ 萬國法律事務所／著

五南圖書出版公司 印行

序

　　隨著產業的發展、競爭以及人類創新研發的不斷突破，智慧財產權法制的建立及執行，已成為國家具有競爭力的關鍵要素之一，也是評斷一個國家經濟商業環境的重要指標。

　　台灣於2008年創立智慧財產法院，將智慧財產法制推向新的境界；十年前，萬國法律事務所藉著智慧財產法院成立的機會，率先撰寫「智慧財產訴訟新紀元：智慧財產案件審理法評析」一書，於去年智慧財產法院成立十周年之際，本所也藉此回顧並檢討十年來台灣智慧財產法制的發展。

　　本所在推動智慧財產權領域的實務發展，向來不遺餘力，不論是在實務案例的承辦、各種研討會的舉辦及公聽會的參加等等，乃至修法過程，都可見到本所的參與，因而也累積了相當豐富的經驗。

　　在慶祝萬國法律事務所成立四十五周年之時，本所同仁就研究智慧財產權理論的探討及實際實務運作的心得，在「專利進步性、專利權歸屬之探討」、「商標制度之探討」、「智慧財產權管理」、「授權實務」、及「智慧財產權侵權實務之探討」等五個主題集結了十九篇論文，提供社會各界分享，並請指教，希望對於智慧財產法制的建立與發展能有所貢獻，並提

請智慧財產權從業人員參考，互相探討研究，以提昇我國智慧財產法制的健全及其相關產業的發展。

萬國法律事務所創所律師暨所長

陳傳岳

2019年4月25日

作者簡介

林發立

現職：萬國法律事務所資深合夥律師／專利師

學歷：國立中興大學法學士

法律專長：商務投資、智慧財產權、影視娛樂法律、糾紛解
　　　　　決、新創及社會企業。

黃帥升

現職：萬國法律事務所資深合夥律師／專利代理人

學歷：美國紐約州律師、美國哥倫比亞大學法學碩士、英國倫
　　　　敦政經學院法學碩士、私立東吳大學法學士

法律專長：國際訴訟及仲裁事件、國際貿易事件、公司及證券
　　　　　金融事件、公平交易法事件、公司併購、資本市
　　　　　場、勞動法

鍾文岳

現職：萬國法律事務所資深合夥律師／專利師

學歷：日本京都大學法學碩士、國立中興大學法學士

法律專長：智慧財產權事件、企業法律、勞資關係、債權回收、
　　　　　契約審閱、公司法、一般民刑事訴訟、工程法律

呂紹凡

現職：萬國法律事務所合夥律師／專利代理人／美國專利代理
　　　人考試及格

學歷：美國舊金山金門大學法學院博士候選人、美國西雅圖華
　　　　盛頓大學法學院智慧財產權法碩士、國立台灣大學法學

院法學士、國立台灣大學理學院生化所碩士、國立台灣
大學理學院植物系學士

法律專長：智慧財產權法、查緝仿冒、民刑事及行政爭訟、仲
裁事件、科技法

汪家倩

現職：萬國法律事務所合夥律師／專利代理人

學歷：美國柏克萊加大法學碩士、國立政治大學法律研究所、
國立台灣大學法學士

法律專長：智慧財產訴訟、授權與商務契約、競爭法、環境
法、新興科技法律

謝祥揚

現職：萬國法律事務所合夥律師

學歷：美國聖路易華盛頓大學法學碩士／博士、東吳大學法律
學系法學碩士、國立台灣大學法律學系法學士

法律專長：憲法及行政法、民、刑事、行政訴訟、智慧財產
權、競爭法、資訊隱私、個人資料保護

陳冠中

現職：萬國法律事務所助理合夥律師／專利代理人

學歷：美國印地安那大學比較法學碩士、國立台灣大學法律學
士

法律專長：國際專利申請事務、智慧財產權糾紛處理、智慧財
產權管理、電腦相關法律事務、著作權及商標權相
關事務、公平交易法、專利訴訟、專利授權

呂靜怡

現職：萬國法律事務所助理合夥律師

學歷：交通大學科技法律學程碩士、國立台灣大學法學士

法律專長：國內外商標申請、網域名稱爭議處理、商標爭議處
　　　　　理、智財相關爭訟處理、商標民刑事及行政訴訟、
　　　　　著作權及公平法、一般民刑事案件、行政訴訟案件

黃惠敏

現職：萬國法律事務所助理合夥律師／專利代理人

學歷：國立台灣大學法律學院財經法學組博士、美國柏克萊加
　　　州大學法學碩士、國立台灣大學民商法組法學碩士、國
　　　立台灣大學法學士

法律專長：個人資料保護法爭議、著作權與商標權爭議、一般
　　　　　民商暨涉外訴訟、商品製造責任爭議、公平交易法
　　　　　爭議、商務契約、智慧財產事件、消費者爭議、生
　　　　　技醫療爭議

蔡孟真

現職：萬國法律事務所資深律師

學歷：國立台灣大學科際整合法律學研究所碩士、國立台灣大
　　　學分子與細胞生物學研究所碩士、國立台灣大學生命科
　　　學系學士

法律專長：智慧財產事件、生技醫療爭議、企業商務案件

陳建銘

現職：萬國法律事務所專利經理

學歷：國立台灣科技大學電機工程研究所博士、國立台灣科技
　　　大學電機工程研究所碩士、國立台灣工業技術學院電機

　　　　工程學系學士

法律專長：智慧財產權保護與爭訟、專利申請與行政救濟、解
　　　　　釋申請專利範圍、專利侵害鑑定與迴避設計

技術領域：電機、電子、資工、通訊、機構

侯春岑

現職：萬國法律事務所專利經理

學歷：國立成功大學化學所碩士、國立成功大學化學系學士

法律專長：國內外專利申請實務及行政救濟、智慧財產權保護
　　　　　與爭訟、專利檢索及迴避設計、專利策略擬定

技術領域：普通化學、有機化學、古典分析、儀器分析、生化
　　　　　分析、環境分析、表面科學概論、雷射化學、界面
　　　　　化學、蛋白質化學、固態化學

洪珮瑜

現職：萬國法律事務所專利經理／專利師

學歷：國立台灣大學材料科學及工程研究所碩士、國立台灣大
　　　　學環境工程學研究所碩士、國立台灣大學生物產業機電
　　　　工程學系學士

法律專長：智慧財產權保護與爭訟、國內外專利申請與行政救
　　　　　濟、專利策略擬定、專利侵害鑑定與迴避設計

技術領域：半導體、材料分析、環境科學與工程、磁性材料、
　　　　　薄膜製程、觸控顯示技術等領域

孫安婷

現職：萬國法律事務所商標副理

學歷：國立台灣大學政治學系政治理論組輔修法律系學士

法律專長：商標爭議處理、國內外商標申請及行政救濟

目 次

序   I

作者簡介   III

第一部　專利進步性、專利權歸屬之探討   001

　1. 論專利發明人資格及其權利歸屬 / 謝祥揚   003

　2. 專利權歸屬之確認訴訟 / 呂紹凡   025

　3. 判斷專利進步性要件之再檢討 / 呂紹凡   047

　4. 「進步性」判斷的思考層次 / 謝祥揚   067

第二部　商標制度之探討   097

　5. 進擊的著名商標──公司名稱與商標之糾葛 / 陳冠中   099

　6. 台灣商標法實務新訊──說明性文字商標相關爭議
　　 / 林發立、孫安婷   113

　7. 創意商品包裝的商標權保護 / 呂靜怡   139

　8. 商標邊境管制措施 / 呂靜怡   155

第三部　智慧財產權管理   187

　9. 如何成功迴避設計避免專利侵權 / 陳建銘   189

　10. 福善美：醫藥之涉訟專利舉發案實例探討 / 侯春岑   209

11. 如何進行智慧財產的正當注意調查程序——以專利的正當注意調查程序為例 / 汪家倩　237

12. 物聯網專利及其相關實務介紹 / 洪珮瑜　251

第四部　授權實務　265

13. 專利讓與及授權實務 / 洪珮瑜　267

14. 簡介藥品授權英文合約 / 黃帥升　283

15. 智慧財產授權實務問題研究：智慧財產法院近來判決評析 / 謝祥揚　319

16. 專利授權合約是否可涵蓋失效之專利？——歐美司法實務見解於我國的借鏡 / 蔡孟眞　347

第五部　智慧財產權侵權實務之探討　361

17. 台灣商標法之實例解說——商標遭人搶註及其因應對策 / 鍾文岳　363

18. 智慧財產侵害案件程序概要及注意事項 / 鍾文岳　387

19. 論專利間接侵權——以我國實務判決為核心 / 黃惠敏　403

第一部

專利進步性、專利權歸屬
之探討

1

論專利發明人資格及其權利歸屬

萬國法律事務所合夥律師　謝祥揚

壹、前言

　　關於技術研發完成後，何人爲該技術之發明人，何人得持該技術申請專利，同時涉及「發明人資格」（Inventorship；即「何人爲發明人？」）、其「權利歸屬」（Ownership；即「何人擁有因該技術發明而衍生之專利申請權、專利權？」）等問題。關於發明人資格誰屬、何人得持以申請專利、何人應爲專利權人，實務上爭議憑仍。如案件涉及「職務上發明」爭議時，尤見爭執。在科技產業合作模式多元、複雜的現今，產業在研擬思考不同的研發模式時，自當留意如何確保其對研發成果的所有權及與之有關的智慧財產權。

　　在專利法的思維之下，各技術創作的創作人（按：如該技術爲發明，則其創作人即爲發明人；如爲新型，則爲創作人；如爲設計，則爲設計人；以下均以「發明人」統稱），在完成其創作時，即就該創作取得專利申請權。就此，我國現行專利法第5條第2項規定：「專利申請權人，除本法另有規定或契約另有約定外，指發明人、新型創作人、設計人或其受讓人或繼承人。」依此規定，專利申請權應歸屬於發明人、新型創作人、設計人或其受讓人或繼承人。從而，專利申請權實係源於發明創作之本身。原則上，技術創作之發明人於完成其創作時，即已就其所完成之創作取得專利申請權。

　　然而，如發明人是在「僱傭關係」下完成其發明創作，則按專利法第7條第1項規定：「受雇人於職務上所完成之發明、新型或設計，其專利申請權及專利權屬於雇用人，雇用人應支付受雇人適當之報酬。但契約另有約定者，從其約定。」至於何謂「職務上所完成之發明」，同條第2項則規定：「職務上之發明、新型或設計，指受雇人於僱傭關係中之工作所完成之發明、新型或設計。」另一方面，如發明人雖係於受僱於他人之期間完

成特定創作，惟該創作與其僱傭關係下之職務無關者，則依專利法第8條第1項規定：「受雇人於非職務上所完成之發明、新型或設計，其專利申請權及專利權屬於受雇人。但其發明、新型或設計係利用雇用人資源或經驗者，雇用人得於支付合理報酬後，於該事業實施其發明、新型或設計。」

此外，如發明人係受他人委託而從事特定研發創作，其創作之結果，則依同條第3項規定：「一方出資聘請他人從事研究開發者，其專利申請權及專利權之歸屬依雙方契約約定；契約未約定者，屬於發明人、新型創作人或設計人。但出資人得實施其發明、新型或設計。」

按專利法第96條第5項規定：「發明人之姓名表示權受侵害時，得請求表示發明人之姓名或為其他回復名譽之必要處分」。從而，如他人僭稱為某專利技術發明人，而申請專利獲准，真正發明人得依前開規定請求於該專利案中表示發明人的姓名，或為其他必要處分。然而，關於技術創作完成後，如就專利之專利申請權、專利權歸屬發生爭執，實務上對於此類爭執之「爭訟途徑」，亦曾有所爭論。詳言之，如發明人於完成技術創作後將該創作結果持以申請專利，而該發明人之僱用人主張系爭創作屬該發明人「職務上所完成之發明」，該僱用人應為該專利之專利申請權人、專利權人，則於此情形，該僱用人應循何種爭訟途徑，取回前開專利之專利申請權、專利權？就此，曾有實務見解以：「專利申請權」、「專利權」均涉及權利人與專利專責機關間之法律關係，屬公法上權利，故而凡有關「專利申請權」、「專利權」誰屬之爭議，均為公法上爭議，應由行政法院審理；除於例外情形（即：兩造曾就「專利申請權」、「專利權」歸屬訂有契約約定，倘兩造係因該契約而發生爭執時，則可例外允許其中一造循民事救濟途徑解決），主張「專利申請權」、「專利權」遭他人僭越奪取之人，即應循行政爭訟途徑救濟權利，不得向民事

法院提起民事訴訟[1]。

　　然而，司法院102年度「智慧財產法律座談會」「民事訴訟類相關議題」提案及研討結果第2號，已就前此爭訟途徑之爭議，作成結論：「真正專利申請權人得先向民事法院訴請確認權利歸屬獲得勝訴判決，作為行政爭訟程序中有利之舉證」、「依前揭專利法第10條規定意旨，可知因僱傭關係而生專利申請權及專利權歸屬之爭執，可先向民事法院提起確認專利申請權及專利權歸屬之訴訟，於獲勝訴判決確定後，即可附具該確定判決，向專利專責機關申請變更權利人名義。」從而，關於因專利發明人為何人有所爭執，並因而衍生之「專利申請權」、「專利權」歸屬爭議，即得循民事確認訴訟之途徑解決。

　　在關於「爭訟途徑」之爭議落幕後，接續所應探究者，即為相關案例所涉及的實體爭論問題。就此，本文擬以智慧財產法院102年度民專上字第20號民事判決之案例事實、該判決涉及之法律爭點，作為本文論述分析的基礎，並藉由該判決案例的探討，論述本文之主題即：「發明人資格如何認定」、「發明權利歸屬應如何認定」等相關問題。本此問題意識，本文以下謹先簡要介紹前開判決的背景事實、法律爭點、法院見解，其後再依該判決所涉及的實質爭議，詳為論究，並以美國相關案例與我國法相互參照比較，最後並提出本文觀察作為結語。

---

[1]　例如，智慧財產法院100年度民專訴字第38號民事判決（「專利申請權為公法上之權利而非私權，專利申請權人不得以非專利申請權人侵害其專利申請權為由，依據私法之法律關係，提起專利申請權受侵害或請求確認之民事訴訟。例外情形，係當事人依據契約關係約定專利申請權之歸屬，渠等對於專利申請權之歸屬有所爭執，因該契約關係屬私權之爭執，而專利法無明文規定，應經由民事爭訟程序救濟之，故當事人得向民事法院提起確認專利申請權存在或不存在之訴」）。

貳、案例：智慧財產法院102年度民專上字第20號民事判決

　　本文係以智慧財產法院102年度民專上字第20號民事判決，作為討論的基礎。以下，謹於「與本文主題有關」之範圍內，簡要說明該判決的事實背景、法院判決見解，並初步整理分析其中爭點。

一、事實背景

　　本件被上訴人B（即被告）曾任職於上訴人（即原告）A公司，擔任總經理職務。被上訴人B申請取得系爭新型專利，該專利涉及之技術領域，與A公司所營事業相關。

　　上訴人A公司提起本件訴訟，主張：被上訴人（即被告）B為A公司總經理，B於任職A公司總經理職務期間，在A公司所屬人員之協助下（包含提供創作建議；並於系爭專利申請過程中，由A公司人員為B備製專利申請所需圖面等），完成與系爭專利有關之創作。從而，系爭專利自屬B於任職A公司期間職務上所為之創作，其權利應歸A公司所有。然而，B竟將前開創作私自申請系爭專利獲准，系爭專利之專利申請權、專利權應均歸屬上訴人所有。A公司爰向智慧財產法院提起本件訴訟，請求B將系爭專利移轉予A公司。

　　被上訴人B否認A公司前開主張，並稱：系爭專利為其獨立創作而得之研發成果，與B於A公司所任職務無關，並非「職務上所為之創作」。

　　案經智慧財產法院（第一審法院）審理，該法院以101年民專訴字第37號民事判決，駁回上訴人A公司的請求。A公司不服，上訴第二審法院，並於二審審理期間，補稱：縱認系爭專利

並非B於職務上之發明，然兩造間另有簽訂協議書，其中載有：如B使用A公司資源進行研發，其成果由兩造共享之約定；依此約定，系爭專利亦應由兩造共有。A並將其請求變更為：請求確認系爭專利為兩造共有。

二、法院判決

案經智慧財產法院（第二審法院）審理，該法院以102年度民專上字第20號民事判決，駁回A公司之上訴。

法院判決理由略以：

（一）B為系爭專利所涉技術之研發者

A公司雖主張該公司人員曾於系爭專利申請過程中，提供B相關協助（諸如：提供想法、照片、意見；協助繪圖等），因而曾參與系爭專利之「研發過程」。然而，法院認為：「所謂研發過程者，應指以智力創造、反覆試驗之過程，專利說明書之繪製，僅是將創作成果之手繪圖形，以符合專利申請所需之電腦圖形，屬單純之繪圖，並非研發創作過程」。此外，如僅有單純構想，而欠缺據以申請專利的技術手段，亦不得因此即稱其因提供構想，即係「研發過程」之參與。據此，法院認為B為系爭專利所涉技術之研發創作者。

（二）A公司無法證明系爭專利所涉技術為B於職務上之發明

B雖於任職A公司期間擔任總經理職務，但並未專門職司技術研發工作，A公司所提證據方法，均無法證明系爭專利所涉技術，為B任職A公司期間於職務上之發明創作。

（三）兩造間協議並未約定系爭專利應由兩造共有

　　兩造間協議雖載有：如B使用A公司資源進行研發，其成果由兩造共享之約定。然法院認為：該協議所載之「標的」，係系爭專利以外的其他專利，則系爭專利是否為該協議之效力所及，已有疑問。況且，該協議約定「研發成果由兩造共享」，但就此所謂「共享」之「方式」、「時間」、「比例」、「權利內容等」，均未明確記載，難認當事人對所謂共享研發成果已達共識之合意。

三、後續爭訟情形

　　A公司對於上開第二審判決仍有不服，上訴最高法院。經最高法院以103年度台上字第1479號民事判決，廢棄第二審判決，發回更審。發回意旨略以：關於兩造間有無協議約定系爭專利應由兩造共有，該協議之前言既已載明：「就乙方授權甲方使用，甲方在乙方專利獲核前提下，協議如下」等語；該協議第4條亦載明：「倘甲方使用乙方資源進行研發，研發成果由雙方共享」等語，是否仍可認兩造間沒有協議約定專利應由兩造共有，即有疑問。則A公司本於該協議第4條約定，訴請確認系爭專利為兩造共有，是否全然無據，仍有研求餘地。

　　案經發回，智慧財產法院以103年度民專上更（一）字第7號民事判決確認系爭專利為兩造共有。理由略以：「上訴人（按：A公司）有提起本件確認之訴之確認利益存在，而系爭專利授權書業已成立生效，其有關『如使用上訴人資源進行研發，研發成果由雙方共享』之約定並無我國專利法或大陸地區專利法無效之事由存在，兩造自應受其拘束，本件系爭專利既使用上訴人資源進行研發，則上訴人請求確認本件系爭專利為兩造所共有，即屬有據。」

四、問題爭點

　　謹於「與本文主題有關」之範圍內,簡要歸結本件判決涉及的法律爭議問題如下:

(一)發明人資格(Inventorship)應如何認定?

　　依本件上訴人(原告)A公司主張,該公司人員曾參與系爭專利所涉技術的研發歷程,並對該技術之創作有所貢獻。A公司前開主張是否可採,自應按其提出之各項證據逐一加以檢視、審認。然「團隊研發」在科技產業早已屬於常見的研發模式。例如,某一特定的技術研發專案,即可能會有多人參與其中。此外,數間科技業者共同合作從事特定技術的研究發展,或者由產業界與學術研究機構共同合作開發,亦均為科技產業常見的合作模式。於此情形之下,究應如何論斷何人才是某項技術創作的發明人,即為重要課題。尤以,如某項技術的研發時程歷時十餘年,其間研發單位人事更迭,如何認定該研發專案最終研發成果之「發明人」為何人,更為常見的爭議問題。就此爭議,本件法院判決認為僅單純提供抽象的想法[2],或幫助發明人繪製專利圖面,均不能認為對系爭專利所涉技術的「發明」有任何貢獻。然在「多人共同參與」發明過程的情形,應如何論斷何人對該發明有實質貢獻,即為實務上常見之問題。

　　此外,實務上亦常見有技術在發明完成「創作」之後,仍須經過其他「檢驗」、「實驗」確認其功效無誤,方屬完整的研究開發,並得進入「商品化」的階段。於此情形,參與創作完成後之「檢驗」、「實驗」之人,對該「創作」有無實質貢獻?可否

---

[2] 另可參照智慧財產法院97年度行專訴字第43號行政判決,該判決以:如僅單純提供「構想」,而對於「可據以申請專利」之技術並無貢獻,仍不得成為該專利所涉技術之共同發明人。

稱之為該「創作」之共同發明人，實務上亦時有爭議。

（二）權利歸屬（Ownership）應如何認定？

在僱傭關係之下，受僱人完成之發明，其權利歸屬於何人（僱用人或受僱人？），專利法係以該發明是否為第7條所稱「職務上所完成之發明」，抑或為第8條所稱「非職務上所完成之發明」，作為該發明之專利申請權、專利權應歸屬僱用人或受僱人之區別標準。然該「職務上所完成之發明」應如何認定，亦時見爭議。如以同本件情形而言，B雖於A公司任職，然其擔任之職務為該公司總經理，而非該公司研發部門的研發人員；惟可否僅以該人員所任「職務」之屬性與「研發」有無關連，即據以判斷該人員所完成之發明是否為「職務上所完成之發明」？仍有待討論[3]。

---

[3] 例如，台灣高等法院97年度智上易字第3號民事判決即曾謂：「專利法第七條所謂『受僱人職務上之發明』，係指受僱人與僱用人間基於僱傭契約權利與義務之約定，從事參與或執行僱用人產品開發、生產而言，換言之，僱用人僱用受僱人之目的即在負責從事研發工作。故僱用人專以發明為目的或為改良生產技術，僱用受僱人從事研究發明或改良，受僱人受委託完成發明工作，並使用僱用人之設備、費用等，因而完成其發明、新型或新式樣之產品，與僱用人付出之薪資及其設施之利用，或團隊之協力，有對價之關係，故專利法規定，受僱人關於職務上之發明、新型或新式樣，其專利申請權及專利權屬於僱用人。至於公司副總經理，並非專門從事研究發展人員，其所為之創作，並非履行其工作契約上之義務，當非所謂職務上之發明。縱被上訴人原任職該上訴人公司為副總經理，於職務上均完全知悉公司各開發研究產品之內容及功能，充其量僅屬『職務有關之發明』，要非專利法第七條所稱之職務上發明，其專利權非當然由僱用人所有。」

參、問題分析

一、發明人資格（Inventorship）

在美國專利法體系下，某項技術的發明人（自然人），在完成該技術的創作時，即被推定為該技術的所有人[4]。也因此，唯有該項技術的發明人（法律推定的所有人）得以就該項技術具名申請專利[5]。所有專利案記載的發明人，均被推定為該專利技術的「眞實」（true）且「唯一」（only）的發明人[6]，如專利案的發明人記載不實，甚有可能影響該專利的有效性（或，可否據以對他人行使權利，即"enforceability"）[7]。

在我國專利法體系下，雖未使用「發明人資格」（inventorship）的概念，然自專利法第5條第2項規定：「專利申請權人，除本法另有規定或契約另有約定外，指發明人、新型創作人、設計人」可知，我國專利法係使用「專利申請權人」的概念。由於我國專利法並未使用「發明人資格」的概念，故「發明人資格」的正確性，似不會「直接」影響其專利有效性。然按專利法第12條第1項規定：「專利申請權為共有者，應由全體共有人提出申請。」如有違反前開規定之情形，甚可作為提出舉發的事由（專利法第71條第1項第3款規定：「發明專利權有下列情事之一，任何人得向專利專責機關提起舉發：⋯⋯三、違反第十二條第一項規定或發明專利權人為非發明專利申請權人。」）從而，

---

[4]　*See, e.g.,* Teets v. Chromalloy Gas Turbine Corp., 83 F.3d 403, 406 (Fed. Cir. 1996).

[5]　35 U.S.C. §§ 101, 111, 116.

[6]　*See, e.g.,* Ethicon, Inc. v. U.S. Surgical Corp., 135 F.3d 1456, 1460 (Fed. Cir. 1998).

[7]　*See, e.g.,* Eric Ross Cohen, *Clear as Mud: An Empirical Analysis of the Developing Law of Joint Inventorship in the Federal Circuit*, 28 BERKELEY TECH. L. J. 382, 383 (2013); Sherry L. Murphy, *Determining Patent Inventorship: A Practical Approach*, 13 N. C. J. L. & TECH. 215, 216 (2012).

專利獲准後如其專利權人並無專利法所稱「專利申請權人」之資格，或者該專利案另有其他未一同申請專利之專利申請權人，其利害關係人即得據此向專利專責機關提出舉發。自此可知，在我國專利法體系之下，如未能確保專利案「發明人」之正確性，即有可能因此導致「專利申請權人」之爭議，進一步更將導致該專利具有舉發原因，使該專利案之效力陷入不確定之狀態。

　　不僅如此，當專利權人向被控侵權人提起專利侵權的民事訴訟時，如專利權人據以提起訴訟的專利權，有「發明人資格」或專利權人不具「專利申請權人」適格之情形，亦有可能導致「該專利權人無法於該訴訟中依該專利權行使權利」的結果。此觀之我國智慧財產法院97年度民專上字第17號民事判決，曾以：該案原告主張遭被告侵害之專利，因其實際創作人並非系爭專利的專利權人（即該案原告），該案原告並無申請獲准系爭專利之專利申請權人，據此認定該案系爭專利（所載之發明人與實情不符）而具應撤銷之原因，並進而認定該案原告（即專利權人）不得對該案被告（即被控侵權之人）主張權利[8]，即可明瞭。

　　然而，如何認定何人為某項技術的「真正發明人」，實務上爭議猶仍。在美國專利法體系下，如前所述，專利案的「發明人適格」如有疑問，甚可影響該專利的有效性（或可否對他人行使權利）。也因為如此，「發明人適格」的爭議即常見於訴訟之中，美國法院已累積諸多判決及實務見解。其中，在單一發明人（sole inventor）獨自完成發明創作之情形，其關於「何人為發明人」之爭議，或許較不多見。蓋在該單一發明人所為之技術創作已包含：「構想」（conception）的產生，並使該構想得以實

---

[8]　參見智慧財產法院97年度民專上字第17號民事判決：「系爭專利為丁○○所創作，該專利申請權應屬於其所有，因此，上訴人並非系爭專利之專利申請權人，而有專利法第107條第1項第3款之應撤銷原因，上訴人於本件民事訴訟中不得對於被上訴人主張新型專利之權利。」

施（reduction to practice），並符合其他專利要件，則該單一發明人即已完成得依專利法規定據以申請專利的發明[9]。當然，如創作人僅有抽象的想法，或者僅有單純想要解決特定問題的問題意識，仍無從認定其已完成符合專利法要件的發明，必該發明人已獲得「具體」而「特定」（specific and settled）的想法，且已就解決特定的問題找到實際的解決方案，方能謂該發明人已完成符合專利法要件的「發明」[10]。

至於在多人共同發明（joint inventorship）的情形，如何認定何人為真正發明人，則爭議頗多。就此，美國聯邦地方法院（華盛頓特區）於1967年作成之*Monsanto Co. v. Kamp*判決[11]，即曾對共同發明（joint inventorship）的定義有所闡述，並為後續司法判決多次援引。該判決認為：「共同發明係經由二人以上之多數人，為追求相同目的而從事研發工作，並因各自付出研究上的努力，因而獲得相當之研究成果。為能該當『共同發明』之要件，每一位發明人必須對於相同的研究客體進行研究，並且對該研發客體的『發明創新思維』（inventive thought）、『最終研發成果』（final result），均能有所貢獻。如系爭發明係出自於各種不同研發步驟，則每一位發明人需能於其中任一部分執行其研發任務。『共同發明』，不需要每一位發明人均能思及研發概念的全部，亦不需要每一位發明人在相同的空間一同從事研究。實則，如其中一位發明人在某一個特定時間從事特定研發步驟，另一位發明人於不同時間採取其他研發手段，亦能符合共同發明的概念。又，如某一位發明人從事實驗工作，另一位發明人則持續地提供意見，亦有可能該當共同發明的要件。縱算每一位

---

[9]　Cohen, *supra* note 7, at 386.

[10]　*See, e.g.,* Burroughs Wellcome Co. v. Barr Labs., Inc., 40 F.3d 1223, 1228 (Fed. Cir. 1994).

[11]　Monsanto Co. v. Kamp, 269 F. Supp. 818 (D.D.C. 1967).

發明人扮演不同的角色，或其提出的貢獻各自不同，亦無從因此否定其爲共同發明人之事實，如每位發明人均能對於解決問題的最終手段提出具有原創性的貢獻，縱其貢獻僅爲最終研發成果的『一部分』，仍爲共同發明人」[12]。

美國聯邦巡迴上訴法院（United States Court of Appeals, Federal Circuit）於1998年*Pannu v. Iolab Corp.*判決中，對於「共同發明」的概念，亦有所闡釋：「1.每一位發明人對於發明的『構想』（conception）的形成，或使該構想得據以實施（reduction to practice），能提出具重要性的貢獻；2.每一位發明人對於據以請求專利的發明，均能有所貢獻，且如以專利發明整體而言，各該發明人提出的該貢獻應非屬「無足輕重」的貢獻；3.如僅對眞正發明人解釋已知概念，或向眞正發明人說明先前技術的現況，均仍無從據以認屬共同發明人」[13]。

依此可知，美國法院關於「共同發明」的實務見解，其於判斷某人是否爲系爭發明的「共同發明人」時，多半著重於各發明人對於系爭發明的「貢獻」。每位發明人雖然未必需對系爭發明之「整體」均有所「貢獻」，惟其「貢獻」仍需對「據以請求專利」之系爭技術發明而言，具有其重要性（而非無足輕重的貢獻），且與該發明之「構想」、「據以實施」有所關連。如僅單純對其他發明人說明已知的概念、技術，則不與焉。

就我國而言，智慧財產法院101年度民專訴字第52號民事判決，對於發明人應提出如何之「貢獻」始得稱爲系爭發明之發明人，曾有以下闡釋：「發明人須係對申請專利範圍所記載之技術特徵具有實質貢獻之人，當申請專利範圍記載數個請求項時，發明人並不以對各該請求項均有貢獻爲必要，倘僅對一項或數項請求項有貢獻，即可表示爲共同發明人或創作人。所謂『實質貢獻

---

[12] *Id*. at 824.

[13] Pannu v. Iolab Corp. 155 F.3d 1344, 1351 (Fed. Cir. 1998).

之人』係指爲完成發明而進行精神創作之人，其須就發明所欲解決之問題或達成之功效產生『構想』（conception），並進而提出具體而可達成該構想之技術手段。若僅是依他人設計規劃之細節據以實施，單純從事於將構想付諸實施之工作，或從事熟練之技術事項而無創造行爲於內之工作，則非發明人。」其所持以判斷「發明人資格」之標準，與美國實務見解大抵相同。

此外，智慧財產法院102年度民專上字第23號民事判決，則就「構想」、「貢獻」進一步闡釋如下：「一發明專利可能是兩位或多位共同發明人所完成，其中每一位共同發明人均必須對發明之構想產生貢獻。構想是在發明人心中，具有明確、持續一定的想法且應爲完整可操作之發明，未來並可眞正付諸實施，而無須過度之研究或實驗。惟因發明係保護他人爲完成發明所進行之精神創作，若僅是依他人設計規劃之細節，單純從事於將構想付諸實施之工作，或從事熟練之技術事項而無創造行爲於內之工作，抑或使用他人所構思之具體技術手段而進行實際驗證，此等付諸實施之行爲縱然幫助發明之完成，仍難謂係共同發明人。例如單純接受計畫主持人之指示，且依計畫主持人所設計之實驗而完成實驗結果的助理，並不能稱爲共同發明人；或公司品管部經理提出產品缺點，交由研發部門改進開發新產品，則品管部經理不能稱爲共同發明人；或大學之實驗室分離出一純化合物，而交由大學之貴儀中心進行分析確認化合物之具體結構，該貴儀中心之分析人員不能稱爲共同發明人；抑或公司專利部門之專利工程師協助發明人申請專利時撰寫發明專利說明書，該專利工程師仍不能稱爲共同發明人。」、「發明的構想可以表現在專利之申請專利範圍中的每一技術特徵，而對一個共同發明之構想，每一位發明人雖無須對該發明做出相同形式或程度之貢獻，但每一位發明人仍必須做出重要的一部分才能有該發明。此外，確立發明的構想之後，如僅僅只是付諸實施之人並不能稱作發明人；且單純提供發明人通常知識或是解釋相關技術，而對申請專利發明之整

體並無具體想法之人，亦不能稱作是共同發明人。再者，一位共同發明人並不需要對每一項申請專利範圍做出貢獻，而是對其中一項申請專利範圍有所貢獻即可，且共同發明人必須有共同從事合作研究之事實，個別進行研究之兩人，縱基於巧合而研究出相同之發明，仍不能稱為共同發明人。」

二、發明的權利歸屬（Ownership）

　　事實上，「發明人資格」的重要性，不僅止於其「正確性」將影響專利的有效性，更在於「發明人資格」攸關「權利歸屬」的認定，並進一步影響專利權人能否依該專利對他人行使權利的資格。美國聯邦巡迴上訴法院1998年Ethicon, Inc. v. U.S. Surgical Corp.判決[14]，即為適例。在該案中，原告（專利權人）主張被告侵害其所有的系爭專利。然被告發現：除系爭專利所記載的發明人A外，另有他人B對於系爭專利之發明有所貢獻，應屬共同發明人，被告甚且獲得該「共同發明人」授權使用系爭專利之發明。案經法院審理，法院認定B確實對於系爭專利之發明有所貢獻，為系爭專利之發明的共同發明人。雖然原告（專利權人）於該訴訟中主張被告侵害的請求項次，並未涉及共同發明人B所為之貢獻，惟法院仍認：B既為系爭專利之發明的共同發明人之一，B對系爭專利即同樣具有「所有權」，任何依據系爭專利而行使權利之行為（包含提起本件訴訟在內），均需獲得B之同意。由於B已同意授權本件被告使用其專利技術，自無可能再與系爭專利之專利權人（即本件原告），一同於本件訴訟中主張被告侵權，法院即認為本件提起訴訟之原告，其原告適格（standing）有所欠缺，因而駁回其訴。由此可見，在美國法體系下，發明人適格不但會影響因該發明而生之專利權的歸屬，甚

---

[14] Ethicon, Inc. v. U.S. Surgical Corp, 135 F.3d 1456, 1465 (Fed. Cir. 1998).

至將影響專利權人能否合法提起專利侵權訴訟[15]。

在一般情形下，發明人因完成特定發明後，即對其自行研發而得之發明，取得「因該發明而生之相關智慧財產權」。然在「僱傭關係」之下，如受僱人係於從事其職務工作之過程，研發獲得特定發明，則因該發明而生之專利申請權，即應歸屬於其僱用人。此為我國專利法第7條第1項規範要旨所在。美國法院亦曾透過歷來判決之累積，在普通法（common law）的體系之下，形成類似之實務見解。在勞僱雙方未有約定之情形，美國法院在判斷受僱人發明之權利歸屬時，多會考量以下因素：1.該僱傭關係的本質；2.系爭發明與僱用人所營事業間之關係；3.在系爭發明之研發過程中，受僱人是否使用僱用人之資源[16]。從而，如受僱人之所以受僱於其僱用人，即係為該僱用人從事特定問題解決方案之研求、為特定之目的而從事特定實驗工作，受僱人於前此過程中獲得之發明，即應歸僱用人所有[17]。此外，法院於判斷受僱人所為之創作是否應歸屬其僱用人時，其審究之重心，應在於該受僱人所提供「服務」的本質，並應留意該受僱人對其僱用人究竟負有何職務上的義務（亦即，其職責為何？），如其職責即係為其僱用人從事研發工作，則因而獲得的研發成果，即應歸其僱用人所有[18]。關於前述「職責」的認定標準，另有法院判決進一步指出：如果受僱人的工作職責包含研發、解決特定問題，而該名受僱人履行前開工作職責的過程中，必當有所「發明」者，則該受僱人因而獲得之發明結果，即應歸屬於其僱用

---

[15] 相類似的案例背景及法院見解，亦可見於美國聯邦巡迴上訴法院2007年*Israel Bio-Engineering Project v. Amgen, Inc.*判決。See Israel Bio-Engineering Project v. Amgen, Inc., 475 F.3d 1256 (2007).

[16] *See, e.g.,* Henrik D. Parker, *Reform for Rights of Employed Inventors*, 57 S. CAL. L. REV. 603, 607-8 (1984).

[17] Stranco, Inc. v. Atlantes Chem. Sys. Inc., 15 USPQ2d 1704, 1716 (S. D. Tex. 1990).

[18] Houghton v. United States, 23 F.2d 386 (4th Cir. 1928).

人[19]。此外，雇用人與受雇人有否於兩造間聘僱合約中約明該雇用人應從事特定研發工作，未必會成為法院判斷的唯一考量所在；如受雇人於聘僱期間，曾受其雇用人具體指派從事特定研發工作，並於執行此工作任務的過程中獲得特定研發成果，縱使兩造未於聘僱合約中將「從事該特定研發工作」約明為該受雇人所應從事的職務事項，法院仍認前開發明成果應歸雇用人所有[20]。綜合前開實務見解，美國法院於判斷受雇人的發明應否歸其雇用人所有時，其判斷重心在於該「發明」與該受雇人所應履行的工作職責間之關連性。

就我國而言，智慧財產法院100年度民專上字第51號民事判決，曾就何謂「職務上之發明」，有所闡釋：「按專利法第7條第2項規定，前項所稱職務上之發明、新型或新式樣，指受雇人於僱傭關係中之工作所完成之發明、新型或新式樣。故所謂職務上所完成之發明，必與其受雇之工作有關聯，即依受雇人與雇用人間契約之約定，從事參與或執行與雇用人之產品開發、生產研發等有關之工作，受雇人使用雇用人之設備、費用、資源環境等，因而完成之發明、新型或新式樣專利，其與雇用人付出之薪資及其設施之利用，或團聚之協力，有對價之關係，故專利法規定，受雇人關於職務上之發明、新型或新式樣，其專利申請權及專利權屬於雇用人。其立法意旨在於平衡雇用人與受雇人間之權利義務關係，其重點在於受雇人所研發之專利，是否係使用雇用人所提供之資源環境，與其實際之職稱無關，甚至與其於契約上所約定之工作內容無關，而應以其實際於公司所參與之工作，及其所研發之專利是否係使用雇用人所提供之資源環境為判斷依據。」

[19] Scott Sys., Inc. v. Scott, 996 P.2D 775 53 USPQ2d 1692, 1693-94 (Colo. Ct. App. 2000).
[20] Florida v. Neal, 12 So. 2d 590, 591, 57 USPQ 175, 175 (Fla. 1943).

　　自上開判決見解可知,法院在判斷雇用人之發明是否屬於我國專利法所稱「職務上之發明」時,亦係在強調:受僱人「職務上之發明」,與該受僱人所應履行的工作職責,應當有所關連。此外,必要時亦可考量該受僱人於發明過程中有否使用雇主提供的資源(設備、費用、環境等)。

　　此外,智慧財產法院100年度民專訴字第89號民事判決,則進一步認定我國專利法第7條第1項所稱之「受僱人」,係指:「於契約存續期間內,在客觀上有服務僱用人指示,提供一定勞務,而受其監督之人,性質上即於民法第188條所界定之受僱人,是否為專利法第7條第1項所稱之受僱人,必須依契約內容與屬性而定,不得僅因發明人之職務為經理人,即謂無專利法第7條第1項規定之適用。」此見解與前引美國法院判決相似,均以受僱人實質依其雇用人指示而提供的服務內容,作為判斷依據。

　　就此爭點,智慧財產法院於104年度民專上字第26號民事判決中則認為:「是以依法律文義及實務見解,本規定所定之受僱人應指僱傭關係下之受僱人而言。惟所謂『受僱人於職務上之發明』,參酌同條第2項規定,係指受僱人與雇用人間基於僱傭契約權利與義務之約定,從事參與或執行雇用人產品開發、生產而言,換言之,雇用人僱用受僱人之目的為負責從事研發工作,雇用人專以發明為目的或為改良生產技術而僱用受僱人從事研究發明或改良,受僱人受委託完成發明工作,並使用雇用人之設備、費用等,因而完成其發明、新型或新式樣之產品,與雇用人付出之薪資及其設施之利用或團體之協力,有對價之關係,故專利法規定,受僱人關於職務上之發明,其專利申請權及專利權屬於雇用人。」

　　現一般雇主均於其與雇用人間之聘僱合約書約明該雇用人於受僱期間所得之發明創作,其權利(包含因而衍生的相關智慧財產權)均歸雇主所有,以求其明確。然在未有約定,或雖有約

定，但其意旨未臻明確時，即應回歸前開原則之判斷與適用。當然，聘僱合約書在一般情形，係由雇用人預先備妥合約約款內容，供受僱人簽署，該合約中各約款之效力是否為法院承認，則仍待個案中由法院按具體情形而為論斷。

值得關注的是，智慧財產法院於105年度民專上字第37號民事中間判決中，就受雇人將其於僱傭關係中所完成之創作，於僱傭關係結束後自行持以申請專利獲准，則原雇用人請求確認該專利之權利歸屬時，所應提出之舉證，以及權利歸屬應如何判斷等爭議，闡釋如下：「按受雇人於職務上所完成之發明、新型或設計，其專利申請權及專利權屬於雇用人，雇用人應支付受雇人適當之報酬。但契約另有約定者，從其約定。前項所稱職務上之發明、新型或設計，指受雇人於僱傭關係中之工作所完成之發明、新型或設計，專利法第7條第1項、第2項定有明文。受雇人與雇用人間專利權歸屬之爭議，涉及受雇人受雇從事研發工作，嗣後以自己名義申請取得之專利權，究應歸屬受雇人或雇用人所有之爭執。首應究明者，乃專利權歸屬之爭議與專利權侵害之爭議，二者在性質上及保護對象上有所不同，在專利權之侵害，專利權人主張保護之權利範圍，應以核准公告之申請專利範圍（即請求項記載之內容）為準，而專利權之歸屬，係保護受雇人在職務範圍內，利用雇用人之資源，從事技術研發所獲致之成果，應由雇用人享有，保護之範圍為受雇人在職務上所完成之研發成果（技術上之創新或改良）。法院應調查審認受雇人在職期間之職務內容及其研發成果為何，並與其所申請的專利權之技術內容進行比對，以確認二者之技術內容是否相同。比對之結果，如受雇人申請之專利請求項與其職務上所完成之研發成果，其技術內容為完全相同或完全相異，固足以認定該專利係受雇人職務上之發明，或非職務上之發明，惟如部分請求項相同，部分請求項不同時，則須判斷該不同之部分，究係受雇人自己所為之技術創新，或僅係引用申請時之通常知識或先前技術，如為前者，該不同之部分

已超越受雇人職務範圍之研發成果，而為進一步之改良，應認為非屬受雇人職務上之發明，如為後者，該不同之部分並無技術上貢獻，本不得主張專利權之保護，如其他具有技術上貢獻部分，與受雇人職務上所完成之研發成果技術內容相同，仍應認為受雇人所申請之專利權為其職務上之發明，屬於雇用人所有。否則，受雇人提出專利申請時，只須在請求項中附加申請時既有之通常知識或習知技術，即可輕易規避專利法第7條關於受雇人職務上所完成之發明其專利申請權及專利權歸屬雇用人所有之規定，顯屬有失公平。」

肆、結語

　　在本文第貳部分討論的案例（智慧財產法院102年度民專上字第20號民事判決）中，關於「發明人資格」的認定，法院見解係以該案上訴人（即原告）A公司人員提供被上訴人（即被告）B之協助，均與該專利所涉及技術之「構想」、據以實施之技術，無任何關連，故認為B應為系爭專利之唯一創作人。此認定與前文所述「真正發明人」應限於對「發明的『構想』（conception）的形成，或使該構想得據以實施（reduction to practice）」有所貢獻之人，其見解大致相同。惟此處應注意者為，依該判決之記載，A公司人員除了協助B繪製專利圖面外，亦有其他人員曾提供B有關該專利技術之構想。如此所稱之「構想」僅為抽象想法，已為各界所熟知，自無從因該員曾提供B有關專利技術之構想，而將之視為系爭專利所涉技術之共同創作人。然如該所謂「構想」確實對系爭專利所涉技術有「實質貢獻」，且該「構想」本身未見於先前技術，則仍有將該員論為共同創作人或共同發明人之可能。

　　此外，該判決以B僅為A公司總經理，該職之職務內容並未

包含研究開發，並據此認定系爭專利所涉技術並非B職務上之發明。此認定與前文所述「職務上發明」應限於受雇人於執行其職務過程中所得之發明成果，所持見解大抵一致。然如該案上訴人得舉證證明A公司曾具體指派B從事與系爭專利有關技術之研發工作，則或可作為A公司主張系爭專利所涉技術該當我國專利法第7條第1項所稱「受雇人於職務上所完成之發明、新型或設計」之證明。

最後，該判決認定：兩造間協議雖載有：如B使用A公司資源進行研發，其成果由兩造共享之約定。然法院認為：該協議所載之「標的」，係系爭專利以外的其他專利，則系爭專利是否為該協議之效力所及，已有疑問。況且，該協議約定「研發成果由兩造共享」，但就此所謂「共享」之「方式」、「時間」、「比例」、「權利內容等」，均未明確記載，難認當事人對所謂共享研發成果已達共識之合意。從而，法院係以前開「協議」未能明確約定「權利共享」之具體方式，而否定A公司之主張。

相類似的「契約解釋」爭議，亦曾見於智慧財產法院99年度民專上字第3號民事判決。在該案中，上訴人（原告）主張被上訴人（被告）未經其同意即使用上訴人所有專利之技術，侵害其系爭專利之專利權。然被上訴人則抗辯：兩造間曾簽署合作開發協議，系爭專利即屬該協議之範圍；依該協議之約定：兩造間合作開發之成果，其「專利權」應歸屬被上訴人所有；被上訴人據此主張：其才是系爭專利之真正專利申請權人，上訴人（原告；專利權人）並非真正專利申請權人，系爭專利有應撤銷之原因，上訴人不得對被上訴人主張權利。案經法院審理，法院認同被上訴人的前開主張，認定系爭專利之技術，為兩造合作開發協議效力所及，依該協議約定系爭專利技術之專利申請權，應歸屬被上訴人所有。上訴人雖抗辯前開協議約定之意旨，應僅限於「專利權」，而不及於本件系爭專利之新式樣（亦即，現行專利法所稱之「設計專利」）。惟上訴人前開抗辯仍不為法院所採。

究其原因，恐仍與協議約定之內容及契約解釋之方法，最爲攸關。

　　從前開智慧財產法院99年度民專上字第3號民事判決，乃至於智慧財產法院102年度民專上字第20號民事判決，均可知如有多人合作共同開發特定技術之情形，而各方之間有意「共享」因而獲得之開發成果，其合作開發之協議內容，即應具體載明此所謂「開發成果」之範圍，更應詳列各方間所擬「共享」的權利爲何、共享方式爲何（例如：由一方先行取得權利後，再授權他方；或者，由各方一起申請取得專利，並共有該專利），是否有期間限制等。否則，其間是否會因協議約定內容未臻明確而叢生爭議，最後折損最初各方間「共同合作」開發研究的美意，即非各方所樂於見到的局面。故而，在多人共同參與研發合作之情形，允宜於合作關係開始之前，充分溝通，並將所達成之共識，清楚載明於協議約定之中，以求合作順利完成，並能各自享有此間的研發成果。

2

專利權歸屬之確認訴訟

萬國法律事務所合夥律師　呂紹凡

案 例

　　甲公司與乙公司約定就某專案共同進行產品改良及開發，1.如就產出之成果（包括智財權）之歸屬並未約定，誰可主張智財權？2.如約定為共有，但甲公司未經同意自行申請，乙公司應如何處理？3.如約定為共有，但甲公司員工丙以自己之名義申請專利，甲乙公司應如何處理？

壹、前言

　　在現今之產業中，要僅靠勞力密集、降低成本的方式經營，已屬不易，企業已多能瞭解專利權對於保護所開發的技術之重要性，除策略上須以營業秘密保護者外，大部分均以申請專利的方式進行。

　　當所申請的專利之價值尚未浮現時，專利的參與者縱使知道內容有些許瑕疵[1]，但可能沒有足夠的動機加以治癒該瑕疵。然而，一旦出現價值後（例如，專利內容變成關鍵技術、有人來談授權等），大家就開始爭執誰才是真正的專利權人。這些案例，在近年智慧財產法院的判決中，屢見不鮮，也可嗅出我國智慧財產權逐漸受到重視的另一種面向。

　　在企業中，與他公司或學界合作，一直是新技術開發的重要模式，但因此所產生的智慧財產權，應事先以契約做完善的規範，否則日後陷入權利不清的狀態，必然減損專利的價值，實值得企業界深思。本文將歸納智慧財產法院近年來有關專利歸屬之訴訟案例，分析可能之類型，以供公司法務智權部門參考，並事先規劃。

---

[1]　常見的瑕疵例如酬庸性放入無實質貢獻之人為發明／創作人、未依約定申請專利等。

貳、專利申請權之定性

　　專利法涉及國家機關授與專利權之公法性質，但專利權作爲財產權之一種，亦帶有私法色彩，雖然大部分的範圍是可以清楚區別，但小部分例如我國智慧財產訴訟二元制之設計，也產生些許爭論[2]。此外，關於「專利申請權」之定性，智慧財產法院102年度民專上字第18號見解如下：

一、專利申請權原則爲公法之法律關係

　　按「『專利申請權，係指得依本法申請專利之權利』、『專利申請權人，除本法另有規定或契約另有訂定外，係指發明人、創作人或其受讓人或繼承人』，專利法第5條定有明文。專利申請權爲申請專利之權利，專利申請權爲專利權成立前之階段權利，在專利權申請經智慧局審查認定應授與專利權之前，僅爲取得專利權之期待權。專利申請權係依據專利法向國家申請專利之權利，其性質爲公法上之請求權，國家依據專利法授與專利申請權人專利權，該授與專利權之決定，其爲形成私法關係之行政處分，性質屬於公法事件而爲公法上之法律關係。準此，專利申請權爲公法上之權利而非私權，專利申請權人不得以非專利申請權人侵害其專利申請權爲由，依據私法之法律關係，提起專利申請權受侵害或請求確認之民事訴訟。」

二、專利申請權例外爲私法之法律關係

　　「『專利申請權及專利權，均得讓與或繼承』、『雇用人

---

[2]　熊頌梅，當公法遇上私法—從智慧財產案件審理法第16條談起，月旦法學，第139期，頁18-40（2006年12月）。

或受雇人對專利法第7條及第8條所定權利之歸屬有爭執而達成協議者，得附具證明文件，向專利專責機關申請變更權利人名義。專利專責機關認為必要時，得通知當事人附具依其他法令取得之調解、仲裁或判決文件』，專利法第6條第1項及第10條分別定有明文。專利專責機關審查申請案件，依專利法第5條、第7條及第8條等規定，雖得審認申請人是否為專利申請權人，然無確定專利申請權歸屬之效力。故專利專責機關依申請人提出之資料認定其為專利申請權人，審定專利符合專利要件而為核准專利之行政處分，利害關係人得檢附證明文件提起舉發，除依所附證明文件即足推翻先前所為專利申請權人為申請人之認定外，專利專責機關不得就專利申請權人之歸屬予以裁斷（最高行政法院89年度判字第1752號判決參照）。再者，當事人依據契約關係約定專利申請權之歸屬，渠等對於專利申請權之歸屬有所爭執，因該契約關係屬私權之爭執，而專利法無明文規定，應經由民事爭訟程序救濟之，故當事人得向民事法院提起確認專利申請權存在或不存在之訴（最高行政法院91年度判字第25號判決參照）。」

三、依爭執之事實定性，並且由民事法院審判

「兩造間如有經銷之法律關係，則一造主張本件專利申請權之歸屬爭議，屬專利法第7條及第8條所定權利之歸屬有爭執者，依專利法第10條有關專利申請權之爭執，本質上屬私法上之契約關係。準此，應認此項爭執為私法之法律關係，應由智慧財產法院民事庭審判之。」

就此，智慧財產法院103年度民專訴字第71號判決更明確指出：「新型專利權人為非新型專利申請權人，任何人得向專利專責機關提起舉發，修正前專利法第119條第1項第3款設有規定，惟專利申請權與專利權均以同種專利為標的，專利申請權為專利

權成立前之階段權利，依同法第6條第1項規定，二者均得讓與或繼承，是專利申請權與專利權同，亦屬私法上之權利。申請專利，須係專利申請權人始得為之，故專利申請權與專利權孰屬，涉及私權爭執，由民事法院審理，專利專責機關應不得就事涉私權爭執之專利申請權人誰屬予以裁斷（最高行政法院88年度判字第4110號判決、89年度判字第2116號判決參照）」可資參照。

參、確認利益

基此，當專利權之歸屬出現紛爭時（真正專利權人發現專利遭他人申請），可提起民事確認訴訟以釐清孰為真正專利權人，之後再以確定判決請求智慧財產局依專利法第35條之規定為後續處理。以下謹說明確認訴訟之要件及判斷是否具有訴之利益之類型。

一、要件及適用範圍

所謂即受確認判決之法律上利益，係指法律關係之存否不明確，原告主觀上認其在法律上之地位有不安之狀態存在，且此種不安之狀態，能以確認判決將之除去者而言（最高法院52年台上字第1240號、52年台上字第1922號判例參照）。

一般而言，原告主張其為系爭專利之創作人及申請權人或為系爭專利之共同創作人及共同申請權人等情，此如為被告所否認，則可見兩造間就系爭專利之創作人或申請權人究為何人有所爭執，致法律關係存否不明確，而該等不明確之情形，攸關原告是否得享有系爭專利之權利義務，致原告在法律上之地位有不安之狀態存在，而此種法律上地位不安之狀態，當得以本件確認判

決加以除去,是原告提起確認訴訟,自有確認利益。

據此,提起確認之訴之要件包括:1.為私法之法律關係;2.兩造爭執之法律關係不明確;3.被上訴人之私法地位受有侵害之危險,得以確認判決除去其危險者。

智慧財產法院103年度民專上更(一)字第7號判決進一步指出:「又因僱傭關係而生專利申請權及專利權歸屬之爭執,可先向民事法院提起確認專利申請權及專利權歸屬之訴訟,於獲勝訴判決確定後,即可附具該確定判決,向專利專責機關申請變更權利人名義,實務上並已擴及僱傭關係以外之專利申請權及專利權歸屬爭議。」實務上除常見的僱傭關係所生之申請權爭執外,在出資關係(專利法第7條第3項)、合作關係,甚至是毫無關係(例如,專利法第22條第3項第4款之非出於本意而洩漏、剽竊等),均可提起。

二、不具確認利益之實例

(一)並非系爭專利核准時之利害關係人

智慧財產法院103年度民專上字第11號判決略謂:「關於新型專利權由非真正專利申請權人提出申請或違反第12條第1項未由共同申請權人提出申請之情形,應僅限於有利害關係之人,始得提出舉發,並非任何人均可提出。所謂利害關係人,係指為真正具有專利申請權之人或共有專利申請之人。上訴人主張系爭專利之申請權人應為原證2、3之專利發明人○○○,上訴人並非系爭專利之創作人或申請權人,且被上訴人未對上訴人提出專利民事侵權訴訟,亦不具有法律之利害關係。職是,上訴人非為系爭專利申請時之專利法第107條第2項所稱之利害關係人。」(經最高法院104年度台上字第1355號判決維持)

（二）已逾二年時效

　　智慧財產法院103年度民專上字第11號判決指出：「按關於智慧財產權有無應撤銷、廢止原因之同一事實及證據，業經行政爭訟程序認定舉發或評定不成立確定，或已逾申請評定之法定期限，或其他依已不得於行政爭訟程序中主張之事由，於智慧財產民事訴訟程序中，不得再行主張。智慧財產案件審理細則第28條第2項定有明文。故當事人就專利權之有效性，在智慧財產民事訴訟中抗辯，以法律規定得為抗辯者為限，倘逾申請撤銷之法定期限，依實體法規定不得再行舉發，基於誠信原則，在智慧財產民事訴訟不得再行爭執。系爭專利自98年11月21日公告迄今顯逾二年，已不得依修正前專利法第107條第1項第3款規定提起舉發。職是，上訴人在本件確認之訴，不得再行爭執系爭專利申請權不存在。況專利權應否撤銷，為經濟部智慧財產局之權限，對專利權或專利申請權存在與否，倘有爭議者，應循行政爭訟程序解決，當事人藉民事確認之訴，請求確認專利申請權存在或不存在之判決，不發生使行政機關撤銷專利權登記之效力，欠缺即受確認判決法律上利益。」

　　前揭判決認為以「新型專利權人為非新型專利申請權人者」提起舉發（相當於現行專利法第119條第1項第3款），因舊法第108條（現行專利法第120條）準用舊法第34條（現行第35條）需於「該專利案公告後二年內」提起舉發，逾期則應考量法律安定性而不許再以此事由提起，此理由應屬正確，惟該判決繼續說明「況專利權應否撤銷，為經濟部智慧財產局之權限，對專利權或專利申請權存在與否，倘有爭議者，應循行政爭訟程序解決，當事人藉民事確認之訴，請求確認專利申請權存在或不存在之判決，不發生使行政機關撤銷專利權登記之效力，欠缺即受確認判決法律上利益。」論述上似嫌多餘。

（三）專利申請案已遭智慧財產局審定不予專利確定

　　智慧財產法院102年度民專上字第18號判決略謂：「系爭專利申請經智慧局駁回確定在案，足認系爭專利申請不具進步性，縱使被上訴人為系爭專利申請之申請權人，然已確定無法取得專利權，是被上訴人欲藉由系爭專利申請而取得專利權之私法上之地位，顯無受侵害之危險。」

肆、訴之聲明

　　典型之確認訴訟之訴之聲明可例如：「確認原告為中華民國發明專利第○○○號之共同發明人及共同申請權人」（積極確認，如智慧財產法院103年度民專訴字第88號判決主文）、「確認被告對中華民國發明專利第○○○號發明專利權及專利申請權不存在」（消極確認，如智慧財產法院102年度民專上字第9號判決主文）。

　　此外，因專利權移轉登記係屬給付訴訟，其內含確認專利權權利歸屬之性質，如起訴時聲明為「被告應將中華民國發明專利第○○○號讓與原告」，嗣後將訴之聲明變更為「確認中華民國發明專利第○○○號為原告所有」，其性質係屬減縮應受判決事項聲明，應予准許。參見智慧財產法院103年度民專上更（一）字第7號判決。

　　另如因專利權歸屬之爭議同時涉及台灣及其他國家，可否於我國智慧財產法院起訴併同確認外國專利權之歸屬？此涉及外國法院對於我國判決的認可及執行，並非當然不行，而需視具體國家及各案而定。智慧財產法院103年度民專上更（一）字第7號判決因原告可持我國確定判決向中國法院請求認可及執行，因而認定在我國提請確認中國專利權歸屬具有確認利益，並進而判決

「確認中華人民共和國公告號○○○實用新型專利之專利權爲上
訴人AA公司及被上訴人BB共有。」

　　細繹前揭判決內容，法院係以「本院透過法務部函詢大陸地
區最高人民法院有關本院所爲『確認大陸地區專利爲兩造共有』
之判決能否在大陸地區執行、大陸地區相關單位是否即會依本院
判決將專利權人變更爲共有，經大陸地區最高人民法院回覆稱：
『根據『最高人民法院關於人民法院認可台灣地區有關法院民事
判決的規定』的有關規定，當事人可以向大陸有關人民法院申請
認可和執行台灣地區有關法院所做出的生效民事判決；經人民法
院裁定認可的台灣地區有關法院民事判決，與人民法院作出的生
效判決具有同等效力。根據大陸『專利法實施細則』的有關規
定，除依照專利法第十條規定轉讓專利權外，專利權因其他事由
發生轉移的，當事人應當憑有關證明文件或法律文書向國務院專
利行政部門辦理專利權轉移手續。故，依據上述規定，台灣地區
智慧財產法院作出的生效民事判決，如需在大陸獲得執行，須經
當事人申請並得到大陸人民法院的裁定認可。』有（2015）法
助台請（調）復字第31號海峽兩岸共同打擊犯罪及司法互助協
議調查取證回復書附卷可參。由此可知，當事人間若對我國及大
陸地區的專利權歸屬有爭執，經提起確認之訴獲勝訴判決後，於
我國可依該確定判決向經濟部智慧財產局申請變更權利人名義，
於大陸地區可以該確定判決向大陸地區人民法院申請認可和執行
後，向國務院專利行政部門辦理專利權轉移手續，而得有效解決
兩造紛爭。查依台灣地區修正前與現行專利法第31條、大陸地
區之專利法第9條，就專利權之取得，均適用先申請與註冊取得
主義，被上訴人現分別註冊登記爲系爭台灣專利與系爭大陸專利
之專利權人，上訴人提起本件訴訟請求確認系爭專利爲上訴人與
被上訴人共有，惟爲被上訴人所否認，則上訴人在法律上之地位
確實存有不安之狀態存在，且此不安之狀態，依上開有關以確定
判決向我國或大陸地區相關機關辦理變更專利權人之說明，可知

該等不安狀態得以法院確認判決除去，故上訴人請求確認系爭專利為兩造共有狀態，應有確認利益存在，自得提起本件確認之訴。」可資參照。

伍、故事從合作開始、也因合作而破滅

一、共同開發

兩家公司間以「共同開發」之名義進行合作，是業界極為常見之模式，兩造於合作過程中知悉最新研發進展，如一方不遵守約定（或根本沒有約定）就把研發成果拿去申請專利，另一方於專利公告或公開後始知悉，糾紛即因此而起（案例詳智慧財產法院103年度民專上更（一）字第7號判決）。

二、顧而不問

企業以「顧問」的形式與他人合作，聽取專家就技術上的建議與指導，也屬常態，然而在這種情況下所獲得的技術突破及可專利成果，究竟屬於何人，誠屬疑義。如果沒有約定契約（這類顧問與公司間沒有約定專利權歸屬也屬稀鬆平常），或如以下案例所示無法律上原因而對他人「忠告」之顧問，此時應依誰對於技術特徵有「實質貢獻」而決定發明人及申請人[3]。反面言之，

---

[3]　正面解釋實質貢獻的判決，請參見智慧財產法院101年度民專訴字第100號：「所謂發明人係指實際進行研究發明之人，發明人須係對申請專利範圍所記載之技術特徵具有實質貢獻之人；所謂『實質貢獻之人』係指為完成發明而進行精神創作之人，其須就發明所欲解決之問題或達成之功效產生構想（conception），並進而提出具體而可達成該構想之技術手段。」反面解釋實質貢獻的判決，請參見最高法院104年度台上字第2077號：「共同發明人必須以明

企業聘請這類的顧問，建議仍應於聘僱之前簽署包含智財權歸屬之契約，以釐清雙方之權利義務，避免日後從「敬重」到「對簿公堂」。

　　智慧財產法院104年度民專上字第22號判決略謂：「原告為訴外人○○公司之負責人，多年來從事各式眼鏡之設計、製造、加工及買賣。因被告原先之眼鏡產品有製作成本高、組裝困難等問題，原告審視被告之眼鏡產品後，指出該眼鏡產品之問題在於其係利用螺絲將鏡片與鏡腳鎖固結合，導致其生產成本提高及組裝不易，遂提議『不使用螺絲，使用穿入卡榫定位同時可為摺疊的鏡腳，使其以穿進鏡片且可反勾定位』之構想，如此即可達到降低成本並容易組裝等效果。詎料，被告竟依據原告所提出之系爭技術構想申請中華民國新型第○○○○號『眼鏡』專利，且記載發明人為訴外人即被告公司產品經理陳○○。然依系爭專利說明書所記載之『先前技術』、『新型內容』、『實施方式』、『申請專利範圍』等內容，可知系爭專利係援用原告所提出之系爭技術構想，故原告應為系爭專利之發明人及專利權人，或至少應為系爭專利之共同發明人及共同申請權人。」可資參照。

三、出資委託

　　出資委託（outsourcing）他人開發特定技術，實屬當今企業分工之必然趨勢，蓋企業不會擁有各方面之人才，或因成本考量，而將一部份研發事項委託他人進行。專利法第7條第3項雖

確清楚令人信服的證據，證明其對於申請專利範圍的概念，有實質的貢獻。倘僅係簡單提供發明者通常知識或係解釋相關技術，而未對專利申請之整體組合有具體想法，或僅係將發明者之想法落實之通常技術者，甚至在發明過程中，僅提出設想或對課題進行指導或提出啟發性意見、只負責組織工作、領導工作、準備工作，並不構成發明創造具體內容的人，均非得認為發明人或係共同發明人。」

就此種情形之歸屬予以規定，但由於專利乃現代企業生存之重要命脈之一，如果因為沒有約定而歸屬於發明人、創作人或設計人者，雖企業可實施該發明、新型或設計，但對於授權[4]、日後衍生專利之佈局[5]等也會有所影響。

就此，智慧財產法院102年度民專訴字第29號判決略謂：「被告○○公司前於民國99年間委請原告研究開發『iController』產品，被告○○公司並於99年12月13日簽發『開案聲明書』予原告，依系爭開案聲明書第7條載明：『因本專案開發而產生之著作權、商標權及專利權等相關智慧財產權歸本公司（即原告）所有』，原告並同意授予被告公司『產品專賣權利』。因此，原告與被告○○公司間因該『iController』產品專案開發而產生之專利權等相關智慧財產權，自應歸屬於原告所有。詎被告○○公司竟於99年12月29日私自將原應歸屬於原告所有之前揭專案研發成果，向經濟部智慧財產局提出新型專利之申請，並取得中華民國公告第○○○○號新型專利權。」可供參考。

四、上下游關係

公司與其上下游（例如，供應商、經銷商、代工）之關係亦屬密切，彼此之間也常會為了產品的改良而有所討論，如果合作前沒有概括性的約定專利權歸屬，也容易引起爭議。建議如果並非專案性的合作，可在定期性的合約中（例如，供貨、委託製造、經銷合約）加以概括性的約定，以免日後爭議。

智慧財產法院101年度民專上字第2號案例為：「上訴人

---

[4] 因為企業並非專利權人，因此無從將該專利授權第三人換取收益。

[5] 例如，該企業如有後續改良，即有可能因「申請人」不同（前案為實際發明人，後案為公司），而導致後案因前案而擬制喪失新穎性（專利法第23條參照）。

為全世界最大之健身器材開發、製造及銷售商，自西元1977年起在健身產業之研發即居於領先地位。上訴人將員工即訴外人Scott Watterson、Richard Evans、Michael Olson、William Dale-bout等人研發設計之『Ab Glider』運動器材，於民國98年12月21日寄發電子信函，就系爭運動器材之代工事宜，向下游代工廠即訴外人○○公司詢價，並附上系爭運動器材之原始基本構圖供其參考，委請其以手工製造粗略樣品，以研判系爭運動器材之細部設計有無改進處。訴外人○○公司於99年1月6日提出粗略樣品，經上訴人審視後，認為上開手工樣品太大，即於當日將系爭運動器材之基本原始構圖，連同相關規格資訊，儲存為『AB Arc』檔案，上傳至訴外人○○公司之FTP上，供其自行下載後，再依圖樣修正。上訴人復於99年1月12日寄發電子信函予訴外人○○公司，告知『AB Arc』檔案更名為『WEBE1960』，其則於99年1月14日，依電子信函所附『AB Arc』檔案內之圖樣，完成手工樣品，並於99年1月15日將『AB Arc』檔案內之圖樣，寄給其下游廠商即訴外人XX公司（下稱XX公司）予以報價。嗣訴外人XX公司於99年1月18日回覆報價，並於99年1月25日依上開電子信函所附『AB Arc』檔案內之圖樣，完成系爭運動器材之手工樣品。上訴人嗣於99年4月13日上午6時53分，以電子信件委託○○公司報價及代工製造，並告知已將系爭運動器材之所有工程設計圖，上傳至FTP網站上。訴外人○○公司則於99年4月13日下午8時33分回覆上訴人，確定自上開FTP網站下載取得系爭運動器材之設計圖，足見系爭運動器材之底座裝置、轉擺裝置及扶手裝置之基本主要設計，為上訴人之員工所研發，並由上訴人提供予訴外人○○公司。」由此案例可知，此類上下游公司間，除了上述約定智慧財產權歸屬之條款外，另就所交付之機密資訊，亦應於交付前與已約定，以避免憾事發生。

五、借名登記

　　所謂借名登記，係指當事人約定，一方（借名人）將自己之財產，登記於他方（出名人）名下，而仍由自己、管理、使用、處分，他方就該財產允爲出名人之契約而言。主張借名登記者，自應就借名登記之事實負舉證責任。實務上借名登記以土地較爲常見，智慧財產權以借名登記之方式運作，則相對罕見。

　　就此，智慧財產法院103年度民專訴字第3號判決事實爲：「原告簡勝己於民國（下同）67年間起經營永昌電機行，從事水電行業，然因年歲漸高，而規畫兩子（即原告簡志騰及被告簡志瑋）逐步承接事業。又因被告簡志瑋入行經驗較淺，是原告簡勝己於95年間將永昌電機行借名登記於被告簡志瑋名下，俾利其儘速熟悉相關業務，惟原告簡勝己仍爲永昌電機行之實際所有人。原告簡勝己基於多年之經驗，注意到市面上馬桶裝置之不足及缺失，因此發想改良之，並於96年間將改良構想與意見告知原告簡志騰。再由原告簡志騰以第M341049號新型專利申請書所載之技術手段進行開發，並與訴外人晉眞企業社及泰興鐵工廠接洽製作原始模具，據以向經濟部智慧財產局申請第M341049號新型專利。系爭專利係由原告簡勝己提出想法，而由原告簡志騰完成實際之產品後，再申請專利，此自目前實際產品、模具皆在原告之手上即明。系爭專利當初會登記發明人爲原告簡志騰與被告簡志瑋，是原告簡勝己之意思，即簡氏後代皆可使用系爭專利，不僅簡勝己本人，連原告、被告皆可無償使用系爭專利，此自登記之初即是要登記在簡勝己所開設之永昌電機行即明。惟因永昌電機行不具法人人格，無法作爲系爭專利權申請人，是原告簡勝己及簡志騰始借用當時掛名爲永昌電機行負責人之被告簡志瑋之名義重新提出申請，經智慧局於97年9月21日形式審查核准後，並載列被告爲系爭專利名義專利權人，然系爭專利爲原告簡勝己及簡志騰所共有，被告簡志瑋僅爲掛名者。詎被告簡志瑋於99

年間與鄰居發生畸戀，因此與原告簡勝己夫婦反目，且利用永昌電機行名義負責人之身分，散布中傷永昌電機行之言論，譬如『不做生意』或『不做維修』等語；之後更將永昌電機行停業，是原告簡勝己及簡志騰以本件起訴狀送達之日，終止系爭專利之借名登記契約，及原告簡勝己將『永昌電機行』借名登記於被告名下之契約。系爭商號借名登記於被告名下，原告簡勝己仍為永昌電機行之實際所有人，且該借名登記契約既已終止，被告即負有移專該商號予原告簡勝己之義務。」

　　上述判決之事實較貼近於依契約移轉專利權（詳下述），原本應與專利權歸屬無涉，但因原創作人之安排將非創作人登記為創作人，此亦涉及專利法第71條第1項第3款之舉發事由（新型專利第119條第1項第3款同此規定），利害關係人均可提起舉發而導致專利無效，此嚴重後果應屬原創作人在安排「借名登記」時所始料未及，不值得鼓勵。實則，此種情況應藉由創作人「讓與」申請人而達到相同效果。

六、單純契約關係

　　另一類提起專利權確認或給付（移轉）訴訟的實例是雙方的契約關係，例如，專利權作為買賣之標的卻未能履行，此種情形與專利權歸屬較無關連性。智慧財產法院103年度民專上更（一）字第1、5號判決：「三方為解除股權買賣契約之還款事宜而於96年3月16日訂立還款協議書並約定公證，約定被上訴人應於96年4月25日前與訴外人○○○連帶給付上訴人新台幣57,547,400元，然屆期被上訴人及訴外人○○○拒不履行系爭公證書所載之上開還款義務。而按系爭公證書之還款協議書第4條約定：「甲方（即被上訴人）同意如無法履行本契約第2條之義務時，本契約前條之專利權應歸屬丙方（即上訴人）所有，丙方無庸再徵詢甲方同意，得逕行辦理讓與手續……。」可供參考。

陸、茶壺內的風暴：僱傭關係中的職務或非職務發明

縱使專利法對於僱傭關係中的專利權歸屬已有著墨（專利法第7條、第8條），但因分類為職務或非職務，加上原則與例外之複雜規定，實務上爭議仍多。

一、僱傭關係但無契約

「被告則自民國74年4月間即任職於原告，擔任廠長職務，至96年6月間始離職，有勞工保險投保資料可茲為憑。被告離職後，於96年11月20日向經濟部智慧財產局申請『一種小麥草糯米醋及其製法」發明專利』」此為智慧財產法院103年度民專訴字第110號判決之事實，原被告間並無約定智慧財產權歸屬，但專利法就僱傭關係存續中的職務發明，縱未有契約約定，專利申請權仍應歸屬於雇用人（專利法第7條第1項），被告於離職後始提出專利申請，仍不解該技術內容係其任職之職務期間所完成之發明。

二、到職前已完成的技術

智慧財產法院103年度民專訴字第87號判決略謂：「原告自96年3月12日投資研發『信用卡動態密碼研究計畫』，聘僱被告、訴外人○○○、○○○等人，安排測試電腦設備供研發使用，被告、○○○與外部程式顧問進行測試用動態密碼軟體開發，陸續展示所完成之動態密碼測試程式，並將測試程式安裝於原告安排之電腦中，相關電子郵件均使用原告公司電了郵件信箱，被告係使用原告公司資源進行研發工作，動態密碼軟體之系

統規劃甚為複雜，需要原告聘僱之研發團隊進行多次共同討論才能完成，且由原告提供研究設備及環境，被告在申請系爭專利過程，確實使用原告資源進行動態密碼之相關專利分析研究。」但因被告證明該等技術係其到職前已完成者，因此不受契約或專利法之限制。

三、非職務發明

　　智慧財產法院101年度民專上字第40號判決廢棄101年度民專訴字第2號判決略謂：「所謂職務上所完成之發明，必與其受僱之工作有關聯，即依受雇人與雇用人間契約之約定，從事參與或執行與雇用人之產品開發、生產研發等有關之工作，受雇人使用雇用人之設備、費用、資源環境等，因而完成之發明、新型或新式樣專利，其與雇用人付出之薪資及其設施之利用，或團聚之協力，有對價之關係，故專利法規定，受雇人關於職務上之發明、新型或新式樣，其專利申請權及專利權屬於雇用人。其立法意旨在於平衡雇用人與受雇人間之權利義務關係，其重點在於受雇人所研發之專利，是否係使用雇用人所提供之資源環境，與其實際之職稱無關，甚至與其於契約上所約定之工作內容無關，而應以其實際於公司所參與之工作，及其所研發之專利是否係使用雇用人所提供之資源環境為判斷依據……被上訴人僅以上訴人96年3月12日到職前並未完成系爭專利發明內容，而主張系爭專利為上訴人任職被上訴人期間之職務上發明，尚非足採。」

四、讓與契約須有效成立

　　智慧財產法院102年度民專上字第41號判決內容：「依雇傭關係歸屬於雇用人，因無法證明有讓與受僱人，仍屬雇用人……被上訴人並無讓與系爭二專利申請權予上訴人、○○○之意思表

示，依民法第153條規定，上訴人所謂讓與專利申請權之意思表示並未合致，即不成立所謂讓與專利申請權之契約。」

柒、證據

在提出類此確認專利權歸屬之訴訟時，法院通常可以參考的證據包括創作歷程（類似著作權之創作來源），發明／創作人之學經歷背景也是得審酌之證據。

智慧財產法院101年度民專訴字第144號判決略謂：「『企業流程管理的延用繼承模組創新設計』文件內容，即原告公司至100年11月23日為止所撰寫之最終版本說明書……系爭發明專利之技術特徵已均為原告所提出之原證25所揭露，其發明之技術特徵應較為接近原告公司之研發技術內容……被證1之簡報檔案資料主張其為系爭發明案及系爭新型專利的共同專利申請權人云云。惟查，被證1係為有關『Glocus』計畫的相關計畫目的、計畫目標及系統架構等說明內容，而僅由被證1簡報資料僅能夠得知『Glocus』的整體系統架構，至於構成『Glocus』系統架構的各個構件均未記載有任何相關的技術特徵或說明，且僅由被證1簡報資料內容並無法據以架構出（撰寫出）系爭發明案及系爭新型專利等說明書（申請專利範圍）及圖式所載內容，自亦無法據以認定系爭發明案及系爭新型專利所揭露之技術特徵與被證1之技術內容有何關聯性。」

另智慧財產法院101年度民專上字第2號、102年度民專訴字第64號亦曾以發明人不具相關學經歷背景而予以認定並非發明人：「按本件被上訴人係私立穀保家商觀光科畢業，並不具機械物理技術背景，且其訴訟代理人於本院審理時亦自承本件被上訴人迄今僅有此一唯一之專利，從未曾有任何發明或其他創作之記錄，且表示系爭專利之創作過程沒有圖面，其所謂之設計圖，僅

有創作草圖一張,姑不論被上訴人所繪製之草圖顯示之結構與系爭專利說明書中所附圖式差異過大,即以該草圖顯示之內容以觀,僅有一張草圖,缺乏細部結構,如何得以實施系爭專利各請求項所揭露之技術特徵,實大有疑問。此參酌證人即○○公司設計師丁○○於本院審理時結證稱:『(如果給你被上證1的圖,你有無辦法寫出他的專利?)沒辦法,因為有很多結構都會造成機械的擺動,只有手繪圖不曉得如何作動的。』『(證人之前有無幫別人申請過專利?)在○○公司的時候有申請過很多。』等語,即知單純手繪單張圖稿,未有各連結機構及作動之細部設計圖,根本無法作出成品,遑論得以進一步描述其技術特徵而就各技術特徵列項申請專利。」

捌、小結

　　當遇到專利權歸屬之爭議時,除非所附舉發證明文件即足推翻專利權人為真正專利申請權人外,當事人可先提起民事訴訟[6],就此,智慧財產法院104年度民專上字第22號判決略謂:「專利申請權與專利權均以同種專利為標的,專利申請權為專利權成立前之階段權利,且二者均得讓與或繼承。是專利申請權與專利權同,亦屬私法上之權利。又新型專利權人為非新型專利申請權人者,利害關係人固得提起舉發,惟除舉發人所附舉發證明文件即足推翻新型專利權人為真正專利申請權人外,實務上,專利專責機關即經濟部智慧財產局通常不就事涉私權爭執之專利申請權人誰屬予以裁斷,而要求舉發人檢附有確定私權效力之調解、仲裁或判決文件申請變更權利人名義(最高行政法院89年

---

[6] 參見呂紹凡,僱傭關係下之專利權歸屬,萬國法律,第188期,頁38-39(2013年4月)。

度判字第1752號判決參照）。因此，有關專利申請權之歸屬發生爭執時，當事人自得提起民事訴訟，由民事法院判斷專利申請權之歸屬後，再由真正權利人提出確定判決書向智慧局申請變更權利人名義。」可資參照。

　　雖然法律體系提供真正專利權人救濟之機會，但因專利法第35條第1項仍有「公告後二年內」應提起舉發的時效規定，因此，真正專利權人應定時監視或檢索專利公開及公告案件，才能及時掌握自身的專利權是否遭他人申請，一旦發現專利已經公開，即應提起民事確認訴訟，如已接近「公告後二年內」之期限，也應儘速提出舉發之申請，以阻斷時效，且避免確認訴訟喪失訴之利益。因此，定期監視、檢索專利案件，以及時發現任何可能遭他人搶先申請之專利，應為公司內法務、智權部門所應培養之敏感度。

　　此外，上述有關不具訴之利益的其一個案例係「專利申請案已遭智慧財產局審定不予專利確定」（智慧財產法院102年度民專上字第18號判決參照），亦即，然而，智慧財產法院102年度民專訴字第29號判決卻謂：智慧財產案件審理法第16條第1、2項所稱之「『不得對於他造主張權利』，係指不得行使智慧財產權之排他權能，例如物品專利權人，專有排除他人未經其同意而製造、為販賣之要約、販賣、使用或為上述目的而進口該物品之權。方法專利權人，專有排除他人未經其同意而使用該方法，及使用、為販賣之要約、販賣或為上述目的而進口該方法直接製成物品之權，並基於上開排他權能請求排除侵害及損害賠償之權利。至於專利權歸屬之爭議，乃爭執何人為真正之專利權人，並未涉及專利權本身是否有效及專利權人得否行使排他權之問題，非屬智慧財產案件審理法第16條之規範目的，故在專利權歸屬之訴訟，應無上開智慧財產案件審理法第16條之適用。」似又認為被告不能以系爭專利不具可專利性而抗辯。兩者事實的差異僅在於前者已經是不予專利「確定」，而後者被告擬於民事確認

訴訟中爭執系爭專利之可專利性（應該是想藉由系爭專利不具可專利性而使原告無訴之利益之兩敗俱傷的策略），兩件判決實質上似有衝突。蓋如不能於民事確認訴訟中爭執可專利性，那被告也可以第三人名義另提舉發程序，然後在確認訴訟中要求法院裁定停止訴訟程序（既無智慧財產案件審理法第16條之適用，則應有民事訴訟法第182條之適用），似也與智慧財產案件審理法為迅速審理及有效救濟智慧財產民事、刑事及行政訴訟案件之本意相悖！

3

判斷專利進步性要件之再檢討

萬國法律事務所合夥律師　呂紹凡

案　例

　　甲生技公司於2005年開發出一種聚合酶連鎖反應（PCR）晶片，並將之申請發明專利。該專利申請案之請求項1係一PCR晶片，包括一基座，具有一加熱裝置及一溫度感測器；一潤滑層，位於加熱裝置及溫度感測器的表面上；一反應層，係覆蓋於該基座[1]。

　　智慧財產局審查後認為，PCR技術係諾貝爾獎得主穆理斯（Mullis K.）等人於1985年發表於Science雜誌之內容（先前技術一），該論文雖未揭露潤滑層及反應層，但2003年公開之中華民國第200300278號專利申請案已揭示晶片及潤滑層之結構（先前技術二），另2004年公開之中華民國第200411173號專利申請案亦已揭露生物晶片及反應層之設計（先前技術三），因此，先前技術一、二及三之組合已揭露甲生技公司所請PCR晶片之全部技術特徵，該申請案請求項1不具進步性。

壹、進步性之判斷「不能」僅將先前技術以機械式之拼湊比對

　　由上述假設的案例可知，此種審查意見就是將申請專利之請求項依要件拆解成個元件（或步驟），在找到主要（最接近）之先前技術後，然後再檢索未被主要先前技術揭露的其他元件之先前技術（一篇或以上），加以組合即謂所有技術特徵均已被先前技術的組合所揭露，因而不具進步性[2]。

---

[1]　此為作者假設之例子，並非代表任何之專利或專利申請案。

[2]　相同質疑，請參見宋皇志，「論進步性審理之進步空間」，月旦法學，第191期，頁153（2011年4月）。

　　然而，果如專利進步性是以此種機械式的組合而判斷的
話，恐怕絕大多數的專利都無法受到保護，蓋大部分的發明與
創作都是在既有的技術上加以改良，必然融合先前技術中的元
件（或步驟），再加上其他（可能已知）的元件（或步驟）而
賦予新的特徵或功效之改良。因此，單純拆解成個別元件（或步
驟），再就個別元件（或步驟）檢索先前技術，咸信絕大部分的
個別元件（或步驟）都屬已知，難道就可輕言認定不具進步性？

　　就此，智慧財產法院101年度行專訴字第121號行政判決明
確表示：「按先前技術之組合是否足以證明專利為所屬技術領域
中具有通常知識者所能輕易完成之判斷標準，不能僅將先前技術
以機械式之拼湊比對為之，因為絕大多數之發明，均係結合先前
之技術而賦予全新之技術特徵，且雖判斷發明是否具有可專利要
件，應以發明申請時所屬技術領域中之通常知識者為標準，但無
論於行政審定或司法判斷時，均與申請時有時間上之落差，在此
時間差中，技術必然會有相當之進步，時間差距越長，技術進步
越多，故不能僅以專利之技術特徵已為先前技術所揭露即當然認
為申請時所屬技術領域中之通常知識者即可輕易思及並運用，
始能排除技術之發展造成行政審查委員或司法審判者之後見之
明。」實一語道破目前專利申請或司法實務上所常見判斷進步性
之弊病，本文亦將以此判決為軸心，進一步探析判斷進步性所需
注意之細節。

貳、進步性要件

一、應以「所屬技術領域中具有通常知識者」「依申請前」之先前技術而判斷進步性

　　我國專利法第22條第2項：「發明雖無前項各款所列情事

（按即具有新穎性），但爲其所屬技術領域中具有通常知識者依申請前之先前技術所能輕易完成時，仍不得取得發明專利。」[3]

美國專利法第103條（a）項規定：「發明雖無第102條規定之相同標的被揭露或被記載之情事，但請求專利保護的標的，與先前技術之間的差異，整體觀之，係屬該項發明技術領域中具一般通常技藝的人士在該項發明完成之時即能顯而易知者，仍不得獲取專利。」[4]

日本特許法第29條第2項：「發明雖無前項各款所列情事，但爲其所屬技術領域中具有通常知識者基於前項各款之發明所能輕易完成時，仍不得取得專利。」[5]

歐洲專利公約第56條：「對本領域技術人員而言，若發明相對於現有技術非顯而易見，則該發明應視爲具有創造性。」[6]

由上述幾例專利法可知，就進步性而言，至少有兩個共通標準：即以「所屬技術領域中具有通常知識者」「依申請前（在該項發明完成之時）」之先前技術而判斷[7]，然而，實務上是否都

---

[3] 參見2013年1月1日施行之專利法。

[4] 原文：「A patent may not be obtained though the invention is not identically disclosed or described as set forth in section 102 of this title, if the differences between the subject matter sought to be patented and the prior art are such that the subject matter as a whole would have been obvious at the time the invention was made to a person having ordinary skill in the art to which said subject matter pertains.」

[5] 原文：「特許出願前にその發明の屬する技術の分野における通常の知識を有する者が前項各號に揭げる發明に基いて容易に發明をすることができたときは、その發明については、同項の規定にかかわらず、特許を受けることができない。」

[6] 原文：「An invention shall be considered as involving an inventive step if, having regard to the state of the art, it is not obvious to a person skilled in the art.」

[7] 中國專利法第22條第3項僅規定「創造性，是指與現有技術相比，該發明具有突出的實質性特點和顯著的進步，該實用新型具有實質性特點和進步。」法文雖無明確提及「所屬技術領域中具有通常知識者」、「依申請前（在該項發明完成之時）」此二要件，惟於判斷進步性時仍應以此標準審視，詳2010年版中國專利審查指南第二部分，第4章，第2.3點「發明有顯著的進步，是指發明與現有

能踐行此二標準而加以判斷進步性，誠有疑義。本文以下第參點亦將以此加以分析。

二、何謂先前技術？

就進步性之條文而言並無定義何謂「先前技術」，惟從體系解釋，可用於進步性之先前技術應與專利法第22條第1項所定新穎性之先前技術相同。我國及美國專利實務上有差異者在於「擬制喪失新穎性」（我國專利法第23條、美國專利法第102條（e）項）之先前技術，在美國可作為進步性（非顯而易見性）之組合參考，但我國則於專利審查基準中否定[8]。

此外，作為新穎性之先前技術，其「揭露之程度必須促使該發明所屬技術領域中具有通常知識者能製造或使用申請專利之發明」[9]，此點世界主要專利國家要求先前技術要能據以實施之見解均屬類似[10]，惟我國實務中似乎鮮少爭論此點。至於作為進步性之先前技術則不需要同樣有此「能製造或使用」之要件[11]。

技術相比能夠產生有益的技術效果。」第2.4點「發明是否具備創造性，應當基于所屬技術領域的技術人員的知識和能力進行評价。」

[8] 參見專利審查基彙編（2013年版）第二篇第三章第3.2.2點記載：「該先前技術……亦不包含申請在先而在申請後始公開或公告之發明或新型專利先申請案。」惟亦有質疑此項規定之意見，參鄭煜騰、王偉霖，「美國專利法上的非顯而易知性研究」，智慧財產評論，第9卷第2期，頁65，註65（2011年12月）。

[9] 詳智慧財產法院97年度行專訴字第85號行政判決。

[10] 參見李文賢，「專利判決解析」，專利師，第6期，頁40-41（2011年7月）。

[11] See *Beckman Instruments v. LKB Produkter AB*, 892 F.2d 1547, 1551, 13 USPQ2d 1301, 1304 (Fed. Cir. 1989), stating "[e]ven if a reference discloses an inoperative device, it is prior art for all that it teaches." Also see *Symbol Techs. Inc. v. Opticon Inc.*, 935 F.2d 1569, 1578, 19 USPQ2d 1241, 1247 (Fed. Cir. 1991), stating "a non-enabling reference may qualify as prior art for the purpose of determining obviousness under 35 U.S.C. 103."

　　雖然進步性之先前技術通常要與系爭專利屬於相同或近似之技術領域[12]，因而許多的答辯方向會以系爭專利與先前技術兩者的國際專利分類號不同而置辯；惟查，智慧財產法院101年度民專訴字第47號民事判決明揭：「國際專利分類號（IPC）之本質僅係一種分類導航式之檢索及歸類系統，倘兩專利案在國際專利分類之分類記號縱有不同，並非必然表示二者之技術領域或技術主題不相關，仍應參酌國際專利分類所界定之技術主題及其專利說明書、申請專利範圍內容認定其所屬技術領域。故本件中雖然專利技術於IPC分類不同，但仍同屬於電源供應座之相關技術領域，應可引用作為專利是否具新穎性或進步性之判斷。」可供參照。

三、發明與新型之進步性

　　我國在1994年1月21日公告之專利法對於發明及新型專利之進步性要件，其規定略有不同，即「發明係運用申請前既有之技術或知識，而為熟習該項技術者所能輕易完成時，雖無前項所列情事，仍不得依本法申請取得發明專利。」（1994年版專利法第20條第2項），因此，如果是熟習該項技術者依先前技術「所能輕易完成」時，即不具進步性。

　　然而，同時間之新型專利就進步性之規定卻是：「新型係運用申請前既有之技術或知識，而為熟習該項技術者所能輕易完成且未能增進功效時，雖無前項所列情事，仍不得依本法申請取得新型專利。」（1994年版專利法98條第2項）；其後於2003年2

---

[12] 參見專利審查基準彙編（2013年版）第二篇第三章第3.2.2點記載：「審查進步性之先前技術與申請專利之發明通常屬相同或相關之技術領域，但若不相同或不相關之技術領域中之先前技術與該發明具有共通的技術特徵時，該先前技術亦可適用。」

月6日修改為：「新型雖無第一項所列情事，但為其所屬技術領域中具有通常知識者依申請前之先前技術顯能輕易完成時，仍不得依本法申請取得新型專利。」（2003年版專利法第94條第3項），相較於發明專利，可知在法條文義上，至少有「且未能增進功效」（1994年版）及「顯能輕易完成」（2003年版）之不同。

　　法文上的差異究竟是否構成發明與新型專利在進步性程度上的高低不同？答案應屬肯定[13]，以1994年版之新型專利進步性之規定而言，如果屬所能輕易完成「且」未能增進功效者，才不具進步性，反面言之，只要具備「非所能輕易完成」或「能增進功效」其一者，即具有進步性。最高法院102年度台上字第1800號民事判決略謂：「按新型專利對於進步性之要求較發明專利為低，縱運用申請前既有之技術或知識，而為熟習該項技術者能輕易完成時，祇要在效果上克服先前技術中存在的問題點，具備好用或實用之條件，而能增進功效時，仍得認為具進步性而給予新型專利。」立論正確，可資贊同。

　　至於2003年版新型之「顯能輕易完成」，相較於發明之「所能輕易完成」，一字之差，更可凸顯出新型專利所要求之進步性較發明專利為低之結論，否則立法者大可不必區別兩者之用字。

　　然而，2011年修改並於2013年1月1日施行之專利法，其修法理由卻認為「有關申請新型專利，應具備新穎性、進步性及產業利用性之專利要件，性質上與發明專利之專利要件並無不同」，因而將原本之新型專利要件予以刪除，改以準用發明專利之方式使兩者之要件一致[14]。但修法理由竟無視於先前發明與新型專利在進步性上確有不同之處，僅以一句「並無不同」輕輕

---

[13] 參見謝銘洋、李素華，「專利權訴訟中之進步性與均等論─德國觀點」，台灣法學雜誌，第218期，頁94（2013年2月15日）。

[14] 參見2013年1月1日施行之專利法第120條準用第22條。

帶過，殊難苟同。更何況爲何要件相同的「發明」及「新型」專利，在權利保護的期間卻有兩倍的差異[15]？論者或許認爲保護期間之差異係配合新型專利採形式審查云云，然而，在論證專利的有效性時（例如舉發程序或民事訴訟程序），新型所受到嚴格實審的「檢視」，實與發明專利不相上下，甚至有過之而無不及[16]。因此，立法者認爲發明與新型專利的要件並無不同，似仍欠缺說理，且將原本高低有別之進步性差異突然間轉變成並無不同，亦有論證上之不足。茲將有關進步性之歷年修法用語摘錄如下：

	發明專利	新型專利
1994年	…所能輕易完成	…所能輕易完成且未能增進功效
2003年	…所能輕易完成	…顯能輕易完成
2011年	…所能輕易完成	…所能輕易完成

參、現行實務於判斷進步性之不足

一、誰是「所屬技術領域中具有通常知識者」？

　　我國專利法第22條第2項明文係以「所屬技術領域中具有通常知識者」之角度來，依申請前之先前技術判斷是否能輕易完

---

[15] 發明專利保護期間20年，而新型專利僅10年。相同批評同註13，頁95。

[16] 參見歐陽漢菁，「智慧財產民事訴訟之證據保全程序及其檢討」，收錄於「我國專利產業與爭端解決法制政策與國際化之檢討及展望研討會」，會議手冊頁244（2013年12月27-28日），智慧財產法院法官在檢討民事訴訟證據保全核准率太低的原因時也稱「尤其以形式審查的新型專利聲請案最多」，惟本文認爲未經實審之新型專利可不推定有效，但似乎不能因此原因而先入爲主地否定其聲請證據保全。

成，而所謂該發明所屬技術領域中具有通常知識者，係一虛擬之人，指具有申請時該發明所屬技術領域之一般知識及普通技能之人，且能理解、利用申請時之先前技術[17]。

而該發明所屬技術領域中具有通常知識者，應具有「中等或平均標準之專業知識」[18]，這個虛擬之人的智識程度雖非是頂尖之博士專家等級，但也並非門外漢（layperson）之水平，應根據該專利之實質內容而認定。

智慧財產法院99年度民專上字第78號民事判決略謂：「本件兩造所爭執之技術內容涉及生化科技領域，而上訴人主張就系爭專利所涉之技術其『通常知識者』之技術水平，應為相關領域大學畢業生具有三至五年之相關工作經驗，而被上訴人則認為此一技術門檻並沒有很高，只要相關領域之大學畢業生即可，經上訴人表示至少應有二年工作經驗，被上訴人就此亦表同意……，是本院認為本件所涉技術爭議中有關『所屬技術領域中具有通常知識者』一詞所指之『通常知識者』其技術水平應為相關領域大學畢業具有二年工作經驗，並以此一技術水平作為判斷系爭專利之有效性及是否侵權之標準」。

邏輯上，「所屬技術領域中具有通常知識者」之智識程度對於判斷進步性（是否能輕易完成）可能會扮演重要的角色[19]。簡言之，如果以頂尖博士專家的眼光來看，可能會輕易地認為不具進步性（這樣的組合不是太簡單了嗎？）；然而，如果以門外漢之角度觀察，反而有可能認為具有進步性（哇，我怎麼都想不到可以這樣組合，太驚為天人了！），因此，這位虛擬之人的智識程度，實不應草率認定。

---

[17] 參見專利審查基準彙編（2013年版）第二篇第三章第3.2.1點。

[18] 同註13，頁90。

[19] 參見熊誦梅，「眾裡尋他千百度：談所屬技術領域中之通常知識者」，月旦法學，第191期，頁144（2011年4月）。

　　然而，在智慧財產法院的判決中，對於「所屬技術領域中具有通常知識者」之智識程度，似乎並未有過多之著墨，前開判決中雖有提出「相關領域大學畢業具有二年工作經驗」，但似乎僅是取兩造主張之交集，法院並未就其認定加以論理及說明（為何不是碩士學歷？為何不是工作五年之資歷？）。

　　本文認為，較細膩之作法應該由兩造先針對系爭專利中所涉及之技術特徵為何進行攻防，再來決定何種學歷背景、工作經驗之人可適切地理解系爭專利中所涉及之技術特徵。一旦決定了該虛擬之人的智識程度後，還應進一步定義該智識程度之人能理解到什麼程度，以題設專利為例，應分辨該智識程度之人理解「聚合酶連鎖反應（PCR）晶片」、「晶片」、「基座」、「加熱裝置」、「溫度感測器」、「反應層」等之程度（例如，是否只是聽過該名詞？是否知道該元件之原理？是否有實際操作過該元件？），使法院知道該虛擬之人之智識程度在那個階段，以便以該虛擬之人的程度來判斷先前技術的組合究竟是否能輕易完成系爭專利。

二、是否依「申請前」之先前技術判斷？

　　實務上，在判斷有無進步性的實體要件時，通常距離該專利之申請日（或優先權日）有一段不短的時間，以我國發明專利的申請而言，初審平均首次通知期間為15至28個月，依技術領域不同[20]，亦即，假設初審通知與判斷進步性之有無為同日，則僅初審就距離專利申請日15至28個月之久，如加上最長一年之優先權日，則可能距離該專利第一次在外國申請之日長達27至40個月，更遑論舉發審定或專利民事侵權訴訟時距離該專利申請

---

[20] 資料來源：http://www.tipo.gov.tw/ct.asp?xItem=155236&CtNode=6671&mp=1（最後瀏覽日：2014年1月19日）。

時之時間，甚至是在專利過期之後（即距離該專利申請超過20年）重新檢視該專利之進步性[21]。

誠如前揭智慧財產法院101年度行專訴字第121號行政判決所稱：「雖判斷發明是否具有可專利要件，應以發明申請時所屬技術領域中之通常知識者為標準，但無論於行政審定或司法判斷時，均與申請時有時間上之落差，在此時間差中，技術必然會有相當之進步，時間差距越長，技術進步越多」，大多數的現代人生活在每天接收新資訊/新知識，科技的快速進步，行政審定或司法審查者是否確實依「申請前」之先前技術來判斷，恐怕才是決定勝敗之重要關鍵。

例如，聚合酶連鎖反應技術在1985年發表後，在當時對於分子生物學的發展產生關鍵性的巨大影響，也大大地改變了生物化學、生物醫學等生命科學的進展，1993年穆理斯等人以此榮獲諾貝爾化學獎桂冠，且同年電影「侏儸紀公園」也以此技術為核心，「聚合酶連鎖反應技術」瞬間成為家喻戶曉的技術，其後也有許多的變形或衍生PCR依此原理而被開發。假設穆理斯所任職的Cetus公司於1985年提出的PCR專利[22]於2000年、2005或現代遭受有效性之挑戰，我們應該回歸到1985年的技術水平來讚嘆其發明，或以當今的分子生物學水平而對於單純的PCR技術嗤之以鼻？答案實顯而易見。

此外，以電子電路相關專利而言，也存在這類問題，蓋電子電路所使用的元件，不外乎控制器晶片、整流器、電容、電感、二極體、放大器、開關等，這些無一不是已被發明許久之元件，如果僅以「機械式」的拼湊組合，而謂這些元件都已被先前技術

[21] 參見專利法第72條：「利害關係人對於專利權之撤銷，有可回復之法律上利益者，得於專利權當然消滅後，提起舉發。」

[22] 美國專利第4,683,202號，發明名稱：「Process for amplifying nucleic acid sequences」。

X、Y、Z之組合所揭露即不具進步性的話，則普天之下大概就沒有值得被保護的發明了，因為除了極少數的基礎專利外，大部分的創新都是基於現有的技藝而加以改良，其中相當比例的成份必然涉及先前技術，行政審定或司法審查要以多篇先前技術湊齊所有的元件並不困難，因此，關鍵點即在於摒棄「機械式」組合，而且要回歸到發明申請日（或優先權日）前之技術水平來思考。

本文認為，較細膩之作法應該由兩造先針對發明申請日（或優先權日）前，系爭專利中所涉及之技術水平為何進行攻防，以智慧財產法院99年度民專上字第78號民事判決案情為例，應釐清者包括發明申請日（或優先權日）前對於藥物的劑型設計、特定抗癌藥物所面臨之缺點、藥物劑型的改良方向等之水平（哪些是申請當時知道的，哪些是申請當時不知道的），以便法院站在系爭專利申請日（或優先權日）的技術水平（忘掉申請日到審查這段期間之技術演進），再來思考系爭專利是否確實可由先前技術的組合（包含組合教示、建議、動機等）而輕易完成。否則，如果欠缺這部分的辯論，然後論證上直接跳躍至「有無進步性」之結論，則法文「依申請前」之要件即屬空談。

肆、主張無進步性之舉證責任

一、申請中之專利

專利法之新穎性要件係採負面表列之方式規定[23]（專利權人不須自己證明具有新穎性，實際上也無法證明「有」新穎性），而進步性之規定係在判斷新穎性之後，因此，實務上也是認為應

---

[23] 參見專利法第22條第1項「無下列情事之一，得依本法申請取得發明專利」。

由智慧財產局於審查時應舉證證明系爭專利不具進步性，如無法證明，即應給予專利。智慧財產法院101年度行專訴字第4號行政判決略謂：「本件中主管機關如無法證明系爭專利各請求項不具進步性，且並未進一步檢索其他相關先前技術足以證明系爭專利不具進步性者，則應予申請人專利之處分。」可供參考。

二、經核准之專利

　　按「當事人主張有利於己之事實者，就其事實有舉證之責任」，此有民事訴訟法第277條本文可稽，另行政訴訟法第136條準用之。專利如經智慧財產局審查准予專利者，應推定專利為有效[24]。既然推定有效，欲主張專利無效者（包含進步性之要件），自應舉證加以推翻。

　　最高法院102年度台上字第1800號民事判決略謂：「又若經智慧局審查後給予發明（新型）專利者，應推定該發明（新型）具有進步性，其主張經智慧局審定公告之發明（新型）專利不具進步性，應予撤銷者，就該發明（新型）專利不具進步性之事實，應負舉證責任。」此外，智慧財產法院99年度民專上字第18號民事判決亦指出：「系爭專利有無違反修正前專利法第20條第2項所定情事而應撤銷其發明專利權，依法應由主張系爭專利無效之人附具證據證明之。」乃屬當然。

　　美國司法實務就此，一向採取「Clear and Convincing」（清楚且足以令人信服）之標準，且當然應由欲挑戰此專利之人負提出「清楚且足以令人信服之證據」之責任。我國最高行政法

---

[24] 參我國行政程序法第110條第3項「行政處分未經撤銷、廢止，或未因其他事由而失效者，其效力繼續存在。」我國專利法第82條第3項「發明專利經撤銷確定者，專利權之效力，視為自始不存在。」美國專利法第282條(a)項亦同：「A patent shall be presumed valid.」

院則在105年度判字第333號判決中提出相同之標準：「就已取得核准之專利提出舉發，舉發人須提出『清楚且足以令人信服』（Clear and Convincing）之證據以為證明，本件上訴人主張系爭專利不具進步性，自應就其所提出之證據如何『清楚』及『足以令人信服』地證明系爭專利不具進步性一節為說明」，可資贊同；惟「標準」之實踐，仍在於判決理由之構成，就專利是否具備進步性，我國司法實務仍須更多更細緻之論述，方能指引整個專利產業走向更健康之坦途。

　　至於上述推定有效之專利是否包含改採形式審查之新型專利？雖然新型專利亦經智慧財產局「審查」而給予專利，也屬於行政處分而有其效力，但畢竟在授予新型專利之前未經實質審查其專利要件，如果給予等同於經實質審查的發明或設計專利之推定效力，似乎也有偏頗之處。

伍、輔助判斷要件

　　申請專利之發明是否具進步性，主要係依是否輕易完成、是否具有無法預期的功效等進行審查；若申請人提供輔助性證明資料支持其進步性時，應一併審酌[25]，此為大部分國家所採行之策略，以避免在進步性的判斷上有太過主觀的操作。常見的輔助性判斷要素包括發明解決長期存在的問題、發明克服技術偏見、發明獲得商業上的成功等等[26]。

　　許多專利在申請後會有相關產品問世，因此，如果克服不了行政審定或司法審查就前述進步性的典型判斷，申請人或專利權人通常會提出「商業上的成功」之證據以輔助證明進步性，惟實

---

[25] 參見專利審查基準彙編（2013年版）第二篇第三章第3.4.2點。
[26] 同註25。

務上判斷此輔助性要素的流程似乎不一致，也少有成功案例。

一、輔助性判斷要素的審酌時機

　　智慧財產法院101年度行專訴字第7號行政判決謂：「按申請專利之發明倘為所屬技術領域中具有通常知識者參酌相關先前技術所揭露之內容及申請時的通常知識所能輕易完成，權利人尚得提供輔助性資料，用以證明該申請專利之發明具有進步性」，似認為如經過典型判斷不具進步性者（因能輕易完成），尚可提出輔助性資料以證明進步性。

　　惟最高行政法院於101年度判字第829號行政判決中卻稱：「按進步性判斷輔助因素係為避免進步性判斷標準不一致而流於主觀或判斷不明時，作為參考判斷之次要參考因素，若依專利要件進步性判斷步驟，就申請前之先前技術所揭露、教示等之內容，以所屬技術領域中具有通常知識者，確足以判斷申請發明專利係能輕易完成，而不具進步性者，對於僅空言主張輔助因素或所提出理由不足以推翻該進步性判斷者，法院自無庸再予一一論究」，卻又認為如經過典型判斷不具進步性者，縱提出輔助性要素也無法改變不具進步性之事實。

　　本文認為，前揭最高行政法院所稱「輔助因素係為避免進步性判斷標準不一致而流於主觀或判斷不明時，作為參考判斷之次要參考因素」，論理甚為正確，但既然為了避免典型判斷的主觀恣意所造成不具進步性之誤判，此時才有導入輔助性要素之必要，如果此時法院無庸論究輔助性要素，則殊難想像能提出輔助性要素的時機。簡言之，如果典型的判斷認為具有進步性的話，則繼續審酌輔助性要素與否並非重點；反之，如果典型的判斷是不具有進步性的話，此時才更應繼續審酌申請人或專利權人所提出之輔助性要素，以輔助證明進步性。

二、應審酌之證據

許多人欲以「商業上的成功」來輔助證明專利具有進步性時，通常是簡單地提出某個產品熱賣、市場口碑良好的證明；然而，智慧財產法院確認爲並不能僅以此類空泛證據來證明，而應明確證明1.商品之商業上成功係基於該專利之技術特徵所致（通常需要檢附比對表），以及2.商品之銷售量高於同質性之商品或在市場具有獨占或取代競爭者產品之情事始足[27]。否則，商業上之成功可能源自廠商之商業手段策略，也有可能一項產品的熱銷是導源於其內具有多個專利所致，因此，商業上的成功不能僅隨便拿一本目錄及營收成長的財報數據即足。

陸、結語

以下係摘錄兩則對於進步性具有正反意見的判決：

智慧財產法院98年度行專訴字第121號行政判決略謂：「由專利法第22條第4項規定意旨可知，發明專利，須其所屬技術領域中具有通常知識者，無法僅依申請前之先前技術所能輕易完成時始得申請。本件申請之影像導航晶片產品，確足以提升光學滑鼠之影像擷取品質，並省略對於不良影像之位移運算，構造亦與現存產品有別，堪認具進步性。」而在不具進步性的案例中，智慧財產法院99年度行專訴字第6號行政判決指出：「如申請人所欲申請之專利，係和體內藥物濃度與藥物動力學參數，實與服藥者之反應及藥物之特性有關者，但卻未於說明書內提供相關之濃

---

[27] 參見智慧財產法院101年度行專訴字第7號行政判決；類似規範請見美國專利審查基準MPEP第716.03條，資料來源：http://www.uspto.gov/web/offices/pac/mpep/s716.html（最後瀏覽日：2014年1月19日）。

度或參數與臨床治療效果之具體關係，即無從證明有相關之增進治療功效，並其中所揭示之用藥用途、給藥劑量及給藥方式亦屬技術領域中具有通常知識者依例行性試驗所能輕易達成者，則應可認其所申請之專利，並不具備有進步性。」

在上述兩個判決的論述過程中，法院常以「所屬技術領域中具有通常知識者依申請前之先前技術所能（不能）輕易完成」一句帶過對於進步性判斷之心證，然而，法院究竟是以何種智識程度之人來判斷？是否確實依「申請前」之技術水平來判斷，從判決理由中似無法獲得充分支持。

美國專利訴訟之發展歷程已久，專利從業人員也不否認進步性的判斷是「相當的主觀及難以理解（quite subjective and difficult to understand）[28]」，但美國處理專利之法院仍不斷透過判決闡釋判斷進步性之標準[29]，實務界也不斷希望可以就進步性之判斷得到「安定性及可預測性[30]」，以利專利權人、專利律師、訴訟原被告等有一客觀遵行之標準。相較於此，我國法院就有無進步性之論述及其標準之建立，容有強化之空間。

此外，我國自2008年成立智慧財產法院之後，行政審定與司法審查之實務常趨於一致，而這個一致性較常是出現在進度較快的民事侵權案件中對於有效性的判斷，直接影響到進度較慢的智慧財產局之舉發審定，或許是出於制度設計的必然性[31]，然

---

[28] *See Gene Quinn, When is an Invention Obvious?* IP Watchdog, Feb. 1, 2014, available at: http://www.ipwatchdog.com/2014/02/01/when-is-an-invention-obvious/id=47709/ (last visited Feb. 4, 2014).

[29] 參見呂紹凡，「非顯而易見性於KSR判決後之實務發展—藥物專利實例探討」，萬國法律，第162期，頁85-93（2008年）；呂紹凡，「組合發明之非顯而易見性—2007年KSR v. Teleflex判決簡介」，萬國法律，第153期，頁87-92（2007年）。

[30] 同註28。

[31] 專利舉發審定並經訴願後，如專利權人或舉發人不服，應向智慧財產法院提起行政訴訟（智慧財產法院組織法第3條第3款參照），如果相同的專利有民事訴訟在前，其有效性之判斷某種程度也會影響到後續的行政訴訟。

而，這種一致性似乎使得智慧財產局的審定幾乎失去功能，也導致當事人的質疑。

以通常情形而言，當專利權人提起民事訴訟後，伴隨著就是民事被告針對該專利提起舉發（當然也會在民事訴訟程序主張專利無效），或當專利權人發警告函後，受警告函人提起舉發，專利權人立即提出民事訴訟，也就是民事訴訟及舉發兩者具有接近的時間。然而，目前實務上智慧財產局的舉發進度通常會「等待」民事一審判決，如果民事一審判決有針對專利有效性表示意見的話，智慧財產局也通常樂於「參酌」，以避免將來舉發走到行政訴訟後發生不一致而遭撤銷的命運。這個情況也反應在法院依智慧財產案件審理法第17條裁定命智慧財產局參加訴訟時，智慧財產局代表到庭之審查官通常是以「舉發審理中，目前並無具體意見」回應。

少見的例外是2011年12月30日智慧財產法院100年度民專訴字第56號民事判決認定系爭專利不具新穎性及進步性後，幾乎同時提起的舉發案，智慧財產局於大約一年之後（2012年12月1日）作成與智慧財產法院一審相反之理由，認定該專利具有新穎性及進步性，而公告舉發不成立。

根據智慧財產法院統計至2018年底的數據（2008年智財法院成立至2018年底共10年半的時間），在專利民事訴訟中，原告的勝訴率僅13.28%[32]，民事第一審專利訴訟事件無效抗辯成立之比率（即專利被法院宣告無效的比率）則在63～87%之間[33]。

---

[32] 參智慧財產法院網站「關於本院／統計專區」，資料來源：http://ipc.judicial. gov.tw/ipr_internet/index.php?option=com_content&view=article&id=514&Item id=100061（最後瀏覽日：2019年2月10日）。

[33] 同上註。民事第一審專利訴訟事件無效抗辯成立之比率63～87%係排除2008及2009年度之數據，蓋此乃智財法院成立之前一年半，資料累積量較少。學者李素華亦探討「專利權於我國嗣後被認定無效之比率過高」，參見「台灣專利相關爭訟實務現況之檢討與建議」簡報資料，收錄於2018年國際智慧財產訴訟實務研討會，頁164。

誠然原告勝訴率並非必然一定要維持在一定的百分比（事實上也不可能如考試錄取率般地維持在一定比例），但也很難想像經過智慧財產局花費不少時間及專業人力所審查之專利，竟然最終維持專利有效的比例是如此的低，而且相當程度上最終是因進步性而導致專利無效，探究其因，是否係因為智慧財產法院引以為豪的快速結案所致[34]？是否踐行「所屬技術領域中具有通常知識者」依「申請前」之先前技術而判斷？是否僅為「機械式」的拼湊組合？應為關鍵。

---

[34] 參見林欣蓉，「我國智慧財產訴訟之變革與展望」，智慧財產月刊，第182卷，頁69（2014年2月）。

4

「進步性」判斷的思考層次

萬國法律事務所合夥律師　謝祥揚

壹、前言

　　依我國現行專利法第21條、第22條第1項規定,「利用自然法則之技術思想之創作」,「可供產業上利用」者,得依法申請取得發明專利。惟該發明如於申請前已有公開情事,或「為其所屬技術領域中具有通常知識者依申請前之先前技術顯能輕易完成時」,仍不得依法申請取得發明專利,復為同法第22條第1項與第2項所分別明文。後者即發明專利應具「進步性」要件之規定。前述進步性之要件,依專利法第120條規定,於新型專利準用之。設計專利則將此要件規定於同法第122條第2項:倘如設計為其所屬技藝領域中具有通常知識者依申請前之先前技藝易於思及時,仍不得取得設計專利。

　　關於專利要件中之進步性要件,於國內外司法實務、行政審查實務,均饒富爭議。以我國專利侵權訴訟為例,被控侵害專利之被告,多於專利侵權民事訴訟中抗辯原告據以起訴之系爭專利違反專利法規定,而有應撤銷之事由。民事法院基於智慧財產案件審理法第16條第1項規定,應就此抗辯自為判斷。又於專利舉發行政訴訟中(不論是舉發人不服舉發不成立之審定而為之爭訟,抑或專利權人不服舉發成立之審定而為之爭訟),行政法院亦需於訴訟中判斷涉訟專利是否符合專利要件,有無舉發人指摘之違反專利法情形。無論在專利侵權民事訴訟,抑或專利舉發行政訴訟,以系爭發明欠缺進步行為由,據以主張系爭專利有應撤銷或不應准予專利之事由,最為常見。然就如何判斷發明是否具備進步性之專利要件,其論斷方式、評估步驟,實務上尚未形成統一見解。

　　就此,最高行政法院104年度判字第214號判決(廢棄原智慧財產法院102年度行專訴第37號判決,發回更審)即曾謂:「進步性之判斷時,亦宜先依系爭專利所著重之技術領域、先前

技術面臨之問題，解決問題之方法、技術之複雜度及其實務從事者通常之教育水準，確立『熟習該項技術者』之知識水準。」，似在教示該案發回後應依循上開步驟，更為審查各項步驟環節所涉「技術事實」，另為適當決斷。前開發回意旨實質寓有為進步性判斷建立判斷步驟之意，以求進步性判斷更為細緻化，更意在避免司法裁判者以審判時之技術水準，憑其「後見之明」，論斷涉訟發明有否具備進步性。

　　有關「進步性」要件之判斷步驟，近來頗受重視。國內對此議題之討論、文獻均已有相當累積[1]。我國司法實務亦已意識從事「建置進步性判斷步驟」之「法之續造」的必要性，從而已有相關判決指明涉此爭議的問題意識。例如，最高法院100年度台上字第480號民事判決即表示：「判斷申請專利之發明有無進步性，應就先前技術所揭露者於欲解決之問題、功能、特性是否提供教示、建議或動機，使該技術領域通常知識者足以輕易思及所申請之專利」，並以該案原審判決未究明前案證據「所欲解決之問題、功能、特性」，僅以該前案證據空泛記載，即認該前案證據已足以讓該所屬技術領域中具有通常知識者可輕易思及系爭專利技術特徵，其論理過於疏略，因而廢棄發回。另，最高法院100年度台上字第1804號民事判決亦教示與前開判決意旨相同之進步性判斷方法。

　　又，最高法院102年度台上字第1800號民事判決，則更進一步闡釋：專利法「所謂『申請前既有之技術或知識』，係指申請

---

[1] 劉尚志、湯舒涵、張添榜，專利進步性要件之判決分析：由美國專利案例觀照台灣最高法院及最高行政法院判決，台灣法學雜誌，第220期，頁99-116（2013年3月）；李素華、張哲倫，專利進步性判斷之法學方法論—美、德之借鏡及台灣實務之檢討，月旦法學雜誌，第242期，頁227-259（2015年7月）；智慧財產培訓學院，第103年度第4次智慧財產實務案例評析座談會會議紀錄（2014年11月26日）；智慧財產培訓學院，第104年度第1次智慧財產實務案例評析座談會會議紀錄（2015年3月31日）。

當日之前，已見於國內外刊物或已公開使用之技術、知識。故於申請當日之後（包括申請當日），始公開或公告於刊物之技術、知識，在判斷發明之進步性時，不列入考慮。又專利專責機關對於發明專利申請案之實體審查，應指定專利審查人員審查之，審查申請專利之發明是否具備進步性，並確實依據引證資料所載之技術或知識，針對發明之技術內容、綜合發明之目的、功效，研判其是否克服選擇或結合之困難度，而獲得突出的技術特徵或顯然的進步，加以判斷，申請專利之發明經審查認無不予專利之情事者，應予專利；判定發明不具進步性時，審查委員應引證具體既有之技術、知識資料充分說明（九十年專利法第三十六條第一項規定及智慧局『專利審查基準』參照）。據此，若經智慧局審查後給予發明專利者，應推定該發明具有進步性，其主張經智慧局審定公告之發明專利不具進步性，應予撤銷者，就該發明專利不具進步性之事實，應負舉證責任，即應具體證明該發明專利申請日之前，該發明之技術、知識已經公開或公告，或熟習該發明所屬技術領域之既有技術及知識之人，得經由邏輯分析、推理或試驗而得之一般技術手段研究、開發，並發揮一般創作能力，使當時該發明所屬技術領域之技術水準，化為其本身知識之事實。又『發明說明書』中之『發明說明』，係記載該發明所欲解決問題（即發明之目的或動機）及所採用之技術手段（達成發明目的或解決問題之具體手段或技術方案）之描述，『發明說明書』中之『實施例』則是技術手段的具體表現，即記載發明人對某一課題尋求解決時的思考邏輯，該實施例敘述使用之元件，縱於申請發明專利日前已經存在，仍須熟習該發明所屬技術領域之既有技術及知識之人，得利用該元件輕易完成該發明所欲解決之問題時，始得認該發明不具進步性。」由此益見，進步性之專利要件究應如何判斷，確有具體化、細緻化判斷標準及討論步驟之必要。

為此，本文擬以最高行政法院104年度判字第214號判決作

爲討論進步性判斷步驟之基礎。選擇此判決作討論的基礎，是因
爲此判決詳爲論究涉訟專利是否具備「進步性」之各項要件，並
指明判斷時所應考量之問題，與本文討論主題關係甚切。本文謹
以本案判決爲討論開端，並探討進步性要件判斷時所應參考、審
酌之因素，乃至於該問題的思考層次、審查模式。

貳、最高行政法院104年度判字第214號判決案例事實及爭點

一、事實概要

　　本件涉訟專利爲第91208868號「自動切換器」新型專利
（下稱「系爭專利」），主要係用於電腦設備之自動切換[2]。舉
發人認系爭專利違反核准時專利法第97條、第98條第2項、第
105條準用第22條第4項及第5項規定，不符新型專利要件，提起
舉發。嗣專利權人提出更正，經智慧財產局審查後，雖認更正應
予准許，但認系爭專利違反專利法第98條第2項規定，作成「舉
發成立，撤銷專利權」之審定。專利權人循序提起行政訴訟，經
智慧財產法院102年度行專訴字第37號判決駁回其訴，專利權人
爰上訴最高行政法院。案經該法院審理，以104年度判字第214
號判決廢棄原判，發回更審。

二、技術爭點彙整

　　如前所述，系爭專利「自動切換器」，主要係用於電腦設備

---

[2]　關於本件案例事實及相關技術爭點，係援引自智慧財產法院102年度行專訴字第
　　37號判決書。

之自動切換裝置，用以改良習知自動切換器「因使用時摔落地面導致電路毀損」、「因空氣潮濕導致主基板受潮毀損」等缺失。其主要技術特徵在於：提供一種「一對多」「插座型切換器」，包含一個「主插座體」，該「主插座體」之殼體係以塑料一體成型，對內部電路板及電路提供絕對保障，且具有良好「耐候性」、「耐摔性」。系爭專利更正後共有五項請求項，其中第一項為獨立項，其餘項次為附屬項。

　　在本案中，舉發人提出二項前案證據。其中，證據2為系爭專利自承之先前技術。證據3則為日本特開平第9-55155號「切換器」專利案。舉發人認為證據2、3之組合，得以證明系爭專利更正後之全部申請專利範圍（請求項1至5）不具進步性。其中，舉發人認為，系爭專利各項次雖記載該專利所揭示「自動切換器」之構件及功能（例如訊號插座組數量、構件、纜線與電路連結等），然此等構建、功能均為習知切換器必然具備之構建或功能。又，系爭專利宣稱「耐候性」、「耐摔性」等功能特徵，亦已見於證據3。舉發人故而主張，證據2（系爭專利自承先前技術）、證據3之組合得以證明系爭專利各項次不具進步性。

　　就舉發人所提舉發，經智慧財產局審查後，作成舉發成立之審定[3]。專利權人不服提起訴願，亦遭經濟部決定駁回[4]。專利權人向智慧財產局提起行政訴訟，訴請撤銷訴願決定及原處分。案經智慧財產法院審理，以102年度行專訴字第37號判決，駁回專利權人之訴。

　　細繹智慧財產法院前開判決理由後可知，智慧財產法院駁回專利權人之訴，主要理由係以：1.舉發人所提前案證據，雖確實未能揭露如系爭專利所示「自動切換器」之構件及功能（例如訊

---

[3]　智慧財產局101年8月27日（101）智專三（二）04059字第10120884040號專利舉發審定書。

[4]　經濟部102年1月22日經訴字第10206092110號訴願決定。

號插座組數量、構件、纜線與電路連結等），然此等構件特徵或與系爭專利所欲解決之技術問題（「耐候性」、「耐摔性」）無關，且為熟悉系爭技術之人可輕易思及。2.至於系爭專利所欲達成之主要功效（「耐候性」、「耐摔性」），則已見於證據3，因而認系爭專利較諸前案證據並無功效上之增進，或有任何不可預期之功效產生。

三、最高行政法院104年度判字第214號判決見解

最高行政法院104年度判字第214號判決，廢棄原判決並發回更審，其理由略以：

（一）關於系爭專利「所涉技術領域」、「該領域通常知識水準」之界定

系爭專利涉及之產品（自動切換器）雖屬電子產品，但系爭專利說明書既已載明：系爭專利主要訴求重點不在於電子電路之設計，而係電路板防濕氣、防震動受損之設計。從而，系爭專利所著重之領域並非「電子」、「電路」相關領域，而係「電子構裝」（electronic packaging）、機械等領域，「為求進步性審查更趨細緻客觀，所屬技術領域中熟習該項技術者之技術水準，似宜先確立判斷主體。故事實審法院進行進步性之判斷時，似宜先確立核准時專利法第98條第2項所謂『熟習該項技術者』之虛擬技藝專家為何？繼之再以專利核准時該虛擬技藝專家之能力標準，依申請前既有之技術或知識，判斷系爭專利能否輕易完成，以及有無功效之增進。」[5]

最高行政法院於判決書末段，另行闡釋：「又進行進步性之

---

[5]　請參見最高行政法院104年度判字第214號判決書。

判斷時，亦宜先依系爭專利所著重之技術領域、先前技術面臨之
問題，解決問題之方法、技術之複雜度及其實務從事者通常之教
育水準，確立『熟習該項技術者』之知識水準。」亦在確立事實
審法院在判斷進步性要件時，所應考量的具體要件、因素。

（二）系爭專利申請專利範圍之解釋

　　最高行政法院另指出，系爭專利申請專利範圍第1項所載
「纜線之一端係由……殼體所包覆」技術特徵，其中所稱「包
覆」應如何解釋，為本件核心爭點所在[6]。最高行政法院認為原
判決對此技術用語之解釋尚非妥適，因而認原判決認定系爭專利
技術特徵已見於證據3之論斷，尚有研求餘地。

（三）進步性判斷要件之一般論述

　　如前述，最高行政法院於判決書末段，就進步性判斷之一般
性要件，曾謂：「又進行進步性之判斷時，亦宜先依系爭專利所
著重之技術領域、先前技術面臨之問題，解決問題之方法、技術
之複雜度及其實務從事者通常之教育水準，確立『熟習該項技術
者』之知識水準。」
　　此外，最高行政法院亦於判決末段諭知：發回時，應就系爭
專利所稱功效（「耐候性」、「耐摔性」）與前案證據間，有無
「程度」上之差異，涉及系爭專利是否具備進步性之判斷，更審
時宜予調查審認。

---

[6]　就此爭點，最高行政法院具體指出，如申請專利範圍之解釋結果，並無二請求
項之權利範圍相同情形，即無由「申請專利範圍請求項差異原則」之適用。

四、案例爭點

前述最高行政法院判決意旨雖就案件所涉其他爭點另有闡述，惟如以本文主題「進步性」之判斷步驟而言，其所涉爭點約可歸結如下：

（一）「進步性」要件之判斷，究應依循如何之判斷步驟？

就此爭點而言，其所著重者，尚非「進步性」要件實質內涵。實則，於此討論之核心，乃在於用以判斷涉訟發明是否具備進步性之「方法」。亦即，究竟涉訟專利應具備如何之「創新」，始能獲准取得專利，此乃「實體」問題；然如何判斷各該發明是否符合該「創新」之要件，此則為「方法」問題[7]。誠然，進步性要件之實體、方法時常為一體二面，互相連動。然，建立一套判斷「方法」機制，對於「後見之明」偏見、預斷之避免，或有實質助益。

（二）如何界定熟習系爭技術之人的知識水準？

依最高行政法院前開判決意旨，此問題同時涉及二層次：1.何謂「系爭技術」領域？待確立系爭技術領域為何後，再行確立2.該技術領域之人又具備如何之知識水準？

如何界定系爭專利涉及之技術領域，在一般案例爭議較小。然而，在發明或創作係在以A技術領域之技藝，「改良」B技術領域習知技術之缺失時，其應如何界定系爭專利所涉及技術領域，即有待討論。以前述最高行政法院為例，法院即指出，本

---

[7]　參見李素華、張哲倫，同註1，頁229（該文認為我國就進步性判斷之方法論，仍有進一步討論的空間）。

件系爭專利之研發重心在於「裝置」、「構造」相關技術，而非「電子」、「電路」相關技術，從而於界定系爭專利所涉技術領域時，亦應併與考量前此差異。

（三）如何避免「後見之明」之預斷偏見？

前述最高行政法院雖未直接指明審判者應避免以「後見之明」論斷系爭專利之進步性，然其論及「事實審法院進行進步性之判斷時，似宜先確立核准時專利法第98條第2項所謂『熟習該項技術者』之虛擬技藝專家為何？繼之再以專利核准時該虛擬技藝專家之能力標準，依申請前既有之技術或知識，判斷系爭專利能否輕易完成，以及有無功效之增進」等語，強調應以「申請時」虛擬技藝專家之技術水準、申請前既有之技術、知識，作為判別「進步性」之要件，顯有「不得以申請後之科技水準，論斷專利要件」之寓意。

蓋不論在專利舉發案件，抑或其後之舉發行政訴訟中，舉發審定之審定日或專利訴訟之判決日，往往均遠遠晚於系爭專利之申請日。從而，在判斷涉訟專利是否具備進步性之要件，審查者、司法審判者應避免以「後見之明」、「事後諸葛」之預斷、偏見，此已為老生常談。然如何將此「理想」訴諸於實際，因而於實務操作時予以具體實踐，則屬另事。建置一套能夠有效避免「後見之明」的判斷方法、體系，也是爭論最多、最為困難的核心議題。

參、問題分析

茲就前述爭點所涉各節，以下謹先概要論述美國法制相關發展動態，並輔以美國各界評論意見的討論，提出本文之分析觀

察；再以美國法制得供我國借鏡參考之處，就我國實務運作情形，提出本文淺見。

一、美國法觀察

關於美國法上進步性之認定及其演進，國內文獻相關討論甚豐，以下簡要回顧之。按美國專利法第103條規定：「專利發明以其整體觀之，如該專利發明之內容與先前技術間之差異，對申請時熟知系爭技術之人而言，係屬顯而易見者，則該發明即不得申請獲准專利。」[8]此即為美國專利法關於「進步性」（或稱「非顯而易見性」（non-obviousness））之實定法基礎。

（一）自 *Graham* 判決到 KSR 判決

就此法定要件，美國聯邦最高法院曾於1965年 *Graham v. John Deere., Co.* 判決[9]詳述其內涵。聯邦最高法院於該判決中闡釋：前開非顯而易見性之判斷，涉及三個基本事實之探究：1.先前技術的範圍與內容之界定；2.前案技術與涉訟專利間所存差異之界定；3.發明所屬技術領域通常技藝水準之界定[10]。除前此判斷要件外，另可參照「輔助因素」（secondary considerations），諸如商業上成功、雖已為人知卻長期無法解決之問題、其他失敗案例等，作為準據、參考[11]。

聯邦最高法院雖於判決中闡釋前開判斷要件，然亦直言：

---

[8]　35 U.S.C. § 103 ("[a] patent may not be obtained ...... if the differences between the subject matter sought to be patterned and the prior art are such that the subject matter as a whole would have been obvious at the time the invention was made to a person having ordinary skill in the art to which said subject matter pertains.").

[9]　Graham v. John Deere Co., 383 U.S. 1 (1965).

[10]　*Id*. at 17-18.

[11]　*Id.*

非顯而易見性之判斷原非易事，與法院於個案中判斷行為人是否具備「故意」、「明知」等主觀要件，其困難程度大抵相當[12]。依Graham判決樹立之判斷要件，聯邦最高法院旨在要求審查者先予區別「先前技術」、「系爭專利」間之「差異」（gap）為何，其後再判別此間「差異」對於發明完成時該技術領域之人而言，是否為「顯而易見」之差異。就此，聯邦最高法院亦指出，此「差異」之判斷並非以「量」為衡量標準，而係應考究其間差異之「實質」[13]。

依此判準，聯邦最高法院於Graham判決認定該案涉訟專利不具「非顯而易見性」。其理由在於：該案涉訟專利之發明與先前技術間，對於熟悉該領域之通常技藝人士而言，兩者間差異過小。亦即，除涉訟專利發明提出之解決方案外，熟悉系爭技藝人士即別無其他選擇[14]。

後於1966年United States v. Adams判決[15]，美國聯邦最高法院以前述判準，論斷該案涉訟專利具有「非顯而易見性」。其理由係以：該案涉訟專利捨棄傳統習知之技術手段，所提出之發明（改變），對熟悉該領域之技術人員而言，實為無法預期、無法預見之技術手段，尤其以專利申請時之技術知識水準而言，具通常知識的技術人員依其對其時通常知識，毫無思及涉訟專利技術手段之可能性。相反的，專利申請時之技術知識，反將阻礙熟知技術之人獲致涉訟專利之技術手段。從而，聯邦最高法院肯認該專利具非顯而易見性[16]。

在1969年Anderson's-Black Rock, Inc. v. Pavement Salvage

---

[12] Id.

[13] Id. at 17 ("The emphasis on nonobviousness is one of inquiry, not quality, and, as such, comports with the constitutional strictures.").

[14] Id. at 44.

[15] United States v. Adams, 383 U.S. 39 (1966).

[16] Id. at 51-52.

Co.判決[17]、1976年*Sakraida v. Ag Pro, Inc.*判決[18]等案中，美國聯邦最高法院於考量案件涉訟專利與前案技術間之「差異」時，則並非僅關照專利技術與前案技術「構造」上之差異，而係著重專利技術與前案技術各自產生之「功效」，究竟有何差別。以*Sakraida*判決為例，聯邦最高法院認定該案系爭專利不具「非顯而易見性」，理由在於該案系爭專利僅將各種習知技藝已知之技術手段加以結合，然結合後並未產生原各該技術手段所無之功效，因而認該專利技術對熟悉系爭技術人士而言，並無任何無從預期之處[19]。

　　多年以後，聯邦最高法院於2007年*KSR International Co. v. Teleflex, Inc.*判決[20]中，重新檢視「非顯而易見性」之專利要件。聯邦最高法院於KSR判決指出，經聯邦巡迴上訴法院沿用多年的「TSM準則」（此「TSM」即"teaching, suggestion, or motivation"之意，亦即：「教示、建議、動機」判斷準則）尚非「非顯而易見性」要件之唯一判準[21]。在本判決中，聯邦最高法院仍以其於*Graham*判決中所執「差異」（gap）衡量之判準，作為主要評斷之方法。惟所不同者在於，聯邦最高法院在KSR判決中，進一步提出「可預見性」（predictability）之概念。亦即，以涉訟專利所提出之技術手段，是否為熟悉系爭技術之人「顯有可能嘗試選擇」者（obvious to try），作為論斷標準。該標準旨在將「僅依前案技術已知之功能，對各習知技術為可預期之使用」，排除於可受專利保障之範圍之外[22]。

---

[17]　Anderson's-Black Rock, Inc. v. Pavement Salvage Co., 396 U.S. 57, 61 (1969).

[18]　Sakraida v. Ag Pro, Inc., 425 U.S. 273 (1976).

[19]　*Id*. at 281.

[20]　KSR International Co. v. Teleflex, Inc., 550 U.S. 398 (2007).

[21]　*Id*. at 415.

[22]　*Id*. at 421 ("[a] court must ask whether the improvement is more than the predictable use of prior art elements according to their established functions.").

就此，美國聯邦最高法院指出：一旦解決某項技術問題之設計需求或市場壓力已然存在，而解決前此技術問題之手段又屬有限，於此之下，熟悉系爭技術之人極有可能以其所知之既有技術手段，解決前開所欲解決之問題。如前述既有手段之選用將導致可以預期之成功改良結果，此技術手段之選用即非創新發明，而充其量僅屬「通常技藝」（ordinary skill）或「基本常識」（common sense）[23]。

除此之外，美國聯邦最高法院於KSR判決中，尚且問及：涉訟專利所用技術手段，是否將產生無法預期之功效結果[24]？此與聯邦最高法院前於*Anderson's-Black Rock, Inc.*判決、*Sakraida*判決中所執判準相近，均係在考量先前技術所生「功效」、「結果」，與系爭專利間是否存有「差異」，又此差異是否具有不可預期性[25]。

自美國聯邦最高法院*Graham*判決、*KSR*判決以觀，美國聯邦最高法院對於「非顯而易見性」要件之判斷，顯然選用傾向較具「彈性」的判斷標準，使法院或審查委員能依個案情狀而爲適當判斷[26]。然評論意見多以*KSR*判決所持「顯而易試」判準，未

---

[23] *Id.* ("[w]hen there is a design need or market pressure to solve a problem and there are a finite number of identified solutions, a person of ordinary skill has good reason to pursue the known options within his or her technical grasp. If this leads to the anticipated success, it is likely the product not of innovation but of ordinary skill and common sense.").

[24] *Id.* at 416.

[25] 就此，有評論意見批評指出，以「功效」、「成果」之「可預期性」論斷發明本身是否具備「非顯而易見性」，本身即屬「後見之明」。*See* Christopher A. Cotropia, *Predictability and Nonobviousness in Patent Law*, 20 Mich. Telecom. & Tech. L. Rev. 391, 403 (2014).

[26] *See e.g.*, Daralyn J. Durie & Mark A. Lemley, *A Realistic Approach to the Obviousness of Inventions*, 50 Wm. & Mary L. Rev. 989, 998 (2008), *available at* : http:// scholarship.law.wm.edu/wmlr/vol50/iss3/5 (last visited 2015/8/4); Cotropia, *id.* at 403.

若原「TSM」標準客觀具體，實務上難以操作，且容易流於判斷者主觀之論斷[27]。尤其，當涉訟專利揭露的發明技術特徵，可散見於多數前案證據時（故此時挑戰專利有效性之人主張：系爭專利僅係擷取各該前案證據部分內容，並無創建），美國聯邦巡迴上訴法院於適用TSM標準時，即一再標榜，此標準之適用得以排除「以『後見之明』挑戰系爭專利有效性」的不當主張[28]。從而，TSM標準或仍有相當參考價值。

此外，在考量涉訟專利是否具備「非顯而意見性」時，亦有評論意見指出，此時允宜細分所判斷的「標的客體」。亦即，應按各專利所涉技術，判斷各該專利發明的「發明概念」本身是否具備進步性，抑或該專利用以「實施該發明概念」之技術手段是否具備進步性，並就此二者之審查結果綜合判斷考量[29]。

（二）專利申請時發明所屬技術領域通常技藝水準之界定

關於「發明所屬技術領域通常技藝水準」究竟具備如何的技術知識水準，此涉及涉訟專利之技術與前案技術間所存之「差異」（gap），是否為「顯而易見」，而不具備專利要件。蓋某項「差異」對某A領域之技藝人員而言，或屬「驚為天人」之發現，但對另B領域之技藝人員而言，卻可能屬「稀鬆平常」，

[27] See e.g., Gene Quinn, KSR the 5th Anniversary: One Supremely Obvious Mess, IP Watchdog. Com (2012), available at http://www.ipwatchdog.com/2012/04/29/ksr-the-5th-anniversary-one-supremely-obvious-mess/id=24456/ (last visited 2015/8/4).

[28] See e.g., Ruiz v. A.B. Chance Co., 234 F.3d 654, 664 ("In order to prevent a hindsight-based obviousness analysis, we have clearly established that the relevant inquiry for determining the scope and content of the prior art is whether there is a reason, suggestion, or motivation in the prior art or elsewhere that would have led one of ordinary person skill in the art to combine the references.").

[29] Jeanne C. Fromer, The Layers of Obviousness in Patent Law, 22, Harv. J. L. Tech. 75 (2008).

毫無創見。依照*Graham*判決所樹立的判準，審查者應以所屬技術領域具通常技藝知識之人（the person having ordinary skill in the art, PHOSITA）的技術水平，據以論斷該「差異」（gap）是否顯而易見，而得以輕易完成。

　　就此，美國聯邦最高法院在*Graham*判決中雖認於判斷「非顯而易見性」要件時應界定熟悉系爭技術之人之技術水平，惟在聯邦最高法院在具體論斷該案所涉發明是否具備專利要件時，法院並未於判決理由詳述如何界定熟悉系爭技術之人所具備之技術水準。聯邦巡迴上訴法院曾於1985年*Standard Oil Co. v. American Cyanamid Co.*判決[30]指出，所屬技術領域具通常技藝知識之人係指對系爭領域傳統習知技藝有所瞭解之技藝人士，但該技藝人士卻無動機（或以反覆試驗；或以普遍性、系統性之搜尋；或以超凡的先見之明）嘗試創新[31]。依此見解，從事發明之人所具備之智識能力，必然超越通常技藝人士[32]。

　　另，聯邦巡迴上訴法院在1984年*Environmental Designs v. Union Oil*判決[33]中，亦曾形塑「所屬技術領域具通常技藝知識之人」的內涵。該判決指出，法院於界定「所屬技術領域具通常技藝知識之人」技術水準時，應評估發明人的教育背景、所欲解決之問題、前已提出的既有解決方法、所涉技術複雜程度、系爭技藝發展速度、所屬領域技藝人員教育程度等因素[34]。前述最高行政法院104年度判字第214號判決教示：「又進行進步性之判斷時，亦宜先依系爭專利所著重之技術領域、先前技術面臨之問題，解決問題之方法、技術之複雜度及其實務從事者通常之教育

---

[30]　Standard Oil Co. v. American Cyanamid Co., 774 F.2d 448 (Fed. Cir. 1985).

[31]　*Id*. at 454.

[32]　*See e.g.*, Rebecca S. Eisenberg, *Obvious to Whom? Evaluating Inventions from the Perspective of PHOSITA*, 19 Berleley Tech. L. Rev. 885, 892 (2004).

[33]　Environmental Designs v. Union Oil, 713 F.2d 693 (Fed. Cir. 1983).

[34]　*Id*. at 697.

水準，確立『熟習該項技術者』之知識水準。」等旨，其中所指
「先前技藝人士知識水準」界定標準，想係出自於此。

　　此所謂「所屬技術領域具通常技藝知識之人」，其概念甚
爲空泛，亟待以具體指標加以特定。尤以，該「所屬技術領域具
通常技藝知識之人」之概念，實際上包含二層假設。其一，應假
設該「所屬技術領域具通常技藝知識之人」對所屬領域的通常知
識均有廣泛的瞭解，舉凡該領域具通常知識水準之技藝人員所
應知悉之技術，從而該「所屬技術領域具通常技藝知識之人」
實爲「熟悉系爭技術之人」。故而，縱使某項技術事實上甚爲
「隱晦」而難以爲業界人員查知，然仍應推論熟悉系爭技術之人
對此技術已有所瞭解[35]。其二，該「所屬技術領域具通常知識之
人」並非指涉特定個人，而係指該領域中具備通常知識技能之人
的「集合」。是而，特定技術在現實上是否難以爲特定個人所知
悉、掌握，在所不問；實則，應以所屬領域通常技藝人士總體以
觀，以爲判斷[36]。

　　與「所屬技術領域具通常技藝知識之人」相對應者，則爲
「具卓越創見之發明人」（an inventor with extraordinary abili-
ties）之概念。聯邦巡迴上訴法院即常在判決中強調，於判別涉
訟專利發明有無「非顯而易見性」時，不得以「發明人」的智識
水準予以評斷[37]。但美國聯邦最高法院後於KSR判決中，卻又闡

---

[35] 然而，資訊搜尋突飛猛進，以今時今日較諸數十年前相比，舉發人所能搜尋
而得之前案技術，必然較諸以往爲多；尤以，如較爲「隱晦難尋」之前案證
據，或許於十數年前技術，即無從爲舉發人搜尋取得。從而，以資訊科技發達
之現今而言，極有可能出現：因前案證據極易搜尋而得，導致專利發明之非
顯而易見性較易遭到否定之疑慮。美國評論意見已有指出此點問題，或值日
後思索。*See* Brenda M. Simon, *The Implications of Technological Advancement for
Obviousness*, 19 Mich. Telecomm. & Tech. L. Rev. 331 (2013).

[36] Durie & Lemley, *supra* note 25, at 993-4.

[37] *See e.g.*, Eli Lilly & Co. Teva Pharm. USA, 619 F.3d 1329, 1343 (Fed. Cir. 2010).

釋：所謂「所屬技術領域具通常知識之人」，並非僅爲具備通常知識之「機械人」，實則，該「所屬技術領域具通常技藝之人」除具備「通常技藝」外，亦具備「通常創意」[38]。此見解似乎有意拉近「具備通常技藝知識」之技藝人員與「具備超凡創意」之發明人間的距離。然未見該判決提供具體判準。

就此「所屬技術領域具通常技藝知識之人」所具備的「創意程度」如何界定之問題，聯邦巡迴上訴法院2006年*DyStar Textilfarben GmbH & Co. Deutschland KG v. C.H. Patrick Co.*判決[39]，即曾以「通常知識」水平之高低，據以判斷具通常知識之人所應具備的「創意程度」。質言之，如法院經審酌一切情由後認定系爭技術所屬領域具通常知識水準較低，則推定此際具通常技藝之人的「創意程度」亦較低，從而此「通常技藝之人」需在前案證據中有「明確具體教示」，否則即無合理動機推得涉訟專利之發明。然如法院認定所屬技術領域之通常知識水準較高，則此際具通常知識之人即有較佳的創意能力，在欠缺「明確具體教示」之下，結合前案各種技術，進而完成發明[40]。

例如，在*Daiichi Sankyo Co. v. Apotex Inc.*判決[41]中，聯邦巡迴上訴法院即認爲該案涉訟專利涉及耳腔感染的醫療方法，從而應將該專利技術所屬之「通常技藝人士」界定爲「專門醫治耳腔之專業人員」，而非一般職業醫師。於此之下，前者就系爭專利所涉技術應較後者具備更高的專業技術水準，其用以結合前案所需之「創意程度」，自亦較後者之一般從業人員爲高。

惟關於熟悉系爭技術之人所具技術知識水平之界定，於個案認定時卻時有執行上的困難。尤以，法院在專利侵權民事訴訟、

---

[38] KSR International Co. v. Teleflex, Inc., 550 U.S. at 421.

[39] DyStar Textilfarben GmbH & Co. Deutschland KG v. C.H. Patrick Co., 464 F.3d 1356 (Fir. Cir. 2006).

[40] *Id.* at 1356.

[41] Daiichi Sankyo Co. v. Apotex Inc., 501 F.3d 1254 (Fed. Cir. 2007).

專利舉發行政訴訟中判斷涉訟專利是否具備「非顯而易見性」時，其距離涉訟專利的申請時間，已有相當距離，如何探求「多年以前」的技術水準，實際上可用的方法十分有限。因而即有論者認應由專利專責機關於審查各該專利申請案時，即先行徵詢符合「熟悉系爭技術之人」要件之專業人士，以便界定申請當時該領域技術水準[42]。

二、我國法借鏡檢討

就我國法而言，關於進步性的判斷步驟，我國智慧財產局公告之專利審查基準記載：「申請專利之發明是否具進步性，通常得依下列步驟進行判斷：步驟1：確定申請專利之發明的範圍；步驟2：確定相關先前技術所揭露的內容；步驟3：確定申請專利之發明所屬技術領域中具有通常知識者之技術水準；步驟4：確認申請專利之發明與相關先前技術之間的差異；步驟5：該發明所屬技術領域中具有通常知識者參酌相關先前技術所揭露之內容及申請時之通常知識，判斷是否能輕易完成申請專利之發明的整體。」[43]自此可知，我國專利審查基準對於進步性要件之判斷步驟，並非毫無論及。以下進一步研析探討。

（一）審查方法步驟

關於「發明所屬技術領域中具有通常知識者之人」，依現行專利法施行細則第14條規定，係指：「具有申請時該發明所屬技術領域之一般知識及普通技能之人。」然觀諸我國法院實務判決，對於涉訟專利所屬領域通常知識技藝之人所具備的知識技術水平，或者略而不論，或者僅一語帶過，鮮有深究。雖此，仍有

---

[42] See e.g., Eisenberg, *supra* note 29, at 889.

[43] 智慧財產局，專利審查基準彙編，第3.4.1點，2014年。

數則判決對此爭點有所論斷。例如，本文前言所引用之最高法院
102年度台上字第1800號民事判決，即指出：主張專利欠缺進步
行之一造應舉證證明「該發明專利申請日之前，該發明之技術、
知識已經公開或公告，或熟習該發明所屬技術領域之既有技術及
知識之人，得經由邏輯分析、推理或試驗而得之一般技術手段研
究、開發，並發揮一般創作能力，使當時該發明所屬技術領域之
技術水準，化爲其本身知識」等事實，其中論及發明所屬技術領
域通常技藝之人，具有「通常」的邏輯分析推理能力並能發揮
「一般」的創作能力，意在區別「通常」（ordinary）技藝人員
與「超凡」（extraordinary）發明家間之差異，與前文論及美國
法實務見解，所見略同。

　　此外，最高行政法院103年度判字第406號判決亦曾表示：
「『所屬技術領域中具有通常知識者』係何所指？依系爭專利審
定時經濟部智慧財產局所發佈之專利審查基準所載爲：『該發明
所屬技術領域中具有通常知識者，係一虛擬之人，具有該發明所
屬技術領域中之通常知識及執行例行工作、實驗的普通能力，而
能理解、利用申請日（主張優先權者爲優先權日）之前的先前技
術。』此一虛擬之人之建立，對客觀判斷進步性與否至關重要，
依上說明，本件既屬製造多結紗之機械之技術領域，則其所屬技
術領域中具有通常知識者，自不限於該專利產品之使用者，尚應
包括同一技術領域之競爭者、生產者及公司內從事研發工作者，
事屬當然。」本此理解，最高行政法院進而論斷：該案舉發人所
提前案證據之一「爲市場之產品型錄，可見該型錄產品之生產者
或該公司內從事研發工作者，業已能研發產製該產品，其產品上
市後，通常亦能成爲所屬技術領域之通常知識，上訴人猶謂其非
所屬技術領域中之通常知識，不足採取。」係以前案技術業已他
人生產爲產品並於市場販售，乃據此論以該前案技術可成爲所屬
技術領域之通常知識。然或許能進一步考量所屬領域通常技藝人

員所具備的教育智識背景[44]，或參照104年度判字第214號判決意旨所闡述之「依系爭專利所著重之技術領域、先前技術面臨之問題，解決問題之方法、技術之複雜度及其實務從事者通常之教育水準」等界定標準，以求周詳。

　　最高行政法院105年度判字第503號判決則以：「按判斷申請專利是否為其所屬技術領域中具有通常知識者依申請前之先前技術顯能輕易完成時，應以申請專利之整體，亦即以每一請求項中專利的整體為對象，而非以請求項各元件之技術特徵為個別比對，但因專利係由各別構件組合而成，各部分構件亦有其技術內容，所以在判斷專利是否具進步性時，不得不依下列步驟判斷之：1.確定被比對專利之專利範圍；2.確定相關先前技術所揭露的內容；3.確定被比對專利所屬技術領域中具有通常知識者之技術水準；4.確認被比對專利與相關先前技術之間的差異；5.該被比對專利所屬技術領域中具有通常知識者參酌相關先前技術所揭露之內容及申請時之通常知識，判斷是否能輕易完成被比對專利的整體。既言係專利整體為判斷進步性對象，自應注意各該經比對出來的差異技術是否在待解決之客觀問題上，而非與被比對專利無關之技術，按此步驟所為之專利進步性判斷，自合於專利進步性整體判斷之基準。反之，若跳過上開確認被比對專利與相關先前技術之間的差異，逕就被比對專利與相關先前技術直接挑選擇其相異之構件作進步性判斷，反而違反以專利整體為對象判斷之基準。當然，判斷進步性之重點在於『所屬技術領域中具有通常知識者，依申請前之先前技術所能輕易完成』，自不能過度機械性僅比對差異，或僅僵化強調相關先前技術所揭露之內容有無教示、建議、動機等（即所謂TSM法則）而忽略所『能輕易完

---

[44] 例如，智慧財產法院99年度民專上字第55號民事判決，即認定：「系爭專利僅係日用品之簡易結構改良，是系爭專利所屬技術領域中具有通常知識者係具備機械相關科系之職業技術教育背景或係受有機械訓練之實務工作者。」

成』此一要件,自不待言。」此為建立進步性審查步驟的嘗試。

(二) 法院對於技術事實之調查

如前所述,對於如何界定系爭專利申請時的技術水準,實務操作上困難重重。尤以,訴訟判決作成時距離系爭專利申請時往往已有數年之間隔,事實審法院如何界定,即為問題核心所在。就此,美國評論意見有認應由專利專責機關於申請程序中諮詢符合「所屬技術領域具通常知識技藝者」要件之實務技藝人士,已如前述。此方法是否可行,或待研求[45]。

然於依我國司法實務而言,事實審法院對於涉訟專利有無進步性爭點所涉及之「事實」,其調查範圍及深度往往均十分侷限。最為常見的情形為,法院僅於案件所涉前案證據是否具備證據適格(其是否「公開」?公開時間為何?),始見法院有所調查。然就各前案證據所涉「技術事實」(亦即,通常知識技術水平為何?各該前案證據所載內容為何?),則多由兩造各自就「技術爭點」提出「主張」,再由法院綜合判斷兩造就其主張之辯論意旨,論斷憑採。惟涉訟專利是否具備進步性之專利要件,固屬「法律爭點」之判斷,然此判斷必然涉及相關「技術事實」之認定,仍與純粹「法律爭點」之判斷,有所差別。

從而,最高法院前於98年度台上字第2373號民事判決中闡釋:「攸關判斷系爭專利有無撤銷原因之『另件外國產品』公開或銷售在先、系爭專利係其所屬技術領域中具有通常知識者依申

---

[45] 美國評論意見另有認為,考量專利審查委員於專利審查階段所得使用之資源、時間,均較為有限,較諸法院訴訟程序採取嚴謹審判程序,且雙方當事人投注極大的資源從事訴訟主張、攻防,從而關於「非顯而易見性」或「進步性」之審查,於專利審查階段或訴訟審理階段,或可採用不同的審查模式。*See* Brenda M. Simon, *Rules, Standards and the Reality of Obviousness*, 65 Case West. Res. L. Rev. 251 (2014).

請前之先前技術顯能輕易完成等事實，因上訴人否認，即應由被上訴人就此利己事實負舉證之責任」，因而認定原判決「對於上訴人主張及提出足以影響系爭專利是否確有『先前技術』而應予撤銷之上開重要攻擊防禦方法及證據，未予調查審認，亦未說明其不採之理由，併有判決理由不備之違法。」已指出事實審法院應就進步性要件判斷所涉技術事實予以調查審認，自當留意遵行[46]。

前述最高行政法院104年度判字第214號判決末段指出：應就系爭專利所稱功效（「耐候性」、「耐摔性」）與前案證據間，有無「程度」上之差異，涉及系爭專利是否具備進步性之判斷，更審時宜予調查審認，同樣指明技術事實應予調查之旨。

最高行政法院105年度判字第503號判決則就「應如何認定通常知識」有以下闡釋：「所謂該發明所屬技術領域中具有通常知識者，依據一般性定義係指一虛擬之人，具有該發明所屬技術領域中之通常知識及執行例行工作、實驗之普通能力，而能理解、利用申請日（主張優先權者為優先權日）之前之先前技術者而言；至所謂通常知識（general knowledge），則指該發明所屬技術領域中已知之普通知識，包括習知或普遍使用之資訊以及教科書或工具書內所載之資訊，或從經驗法則所瞭解之事項（參照經濟部頒專利審查基準）。該具通常知識之人既係一虛擬之人，其並非專利審查官，亦非專利有效性訴訟之法官，更非技術審查官。法條規定此一虛擬之人，其目的在於排除進步性審查之後見之明。依據上開定義『具有通常知識者』可分為知識要件與致能要件，知識要件指：『已知之普通知識，包括習知或普遍使用之資訊以及教科書或工具書內所載之資訊』，應非以學歷區分係高中、大學或碩博士，若以學歷定義，則為一定範圍不特定之

[46] 國內學界、實務界有認為「進步性判斷應善用專家鑑定人」之見，參見李素華、張哲倫，同註1，頁252以下。

人,並非虛擬之人。另上開定義『執行例行工作、實驗之普通能力』,亦即具有通常知識者之致能要件,但在訴訟中有何機制或審判輔助機關可以界定申請時之具有通常知識者的致能要件?再者,具有通常知識者此一構成要件在界定上,究係法規範之解釋?或係事實而應予調查、並為舉證之事項?若係舉證事項,則與引證案先前技術之所謂證據如何區別?大略思考即有上述問題存在,所以要確定所屬技術領域中具有通常知識者在實際訴訟操作上,確有一定難度。所以以往審定書或判決書對所屬技術領域中具有通常知識者之論述,通常於確認被比對專利與相關先前技術之間的差異後;在判斷是否能輕易完成被比對專利的整體步驟間,論述該被比對專利所屬技術領域中具有通常知識者參酌之相關先前技術所揭露之內容及申請時之通常知識,而未特別就具有通常知識者為何作定義或解釋,本院亦加以容認。但此一虛擬之人之建立,對客觀判斷進步性與否至關重要,將來智慧財產法院就進步性為判斷時,亦宜先依系爭專利所著重之技術領域、先前技術面臨之問題,解決問題之方法、技術之複雜度及其實務從事者通常水準,確立『具有通常知識者』之知識水準。則本件證據1是否可以證明系爭專利請求項3不具進步性,其『具有通常知識者』此一構成要件,並未經令當事人有辯論之機會,或適時、適度表明其法律上見解及開示心證,經兩造充分攻防行言詞辯論,即有可議。原判決認同原處分及訴願決定將證據1與證據3組合足以證明請求項3不具進步性,即屬不合。」

三、如何避免「後見之明」的偏誤

如前述,最高行政法院104年度判字第214號判決雖未直接指明審判者應避免以「後見之明」論斷系爭專利之進步性,然其論及「事實審法院進行進步性之判斷時,似宜先確立核准時專利法第98條第2項所謂『熟習該項技術者』之虛擬技藝專家為何?

繼之再以專利核准時該虛擬技藝專家之能力標準，依申請前既有之技術或知識，判斷系爭專利能否輕易完成，以及有無功效之增進」，已寓有「不得以申請後之科技水準，論斷專利要件」之旨。

　　蓋當專利案件涉訟進入法院審理程序時，不論是民事侵權案件，抑或者專利舉發案件，又或其後之舉發行政訴訟中，舉發審定之審定日或專利訴訟之判決日，均晚於系爭專利申請日。從而，在判斷涉訟專利是否具備進步性之要件，審查者、司法審判者應避免以「後見之明」之預斷偏見，此已為老生常談。然如何將此「理想」訴諸於實際，因而於實務操作時予以具體實踐，則屬另事。建置一套能夠有效避免「後見之明」的判斷方法、體系，也是爭論最多、最為困難的核心議題。

　　關於「後見之明」（hindsight）、「後見之明」偏見（hindsight bias）相關討論甚豐。在心理學研究領域，所謂「後見之明偏見」，是指：當特定事件發生之「後」，人們心底存有「早知如此」（knew it all along）、「我早就知道會這樣！」的感受。換言之，在特定事件發生之後，人們認為該事件「在預期上較為可能發生」，但在該事件發生之前，則較無前此認知。依心理學的研究，「後見之明」偏見與人類的「記憶扭曲」（memory distortion）、「人們對於特定事件發生的客觀上可能性的認知」（beliefs about events' objective likelihoods）、「人們主觀上對於預測可能性的認知」（subjective beliefs about one's own prediction abilities），均有關聯[47]。後見之明的發生，其原因甚多，然不外乎：人們選擇性的回憶起相類似事件；人們將眼下發生的事件與過去事件彼此互相關聯；人們主觀上對

---

[47] Neal J. Roese & Kathleen D. Vohs, *Perspectives on Psychological Science September*, Perspectives on Psychological Science , vol. 7, no. 5, 411-426 (2012).

於「世間萬物均有規則理路可循」的認知與需求[48]。

　　Nassim Nicholas Taleb於「Fooled by Randomness」一書曾謂：「事情總在發生之後，才看得比較清楚。……這和我們的心智處理歷史資訊的方式有關。當你回頭看過去，過去總是已經確定，因為只觀察到發生一件事。我們的心智在解讀大部分事件時，心裡想的不是以前的事件，而是用於後來發生的事件。不妨想像考試時已經知道答案。雖然我們知道歷史向前流動，卻很難理解我們是倒著回去想像歷史。……心理學家把由於知道後來的資訊，而高估自己在事件發生時所知道的事，稱作事後諸葛偏誤（hindsight bias），也就是『我早就知道會這樣』」[49]，即在論究以人類憑其對過去事件的認知，評斷眼下發生的事件，其中可能形成的偏見。

　　如前述，後見之明偏見的形成主因，與人類對於「世間萬物均有規則理路可循」的認知與仰賴，有所關聯。Rolf Dobelli於「Die Kunst des Klaren Denkens: 52 Denkfehler die Sie besser anderen überlassen」一書曾謂：「若你回顧一下二〇〇七年時人們對於經濟發展所做的預測，你肯定會大吃一驚；當時幾乎所有人都一致看好，樂觀地期待二〇〇八到二〇一〇年的經濟榮景。然而，過不到一年，在二〇〇八年時，金融市場卻突然崩潰了！為了找出造成金融風暴的原因，當年那一批抱持樂觀態度的經濟專家，今時今日又編出了一套用來說服大眾的歷史，例如在葛林斯潘主導下貨幣供給量的過度膨脹、信用貸款的浮濫核發、腐化的信評機構、鬆散的股東權益章程等。從後見之明的角度來看，金融風暴的發生似乎是邏輯之必然；耐人尋味的是，全球的經濟專家總數超過百萬，為何竟無一人能夠準確地預測出實際的發展

---

[48] *Id.*

[49] Nassim Nicholas Taleb著，羅耀宗譯，隨機騙局，頁106（台北：大塊文化；2014年）。

過程？相反地，鮮少會有其他哪一類專家跟經濟專家一樣，如此深受後見之明偏誤的毒害。後見之明偏誤是最頑固的思考錯誤之一。我們可以貼切地用『「我早就知道了」現象』來描述這種偏誤。從後見之明的角度來看，所有已經發生的事，似乎都緊密地遵循著某種看似合理的必然性」[50]。人們因其對於「世間萬物均有規則理路可循」的認知與依賴，在追尋探索此「規則理路」時，即有可能陷入「後見之明」的偏見與錯誤之中。

又如前述，「後見之明」的產生，與人們對於「事件預測」能力的認知有所關聯。David Hand在「The Impossibility Principle」（大不可能法則）一書中，曾謂：「時間只朝一個方向移動，從未來奔向過去。未來有如一片混沌大海，在不同的可能性之間翻騰攪動，某件事看來很可能發生，隨即被另一件看來更可能發生的實情所取代，就這樣不停地更迭轉換。現在則有如微風，被它吹過的事件紛紛變為現實，凝結固著，成為僵化的過去，再也不會改變。我們可以回溯過去如何成為現在的軌跡，藉此嘗試預測未來。但直到未來成為過去之前，我們永遠無法確定未來會是如何，永遠可能半路殺出意料之外的事，將我們的預測徹底推翻。不過，未來一旦成為過去，回溯一路走來的軌跡就變得很容易。這就是後見之明偏誤的由來」[51]，對於人們對於「事件預測」、「事件預知」能力的信任與仰賴，提出可能出現「謬誤」的警訊。

回到專利進步性的判斷。如前述，當法院在審究「專利進步性」爭點時，往往與「申請之日」相距甚久時間。此時，法院所審究者，亦為挑戰系爭專利進步性之一方所提出的「歷史文件」

---

[50] Rolf Dobelli著，王榮輝譯，思考的藝術：52個非受迫性思考錯誤，頁72-73（台北：商周；2012年）。

[51] David Hand著，賴盈滿譯，大不可能法則：誰說樂透不會中兩次？，頁221（台北：大塊文化；2014年）。

（申請時已知的前案技術）。法院此時所應審究的，除了前案技術有無揭露系爭專利技術特徵之外，尚須判斷依申請時的技術水準，與系爭專利發明人相同技術水平之技藝人士在面對該等已知前案之下，有無明確動機將前案技術組合而成系爭專利。法院在對此作成判斷時，即應捨棄「事情必然如此」的偏見。亦即，不應預設「既已有A（前案）發明，則必然有B（系爭專利）發明」的認知。

　　就此，最高行政法院107年度判字第647號判決意旨：「判斷該發明所屬技術領域中具有通常知識者是否有動機能結合複數引證之技術內容時，應考量複數引證之技術內容的關連性或共通性。其中，技術內容之關連性，係以複數引證之技術內容的技術領域是否相同或相關予以判斷，且各技術領域相關連之程度亦有所不同，故複數引證之技術內容縱具有關連性，通常亦難以直接認定該發明所屬技術領域中具有通常知識者有動機能結合該複數引證，尚須進一步考量複數引證之技術內容是否包含實質相同之所欲解決問題，或是否包含實質相同之功能或作用，抑或相關引證之技術內容中有無明確記載或實質隱含結合不同引證之技術內容的教示或建議，以綜合判斷其是否有動機能結合該複數引證之技術內容。」是從「技術內容之關連性」探索引證案結合的動機。

肆、結語

　　本文旨在探討專利「進步性」要件判斷步驟，並自最高行政法院104年度判字第214號判決談起。該判決中，法院進一步闡釋考量進步性時，所應審酌的判斷要件。「確立熟悉系爭專利技術之通常知識水準」，為該判決發回更審的主要意旨之一。尤其，如該判決意旨所言，在本案中究竟應以「結構」領域，抑或

「電路」領域，作爲認定此通常知識水準之依據，更爲判斷關鍵所在。此外，本案也需考量的問題在於，系爭專利與先前技術間之差異，乃至於其與先前技術在「創意構想」、「實施方法」上的差異所在。

　　專利制度旨在鼓勵研發創新，以促進產業發展、技術精進，並兼及市場合理公平競爭。從而，在專利要件的判斷上，應謹愼爲之，過猶不及，均非妥適。「進步性」之判斷，因涉及抽象概念、主觀判斷，其判斷步驟流程、審查模式、所應（或不得）考量之因素、各方當事人所應提出之舉證，無不攸關國家專利保護之准否，均當審愼爲之。我國目前專利訴訟實務（專利侵權民事訴訟、專利舉發行政訴訟）對於進步性審查模式之建立，尚有相當改善之空間。職司審判事務之法院、從事智財訴訟之實務工作者，均當以此爲未來努力的目標。通案改革或有本質上困難，惟期能透過個案中逐步累積，追求專利法制日益精進周延。

第二部

商標制度之探討

5

進擊的著名商標
——公司名稱與商標之糾葛

萬國法律事務所助理合夥律師　陳冠中

壹、前言

隨著全球商業的發展，商標的功能及價值也不斷地擴大，著名商標之保護即在這種潮流下不斷演化。在傳統商標的保護的思維下，所注重的是消費者是否可能對商品或服務來源造成混淆誤認之問題。然而對著名商標來說，其商標自身之價值甚高，有時更大幅超越企業之有形資產；而利用他人已建立的著名商標以使消費者聯想到自己產品的行為（即俗稱「搭便車」），即可能帶給著名商標的價值一定的傷害。例如將麥當勞速食業的「M」標章使用在電器上，雖然對消費者應不至於造成混淆誤認，但已可能使消費者看到「M」不會立即想到漢堡、薯條等速食；如果商品品質低劣或企業信譽不良，更會直接危害著名商標之信譽。然而，此種情況不見得會讓消費者產生混淆誤認，而無法單用傳統商標侵權原則加以排除。因此，近期商標法學及實務之發展，著名商標之保護已不僅止於避免消費者混淆誤認而已，對於上述著名商標識別性模糊化及信譽污損的情況已有進一步之規範。

由於公司名稱為一種姓名表彰，相當於自然人之姓名，是市場主體之間相互區別的標誌。對於企業而言，公司名稱是企業對外重要的標識之一，在持續對消費者提供商品或服務之後，公司名稱對消費者也會具有一定的來源辨識的功能。因此，與用來表彰商品或服務來源之「商標」，即可能在權利保護上存在一定的衝突。在現今國際間不斷強化著名商標的保護下，屬於合理使用之公司名稱的空間日漸壓縮。我國法院近幾年亦透過判決累積不少案例實務，在最近一次的修法中，更是針對公司名稱或其他相類似可作為表彰主體之名稱，與著名商標間如何設立界限，進行更具體之規範。

貳、新舊法之主要差異

　　現行商標第70條第2款規定「明知為他人著名之註冊商標，而以該著名商標中之文字作為自己公司、商號、團體、網域或其他表彰營業主體之名稱，有致相關消費者混淆誤認之虞或減損該商標之識別性或信譽之虞者」，視為侵害商標權。在修法之前，著名商標權利人雖可證明他人使用著名商標作為公司名稱之事實，但因原條文不適用於「可能」有致消費者混淆、「可能」有致減著名商標之識別性或信譽之情況，使著名商標權人須待有實際損害生時始能主張，而無法在實際損害發生前有效預防[1]。因此本次修法特別增加「之虞」之文字，以增強對權利人之保護。

　　另外由商標法第70條第2款規定之構成要件可知，著名商標的保護態樣有「有致相關公眾混淆誤認之虞」及「有減損著名商標或標章之識別性或信譽之虞」，前者乃為保護公眾利益，避免消費者買到仿冒品；而後者，乃為保護著名商標之價值，二者保護內容的態樣並不相同，因此與事實涵攝時，其構成要件之分析重點並不相同。然而，可能由於修法前有關著名商標擬制侵權之規定，並未明文將「消費者混淆誤認」相關之規範納入構成要件，因此在解讀92年版商標法62條第1項第1款條文時，並未立即呈現出上述區別。導致大部分的判決對於「消費者混淆誤認」與「識別性或信譽之減損」二種情形常以因果關係呈現，或者混在一起合併討論而未個別分析處理。以智慧財產法院102年度民商訴字第43號判決為例（「統一」v. 統一漢芳堂股份有限公司），該判決認為：「⋯⋯**誤導消費者以為與原告間有密切關係，顯已減損系爭著名商標之識別性**，其行為足使強烈指示單一

---

[1]　參智慧財產法院民事判決97年度民商上字第1號，最高法院98年度台上字第185號上訴駁回確定；102年公告施行商標法之立法理由。

來源之如附圖所示之商標變成指示二種以上之商品或服務來源，使相關事業或消費者對如附圖所示之商標產生非單一聯想或非獨特性的印象，而減損如附圖所示之商標的識別性，**致消費者混淆誤認被告所銷售之商品源自原告或其關係企業、授權關係、加盟關係或類似關係，使系爭著名商標與其所表彰商品或服務間之關聯性遭到淡化。**」可見在商標法修正前，著名商標權利人需積極說明或證明被訴公司名稱之使用是否會造成消費者混淆誤認，以說服法院該公司名稱已造成著名商標識別性或信譽之減損。

　　此外，我國商標法對於著名商標淡化之保護，係參酌美國實務發展分別針對商標受到「模糊行為」（blurring）及「污損行為」（tarnishment）二種不同之侵權態樣進行規範。所謂「減損著名商標識別性之虞」係指著名商標糊化之情形，當著名商標使用於特定之商品或服務，原本僅會使人產生某一特定來源之聯想，但當未取得授權之第三人之使用行為，逐漸減弱或分散該商標曾經強烈指示單一來源的特徵及吸引力時，最後該曾經強烈指示單一來源的商標很有可能將會變成指示二種或二種以上來源的商標，或使該商標在社會大眾的心中不會留下單一聯想或獨特性的印象。而「減損著名商標信譽之虞」係指著名商標之信譽有可能遭受污損，亦即因未取得授權之第三人之使用行為，使消費者對著名商標所代表之品質、信譽產生貶抑或負面之聯想[2]。

　　是以，在判斷公司名稱之使用是否有造成著名商標識別性或信譽之減損時，應區別「糊化行為」及「污損行為」之差異。就構成要件分別進行分析。在實務上，雖然有關著名商標識別性之減損之判斷，已有許多行政商標評定及民事商標侵權之司法案例可為參考。然而，在大部分的判決中，法院並未對「識別性」之減損及「信譽」之減損進行區分，例如：「屬襲用上訴人著名商標，使該著名商標與其所表彰之商品或服務來源間之關聯性遭到

---

[2]　參智慧財產局逐條釋義。

淡化，並減損『○○爾』商標之識別性，已侵害其商標權，並因而減損上訴人業務上信譽一節，要屬有據」[3]，即屬未區分識別性與信譽之例。

由以上觀察可知，在商標法修法前，大部分的實務案例，判決理由對於如何證明著名商標識別性或信譽之減損，並未賦予明確定義及界線。在102年現行商標法施行後，對於如何判斷公司名稱之使用是否侵害著名商標，法條已明文將「有致相關公眾混淆誤認之虞」與「減損該商標之識別性或信譽之虞」並列為二個獨立之構成要件。因此，在新法施行後之智慧財產法院已逐漸將這二種不同侵權態樣進行區分。而近期在「夢時代」百貨與「錠嵂」保險二個案例中，智慧財產法院對於商標法第70條擬制侵權的分析更加細膩，可看出智慧財產法院試圖區別著名商標識別性之減損與信譽之減損，並以「形象」作為信譽是否減損之判斷標準。因此，以下將以該兩案為例，探討近年司法實務對著名商標之「混淆誤認」、「識別性減損」及「信譽之減損」之思考及判斷基礎。

參、案例介紹

一、「夢時代」v. 夢時代當鋪

103.4.29智慧財產法院102年度民商訴第54號判決

（一）事實概要

「夢時代Dream Mall及圖」為統正開發股份有限公司（即

---

[3] 智慧財產法院98年度民商上更（二）第5號判決。

原告）註冊之商標，指定於第36類服務全類，並自92年陸續申請註冊計44件一系列之商標，被告於101年10月將其所經營之營業主體「國家當鋪」辦理變更登記名稱為「夢時代當鋪」，於經營動產質押、工商融資、汽車借款等業務，並架設網頁宣傳。為此原告訴請被告停止侵害行為，並要求辦理變更營業主體名稱登記。

（二）有關「識別性減損之虞」之判決理由

被告因知悉「夢時代」之著名（本院卷（二）第107頁），而於102年6月4日申請復業，**其行為足使強烈指示單一來源之如附圖一所示之商標變成指示二種以上之商品或服務來源，將使相關事業或消費者對如附圖一所示之商標產生非單一聯想或非獨特性的印象，而減損如附圖一所示之商標的識別性。**且若不制止，亦會使相關事業或消費者誤以為可任意使用如附圖一所示之商標，而導致該著名註冊商標識別性之減弱。此外，由於商標法第70條第2款所稱有減損如附圖一所示之商標的識別性及信譽之虞，並不以行為人經營之業務範圍與著名註冊商標使用之商品或服務相同或類似為必要，故被告以兩造經營業務之行銷管道、模式、目標、消費族群、標的等，辯稱被告不足構成對原告之直接競爭作用，不會使人就「夢時代」 3字對於被告所經營之當鋪有具體聯想及混淆，且二者店面建築、經營形象並無聯結性云云，委無可採。」

（三）有關「信譽減損之虞」之判決理由

原告經營夢時代購物中心之百貨公司、購物中心服務，「原告之商標已於相關事業及消費者間奠定其百貨、時尚、觀光、且有提供聯名卡消費之印象。而被告所經營之當鋪業務係屬『典當』之服務，通常於國人一般觀念，『當鋪』或『典當』係

爲有現金之急用，卻欠缺足以向金融機構取得貸款之信用者，提出動產向當舖業者質借現金之營業，其於我國社會大眾心目中之印象，屬於爲信用欠佳或急需用錢者提供快速質借之服務，顯與原告之商標所標榜之形象大相逕庭，兩者之服務訴求縱因非屬同一商品或服務而不致造成相關消費者有混淆誤認之虞，惟各自所表彰之形象落差甚大，將使相關消費者對原告之商標產生『經濟告急』、『無法消費』之聯想，自有減損系爭商標信譽之虞……況夢時代當舖爲提升自己所營事業之形象，竟將夢時代購物中心所有已臻著名之系爭商標，使用於與系爭商標形象具有相當反差之『典當』營業，並透過店面招牌、名片、網路等物件行銷之行爲，使接觸上開媒介之消費者及社會大眾將系爭商標，與『當舖』、『典當』等具有相當形象落差之營業產生聯想，自使系爭商標之形象遭受減損。爲此原告訴請被告停止侵害行爲，並要求辦理變更營業主體名稱登記。」

二、「錠嵂」v. 錠嵂生命禮儀有限公司[4]

　　102.6.13智慧財產法院102年度民商訴字第6號判決
　　102.1.19智慧財產法院103年度民商上字第19號判決
　　104.5.29最高法院104年度台上字第973號判決
　　105.3.10智慧財產法院104年度民商上更（一）字第2號判決

---

[4] 本案被告上訴至最高法院並經最高法院104年度台上字第973號判決發回更審（104年5月29日），然而，最高法院係指摘二審法院「倘僅商標或公司名稱特殊，雖經媒體多次報導，或曾獲得獎項，並不當然達成使消費者普遍認知之效果。」指示智慧財產法院對於爲著名程度認定應爲更多之調查；因此與本文所欲探討之「混淆誤認」及「淡化」如何適用並未衝突。對於瞭解智慧財產法院目前的想法，該二判決仍具相當參考價值。

（一）事實概要

「錠嵂」商標圖樣為錠嵂保險經紀人股份有限公司、錠嵂保險代理人有限公司以及利錠嵂企業股份有限公司（即原告等）所註冊之商標，原告錠嵂保險經紀人公司於80年10月29日即以「錠嵂」為公司名稱及服務表徵，持續使用「錠嵂」相關商標長達20多年之久，被告公司前身為「錠嵂生命禮儀企業社」，於99年10月8日核准設立，之後改為「錠嵂生命禮儀有限公司」，並於101年8月29日完成設立登記。為此原告訴請被告停止侵害行為，並要求辦理變更公司名稱登記。

（二）有關「混淆誤認之虞」之判決理由

智慧財產法院102年度民商訴字第6號判決（第一審）：

被告雖辯稱其使用「錠嵂」作為公司名稱並提供生命禮儀等殯葬服務，與原告係提供保險經紀之商品或服務全然不同而無混淆誤認之虞云云，然本院認被告公司將系爭商標作為公司名稱已有減損該商標之識別性或信譽之虞，是無論被告所提供之服務與原告是否不同、是否致消費者混淆誤認，仍無解於商標法第70條第1項第2款規定之成立。

智慧財產法院103年民度商上字第19號判決（第二審）：

上訴人明知系爭商標為著名之註冊商標，而以系爭商標中之文字「錠嵂生命禮儀公司」作為自己公司名稱，使系爭商標圖樣「錠嵂」有與上訴人公司名稱之特取部分完全相同，可認上訴人公司成立時，特別取「錠嵂」以為其名稱，造成商品或服務之相關消費者就兩造間關係有混淆誤認之虞，本質上屬不正競爭之行

為。故上訴人使用「錠崒」已致相關消費者就上訴人公司之名稱與被上訴人註冊之系爭商標間產生聯想，認為兩者間具有特定之關聯，進而對被上訴人之所提供之服務與上訴人所提供之服務或商品來源發生混淆誤認之可能。

（三）有關「識別性減損之虞」之判決理由

　　<u>智慧財產法院102年度民商訴字第6號判決（第一審）、智慧財產法院104年民商上更（一）字第2號判決（更一審）</u>：

　　智慧財產法院認為，所謂減損著名商標識別性之虞係指著名商標之識別性有可能遭受減弱，亦即當著名商標使用於特定之商品或服務，原本僅會使人產生某一特定來源之聯想，但當未取得授權之第三人之使用行為，逐漸減弱或分散該商標曾經強烈指示單一來源的特徵及吸引力時，最後該曾經強烈指示單一來源的商標很有可能將會變成指示二種或二種以上來源的商標，或使該商標在社會大眾的心中不會留下單一聯想或獨特性的印象……查系爭商標為著名商標且其識別性極高等情，業如前述，被告公司於廣告看板上使用「錠崒」字樣，與系爭商標完全相同，又「錠崒」二字非既有詞彙或事物，被告並未提出證據證明「錠崒」已為第三人廣泛使用於不同之商品或服務，則被告公司之行為會使曾經強烈指示單一來源的系爭商標變成指示二種或二種以上來源，或在社會大眾的心中留下非單一聯想或非獨特性的印象，而減損系爭商標之識別性。

　　<u>智慧財產法院103年民度商上字第19號判決（第二審）、智慧財產法院104年民商上更（一）字第2號判決（更一審）</u>：

　　是系爭商標具有特定來源之聯想，為表彰被上訴人所提供之

服務，具有強烈之辨識服務來源功能。而上訴人於廣告看板上使用「錠嵂」文字，其與系爭商標完全相同，而「錠嵂」二字非有詞彙或事物，上訴人未提出證據證明「錠嵂」已為交易市場或第三人廣泛使用於不同之商品或服務。故上訴人未取得授權而使用系爭商標，將逐漸減弱或分散系爭商標曾經強烈指示單一來源之特徵與吸引力，最後致該曾經強烈指示單一來源之商標，亦可能變成指示兩種以上來源之商標，或使系爭商標在社會大眾不會留下單一聯想或獨特性之印象。

（四）有關「商譽減損之虞」之判決理由

智慧財產法院103年民度商上字第19號判決（第二審）、智慧財產法院104年民商上更（一）字第2號判決（更一審）：

智慧財產法院認為原告經營保險經紀業，除培訓保險人才外，並提供保險規劃金融服務，而保險之目的在於分擔風險，一般人投保目的均在藉此彌補日後不可預料之風險事故，是保險已成為個人理財規劃之方式。而殯葬業在提供往生者之祭祀禮儀，其與死亡有關，社會大眾仍將死亡視為忌諱之事，避之唯恐不及，**是兩者之服務訴求大相逕庭**，所表彰之形象亦落差甚大，被告將系爭商標用於殯葬業，將使相關消費者對系爭商標產生「死亡」、「忌諱」之聯想，自有減損系爭商標信譽之虞。參諸上訴人持續以「錠嵂」文字使用在殯葬業，相關消費者極有可能誤認兩者所提供之服務或商品為同一來源之系列服務或商品，或者誤認兩者間存在關係企業、授權關係、加盟關係或其他類似關係，故上訴人有攀附「錠嵂」系爭商標商譽之搭便車行為，自有減損「錠嵂」商標之信譽。

肆、判決分析

一、智慧財產法院已明確將「混淆誤認之虞」、「識別性減損之誤」以及「商譽減損之虞」分別判斷

　　由以上判決理由之內容結構可知，智慧財產法院在論述是否造成消費者「混淆誤認」時，均不再兼論或認為其與「識別性或信譽減損」有因果關係，可見法院已明確區分「混淆誤認」及「識別性或信譽減損」為二種不同之侵權類型。而對於著名商標減損，亦將「識別性之減損」及「信譽之減損」作為不同構成要件個別涵攝，已與國際實務發展完全一致，以下茲就上開判決如何適用「混淆誤認之虞」、「識別性之減損」及「商譽之減損」等構成要件為進一步討論。

二、公司名稱特取部分與著名商標文字相同，即符合「混淆誤認之虞」之要件

　　在「錠嵂」案中，雖然智慧財產法院在第一審與第二審對於是否「混淆誤認」要件之結論不同。在第一審判決理由明確指出，因認為被告之公司名稱之使用已該當系爭商標「識別性或信譽減損之虞」之構成要件，而毋需進一步討論是否有「消費者混淆誤認之虞」之要件即可成立商標法70條第2款之侵權。而第二審判決則認為被上訴人公司名稱之使用已**致相關消費者就上訴人公司之名稱與被上訴人註冊之系爭商標間產生聯想，認為兩者間具有特定之關聯，進而對被上訴人之所提供之服務與上訴人所提供之服務或商品來源發生混淆誤認之可能**。然而，第二審法院單憑公司名稱特取部分與涉案商標相同即認定已構成「致消費者混淆誤認之虞」，並未進一步要求商標權利人就「致消費者混淆誤認之虞」為具體舉證，在本案件法院似僅以一般社會經驗為邏輯

判斷，而未要求權利人為事實上之舉證。以本案例來看，智慧財產法院適用「混淆誤認之虞」要件的標準寬鬆，對商標權利人較為有利。

三、「識別性減損之虞」係以是否造成多重來源指示為斷

由以上二案之判決理由可知，智慧財產法院對識別性減損之判斷，重申過往以來之實務見解，以公司名稱之使用是否造成**「足使強烈指示單一來源之商標變成指示二種以上之商品或服務來源」作為判斷原則；在「夢時代」案，智慧財產法院明確指出不以行為人經營之業務範圍與著名註冊商標使用之商品或服務相同或類似為必要**。此外，法院亦未要求權利人就著名商標「識別性減損之虞」為事實上之舉證。如此一來，一旦註冊商標通過「著名」標準及「識別性是否夠高」之檢驗，無論公司所營業務為何，只要將該商標文字作為公司名稱之特取部分，即可能成立侵權。

四、「形象」可作為判斷信譽減損之依據

於「夢時代」案中，智慧財產法院以公司名稱所營事業之「形象」作為信譽是否減損之判斷標準，認為系爭商標經營百貨公司、購物中心之業務的形象與當鋪形象落差甚大，而使系爭商標之信譽有減損之虞。形象之好壞，如果純為主觀上之認定，將不易成為實務上可操作之原則。然而，細觀智慧財產法院之判決理由，其係進一步就所經營業務之「消費者印象」進行探討。法院指出當鋪業對消費者將產生之聯想為「經濟告急」、「無法消費」而相對於著名商標之百貨業有形象落差。以此結論推論法院之真正思考，法院似認為系爭商標之百貨業對消費者有百貨、觀光、信用之印象，為「經濟有餘，有消費能力」之聯想。因此就

經濟能力之角度來看，對消費者之印象而言，已產生完全相反之印象。雖本判決並未論述如此清楚，然而此種產生相反印象之思考，或可透過更細膩的探討成為形象好壞判斷方式之一。

在「錠嵂」案中，智慧財產法院亦以「形象落差」作為判斷「信譽減損之虞」之理由。法院認為保險之目的在於分擔風險，投保目的均在藉此彌補日後不可預料之風險事故，保險已成為個人理財規劃之方式；而殯葬業在提供往生者之之祭祀禮儀，其與死亡有關，為社會大眾忌諱之事，避之唯恐不及。如以前述是否造成消費者相反之印象來思考「形象落差」意義，本案例似乎亦可成立。蓋保險服務對消費者而言雖然是分擔風險，但消費者心目中還是希望其投保目之風險事故結果不會發生。而殯葬業則是對已發生之死亡結果提供服務。就消費者期待之角度來看，二者確實帶來相反之印象。然而以上分析仍為法院未明說的事，是否對消費者產生相反之印象即可認定為形象落差，而有著名商標信譽減損之虞，仍有待司法實務更多之討論加以闡明。

值得一提的是，以上二案例智慧財產法院均未要求權利人就著名商標「信譽減損之虞」進一步為事實上之舉證。法院係透過概念分析及一般社會經驗作為判斷基礎。因此，在商標法修正後，著名商標權利人之舉證責任已減輕許多。

伍、結論——決勝關鍵仍在於商標之著名程度及識別性

於101年現行商標法施行之後，智慧財產法院在適用商標法第70條第2款擬制侵權之規定時，確實對保護公眾利之「混淆誤認」以及維護著名商標價值之「識別性或信譽之減損」予以區別。並且就不同內涵之識別性減損與信譽減損個別分析討論，甚至以「形象」作為判斷著名商標信譽是否遭受減損之參考依據。

然而，形象好壞、形象高低爲主觀上之觀感居多，相較以行爲提供低劣產品或服務而減損著名商標之信譽之典型案例而言，不易具備客觀之標準，實有待更多之實務案例補充，明確其適用。

　　另一個觀察的重點在於舉證責任，現行商標法已將著名商標擬制侵權由結果犯改爲危險犯，因此對權利人而言實爲一大福音。在本文所提到之二案例，智慧財產法院對於之公司名稱使用是否已有「致消費者混淆誤認之虞」、對「著名商標識別性或信譽減損之虞」，權利人是否應舉證？或應如何舉證？主要以法律概念之分析爲主，並未要求權利人進一步爲事實上之舉證責任。由以上觀之，對於著名商標權利人而言，舉證之重點還是在於如何說明其商標之著名程度，以及識別性強弱。如能成功說服法院其商標爲著名且識別性高，將有較大的機會排除他人使用其商標文字作爲公司名稱。

6

台灣商標法實務新訊
——說明性文字商標相關爭議

萬國法律事務所資深合夥律師　林發立

萬國法律事務所商標副理　孫安婷

壹、前言

　　從商標申請角度觀之，一個全新的獨創字詞固然享有高度先天識別性[1]，在申請過程中不易遭遇識別性障礙，然獨創字詞有賴強大的行銷團隊從無到有打造和建立品牌形象，反之帶有暗示性意味之商標對業者而言，能快速讓消費者適度和商品／服務產生聯想，容易留下印象而有利行銷。筆者從事商標實務工作，深刻體會台灣商標申請人，喜用具有暗示意味之商標，以吸引消費者之注意，此尤以消費性商品（食品、家用品、小型家用電子產品等）為多。

　　依據我國商標法第18條規定：「（第1項）商標，指任何具有識別性之標識，得以文字、圖形、記號、顏色、立體形狀、動態、全像圖、聲音等，或其聯合式所組成。（第2項）前項所稱識別性，指足以使商品或服務之相關消費者認識為指示商品或服務來源，並得與他人之商品或服務相區別者。」第29條第1項第1款規定：「商標有下列不具識別性情形之一，不得註冊：一、僅由描述所指定商品或服務之品質、用途、原料、產地或相關特性之說明所構成者。……」二者配合觀之，應認為「描述而無識別性者」，將不獲商標法之保護，基此，在申請審查實務上，如遇障礙，通常係被認為：「不具識別性之描述性商標」，此時必須透過商標法第29條第2項之規定，證明其識別性，而成為「具識別性之描述性商標」。理論上，此與本具先天識別性之「暗示性商標」，即有性質上之不同。理論上固然如此，但實務上向來認暗示性和描述性用語之區別不易[2]，兩者區別實益在於「暗示

---

[1]　「商標識別性審查基準」將商標區分為具先天識別性的標識：獨創性商標、隨意性商標、暗示性商標和不具先天識別性的標識：描述性商標、通用標章或名稱、其他不具先天識別性的標識。

[2]　最高行政法院102年判字第548號：「再者，具先天識別性之暗示性商標與商標

性用語」具有先天識別性原則上本應准予註冊為商標;「描述性用語」不具先天識別性原則上不准註冊,例外申請人能證明該用語已成為其商品／服務之識別標識始得註冊[3]。理論上雖如此,但實務上此二者之區別實在非常模糊,司法判決曾試圖提出判斷為暗示性或描述性用語之參考因素:字典和報章雜誌對該文字之定義、消費者需要運用想像力的程度、相同或類似商品或服務競爭者之需求等[4]。然該等判斷因素在個案中有相當解釋空間且浮動,此模糊地帶極可能造成商標申請之潛在風險。

　　當業者選用既有詞彙或具有暗示性意味之文字作為商標時,除申請過程中可能遭遇之識別性障礙外,將先天識別性較弱之文字註冊為商標或作為商標之一部分,在後續行使排他權時亦可能遭遇困難,這一點卻是諸多申請人在設計選用商標時未加以考慮的,許多權利人基於前述使消費者易於聯想等原因,好用「暗示性」甚至「指示性」商標,固然喚起消費者注意較為容易,卻在將來商標權利行使時,易遭逢挑戰其有效性甚至保護範圍極為限縮之困難,這是台灣商標申請人所經常忽略(或說經常

　　法第29條第1項第1款所規定不具先天識別性之描述性商標,固有就先天識別性在法律定義分類上的重要性。惟在實際操作上,並不容易區別,二者有極大的解釋空間,無法單純將標識作名詞歸類即斷定二者之區別,是以有眾多區別方向,如社會通常之使用實況,競爭同業可能需要使用之程序以及消費者就標識及指定商品或服務所需要運用聯想之程度等等。」

[3]　商標法第29條第2項:「有前項第一款或第三款規定之情形,如經申請人使用且在交易上已成為申請人商品或服務之識別標識者,不適用之。」

[4]　智慧財產法院97年行商訴字第42號:「至於特定文字究係暗示性抑或描述性用語,可參考下列因素予以判斷:1.參酌字典、報章雜誌對該文字之定義,俾以瞭解該文字於公眾心目中之一般意義,且隨著時間之經過或社會之演變,某特定文字於公眾心目中之一般意義,亦將隨之變化,自應以商標申請註冊時,該文字於消費者心中普遍性認知之意義為準;2.消費者需要運用想像力的程度,消費者欲瞭解該文字與商品或服務之性質所須之想像力倘愈高,即較傾向為暗示性文字;3.相同或類似商品或服務競爭者之需求,倘競爭者需要使用該文字以表彰其商品或服務特性之需求越高,則較傾向為描述性文字。」

可能面對）的問題。

　　本文擬從近期智慧財產法院判決中，整理歸納易被認定不具先天識別性之描述性用語類型，並進一步討論該等不具先天識別性或先天識別性較弱之商標在行使排他權時可能面臨之問題。

貳、商標命名

一、暗示性和描述性商標之定義

　　「暗示性商標」指以隱含譬喻方式暗示商品或服務品質、功用或其他有關成分、性質等特性，雖較易為消費者所記憶，但並非競爭同業必須或通常用以說明商品或服務的標識，暗示性的描述與商品或服務的直接描述不同，消費者需要運用一定程度的想像、思考、感受或推理，才能領會標識與商品或服務間的關聯性[5]；而「描述性商標」一般指稱該文字倘係直接描述商品或服務之品質、功用、成分、性質、特徵或對消費者產生之效果，因該文字無法指示及區別商品或服務之來源，即不具識別性，須經使用後始可取得後天識別性[6]。

　　據此，商標若被認定為「描述性商標」，則申請人須檢附相當使用證據證明已取得後天識別性[7]，然我國商標法採先註冊主義，申請人在未取得商標註冊前，通常尚未廣泛使用或使用時間

---

[5] 「商標識別性審查基準」第2.1.3。

[6] 智慧財產法院99年度行商訴字第209號判決參照。

[7] 描述性商標是否取得第二層意義之參酌因素：1.使用該商標於指定商品或服務之時間長短、使用方式及同業使用情形；2.使用該商標於指定商品或服務之營業額或廣告數量；3.使用該商標於指定商品或服務之市場分布、銷售網路、販賣陳列之處所等；4.廣告業者、傳播業者出具之證明；5.具公信力機構出具之證明；6.各國註冊之證明；7.其他得據為認定有識別性之證據。

不夠長而無法證明該申請中之商標已取得後天識別性，故申請人之商標一旦被認定為不具先天識別性之「描述性商標」，極有可能因先天不良且難以提供足以說服審查機關之識別性證據（商標法第29條第2項），導致無法註冊。

　　然商標是否為商品／服務之描述性用語或受主觀認定影響，謹歸納整理易被認定為「描述性商標」之態樣如下供參。

（一）成語

　　經濟部智慧財產局（下稱智慧局）公告之「商標識別性審查基準」第4.11.2針對習見的成語作為商標之識別性問題闡明：「國人習用的成語，僅表達了既定的概念，消費者通常不會立即將其視為指示來源的標識，故不具識別性。**惟成語之特定含義，使用於商品或服務，可能為商品或服務的相關說明，或可能是以隱含譬喻方式間接說明商品或服務的相關特性，前者應予以核駁（商29Ⅰ），後者情形則具有識別性**。模仿成語但創意性較低的自創語，其識別性審查與成語相同。」故成語可否作為商標註冊，應視其是否為商品或服務的相關說明，或僅是以隱含譬喻方式間接說明商品或服務的特性，後者情形具有識別性應准予註冊，但實務上准予成語註冊為商標之機率不高。

　　智慧財產法院97年行商訴字第42號判決曾認：「因『屹立不搖』已為消費者廣泛使用之成語，並具有普遍認知之『聳立不動』的特定意涵，使用於食品類商品，消費者實不須高度想像力，即可直接聯想上開商品具有食用後可增進健康不受外力動搖等增強體力之特性，核屬描述商品功能之用語，尚無從指示及區別上揭商品之來源，揆諸上揭說明，即不具有先天識別性。」

　　該案原告以「屹立不搖」商標指定使用於「奶粉、米漿、豆漿、豆花、薑醬、食用油、果凍、肉類及其製品、肉類速食調理包、乾製果蔬、冷凍果蔬、脫水果蔬、糖漬果蔬、蔬菜速食調

理包、紅豆湯、人造肉速食調理包、素食高湯、食品添加用蛋白質粉、果蔬抹醬」商品，被認定為描述性用語不具先天識別性，查同一申請人曾陸續以「好生之德」、「吉祥如意」、「悲天憫人」和「四通八達」指定使用於奶粉、羅盤、藥品和汽水等商品提出申請，均遭法院認定為商品之描述性用語不具先天識別性[8]，予以駁回。

又，類似成語之廣告性用語欲取得商標註冊亦較困難，智慧財產法院103年行商訴字第126號判決曾認：「系爭申請商標之圖樣為『以詩歌和春光佐茶及圖』，係由略經設計之橫書中文『以詩歌和春光佐茶』及葉子圖所組成，其中文字『以詩歌和春光佐茶』有將詩歌和春光與茶融合之意，為相關消費者生活上可輕易理解之語句，以之作為商標，指定使用於『茶葉，紅茶，綠茶，檸檬紅茶，冰紅茶，茶飲料，奶茶，花茶，麥茶，青草植物茶包』等茶類之相關商品，予相關消費者之認知，僅為普遍敘述性或廣告性用語。職是，系爭申請商標指定使用於日常商品，依據一般生活經驗判斷，系爭申請商標所指定使用之商品，就相關消費者之認知、實際交易情況及其使用方式，無法認識系爭申請商標為指示商品來源之標識，並得藉以與他人之商品相區別，自不具識別性。」

（二）習見習用口號

「商標識別性審查基準」第4.11.2針對習見的流行用語作為商標之識別性問題闡明：「習見的百年好合、早生貴子、事事如

---

[8] 智慧財產法院99年度行商訴字第39號、智慧財產法院99年度行商訴字第101號、智慧財產法院99年度行商訴字第34號、智慧財產法院99年度行商訴字第40號、智慧財產法院98年度行商訴字第100號、智慧財產法院98年度行商訴字第101號、智慧財產法院98年度行商訴字第99號、智慧財產法院98年度行商訴字第234號、智慧財產法院98年度行商訴字第122號判決參照。

意、大吉大利、招財進寶等祝賀語與吉祥語，或好人卡、台客、夯、火紅、樂活（LOHAS）、KUSO、ORZ等流行用語，依消費者的認知，或為通常祝福、祈福用語，或為流行新概念，不會認為其為指示及區別商品或服務來源的識別標識，不具有識別性，應以商標法第29條第1項第3款予以核駁。惟若祝賀語、吉祥語或流行用語為所指定使用商品或服務品質、功用或其他特性的說明，例如祝賀語與吉祥語使用於卡片，常為卡片用途的說明，則應以商標法第29條第1項第1款予以核駁。」故智慧局認習見習用口號依消費者的認知，不會認為其為指示及區別商品或服務來源的識別標識，不具先天識別性。

智慧財產法院102年行商訴字第123號判決認為：「經查，系爭註冊商標圖樣，係由單一之中文『酷』字所構成，且該中文所使用之字體，為一般常見之印刷字體，並未經特殊設計或結合設計者所欲表達之特殊概念或意匠，依據教育部重編國語辭典修訂本之釋義，其中形容詞部分第3項，即說明其為『英語cool的音譯』，此亦為原告起訴狀中所自承，並說明其係表示讚嘆之語，其僅表達社會一般大眾所賦予該特定中文之特殊概念，相關消費者通常不會立即將其視為指示商品或服務來源的標識，以之作為商標圖樣，指定使用於『報社；通訊社；新聞社……』等服務服務，客觀上無法使服務之相關消費者認識其為表彰服務之標識，並得藉以與他人之服務相區別，該等文字即不具先天識別性。而系爭註冊商標所指定使用之服務，主要係利用各類平台如報章、電視或廣播媒體傳遞資訊，或以電信、電纜、網路、人造衛星等方式發送訊息，及以上開各類傳送平台或其他通訊器材之出租服務，然上開服務以今日之科技而言，並非創新且罕見之技術，難認相關消費者於進入其網路界面時，當然會有驚訝之感，而欲發出讚嘆之聲，原告主張其因此而為暗示性商標之範疇，並不可採。綜上，系爭文字未經設計，過於單純，除能彰顯其文字本身之特定意義外，並無法使商品之相關消費者，能認識其為表

彰商品之標識，且得藉以與他人之商品相區別。」

　　該判決指出倘文字為既有的詞彙，且該文字係習見之成語或通常用語，因該等文字原係公眾得自由使用之公共文化財，消費者通常不會將其視為指示及區別商品或服務來源之標識，原告雖提出另案曾以「Cool」和「爽」獲准註冊之前案主張平等和差別待遇禁止原則，然法院認時空背景與今日不同，不得比附援引。

　　另，過於直接描述之既有辭彙組成亦易被認係習見用語，如有業者曾申請「Steelnet華文專業鋼鐵網」作為商標，智慧財產法院106年行商訴字第81號判決指出：「查系爭商標圖樣係由字體較大之藍色橫書外文「Steelnet」及與字體較小之淺藍色橫書中文「華文專業鋼鐵網」上下排列所組成，其中外文「Steelnet」為「Steel」（鋼鐵）與「net」（網站，網路）結合，與中文「華文專業鋼鐵網」二者整體觀之，其字義即為「提供與鋼鐵資訊有關之中文專業網站或社群網路」；且「Steelnet」、「華文專業鋼鐵網」僅為服務之描述性文字，乃屬既有詞彙，且為習見用語或公眾通常所用之文字，以之作為商標，予人寓目印象為「提供與鋼鐵資訊有關之中文專業網站或社群網路」，……自欠缺先天識別性，而有商標法第29條第1項第3款所定不得註冊之情事。」

（三）通常用語

　　智慧財產法院102年行商訴字第100號判決：「經查，原告申請註冊之系爭商標，其圖樣係僅由橫書中文『型男傘』三字所構成，其中之『型男』為國人所熟知係指注重外表及生活品味，獨具個人風格之男性之意，而『傘』乃一般人使用於遮蔽雨水或陽光之用具，故『型男傘』整體圖樣予人寓目印象係指『專門設計供注重外表及品味男性所使用之傘』或『使用該傘之男性係具

有個人獨特風格』之意，此觀原告提出網路下載Tree MALL泰贈點購物網之『TV雨傘王旗艦館』之商品網頁資料，即載有『讓你瞬間變成型男的一把好傘』等語，及102年1月16日網路下載之『【2mm】運動型男傘超大自然開收雨傘』商品網頁資料，亦載有『型男一出，誰與爭鋒』等語，暨momo富邦網路購物平台之商品網頁資料載有『時尚英倫雅痞風』、『英倫雅痞格紋型男傘─潮男款』等文字可明。再者，傘商品的銷售市場常見業者以『淑女傘』或『紳士傘』做為分類，以滿足不同消費者之需求，是原告以『型男傘』作為商標，指定使用於『紙傘、陽傘、童傘、傘頭、傘骨、傘把、自動傘、拐杖傘、海灘傘、遮陽傘、露營傘、高爾夫球傘、雨傘、傘、傘套、傘環』商品，依一般社會通念，消費者並不需要運用一定程度的推理或思考，才能領會該標識與商品間的關聯性，應屬描述性標識，而為說明所指定使用傘商品特性之文字，不足以使該商品之相關消費者認識其為表彰商品之標識，並得藉以與他人之商品相區別，不具識別性，依商標法第29條第1項第1款規定，自不得註冊。」

　　該案原告以「型男傘」指定使用於傘申請註冊，並聲明圖樣中之「傘」不在專用之列[9]，惟法院認「型男傘」寓目觀感有專為型男設計之傘而認不具識別性。

（四）獨創的命名

　　智慧財產法院99年行商訴字第55號判決：「又原告另主張『甕窯雞』為其首先創用，字典上無此詞彙，亦非業界或一般通用服務說明文字云云。惟『甕窯雞』文字本身即在表彰說明其商

---

[9] 透過不專用的聲明，同意放棄商標中說明性、不具識別性等依法單獨不得註冊部分的專用權，使整體具有識別性的商標，得以保留該等不得註冊部分於商標圖樣。此作法使商標取得的權利範圍明確，在商標取得註冊之後，不致產生商標權及於說明性、不具識別性等單獨不得註冊部分之疑義。

品或服務，故縱為原告所創用或非業界或一般通用服務說明文字，亦無損於其為說明性文字之性質。故原告上述主張實不足採。」

　　該案原告主張「甕窯雞」為其首創之商標文字，字典上並無此詞彙，亦非業界或一般通用服務說明文字，然法院認「甕窯雞」文字本身即在表彰說明其商品或服務，故縱為原告所創用或非業界或一般通用服務說明文字，亦無損於其為說明性文字之性質。

　　又智慧財產法院102年行商訴字第142號判決：「系爭商標『美妍纖棗飲』組成商標整體，其中『美妍』在字義上固有『美麗、美顏』之意，『纖棗飲』之『棗』字亦與產品成分有關，惟『美妍』及『纖棗飲』均非固有之詞彙，『纖棗』或『纖棗飲』亦非相關競爭同業用以說明商品內容或成分之說明性文字，又系爭商標指定使用之商品範圍甚廣，除含蔬果成分之飲料外，尚包含啤酒、礦泉水、汽水、製飲料用糖漿製劑、含燕窩飲料、製飲料用配料等商品，系爭商標中『纖』、『棗』之文字意義，與其指定之商品間，可能產生聯想之關連性相差甚遠，相關消費者看見系爭商標圖樣時，並非必然會認為該商品係含有『纖維及棗類』成分之飲品。又系爭商標指定之32類商品，係不含酒精或酒精含量低於0.5%或不含咖啡因之天然或人工調配之飲料或製作飲料製劑，一般而言，不具有治療或美容之功效，系爭商標『美妍』與『纖棗飲』結合之文字，至多僅係隱含、暗示或自我標榜飲用該商品可以達到美容、保養之功效，並非直接、明顯之說明性文字，消費者需要運用一定程度的想像、思考、感受或推理，才能領會標識與商品或服務間的關聯性，為暗示性商標，而非單純之說明性商標。」

　　該案原告主張「美妍纖棗飲」係具有先天識別性且非說明性之文字，惟訴願機關認該商標整體圖樣有表達「含有纖維及棗類並具美容保養功效飲品」之意，予消費者之認知僅為描述其商品

富含纖維及棗類並可提供消費者美容保養功效之相關說明文字，有違商標法第29條第1項第1款規定，然不被法院所採。

（五）其他（特定產業之習見用語）

智慧財產法院101年行商訴字第178號判決：「況查系爭商標圖樣上之單一文字『云』，於古字固有『雲』之義或確為『雲』之簡體字，惟查單一的中文字『雲』，依一般消費者的理解，乃指天上的雲。在未與任何網路科技相關文字結合使用時，單一的中文字『雲』無法予人寓目印象即意指『雲端科技』之意。被告亦認為，『雲』必須結合特定文字，才表示與雲端技術結合提供之各種商品或服務，如『商務辦公雲』、『文件保全雲』、『雲遊戲』等，故單一的中文字『雲』，僅予人『天上的雲』之印象，尚難直接予人寓目印象立即意指『雲端科技』。且消費者見到系爭商標圖樣上之『云』時，即使直接視其為『雲』之簡體字，仍需更進一步結合才能視其為『雲端科技』之意。被告將系爭商標圖樣上之『云』解釋為『雲端科技』，再進而認定，其予消費者之認知印象為運用無形之網路功能提供商品及服務，並不會視其為商標云云，實屬反覆推演、跳躍思考之結果，亦忽視一般消費者對單一中文字『云』之認知。故即使消費者會如同被告般經過高度的想像、思考、感受或推理，推演出系爭商標圖樣上之『云』有表示『雲端科技』之意，再進而推想出其表示系爭商標商品或服務係以運用無形之網路功能所提供，惟此類需要反覆的推敲、想像，才可能領會標識與商品或服務間的關聯性的情形，亦應屬暗示性標識，仍具有商標識別性，是否不得註冊，亦有疑義。」

該案原告先以經設計之「云」商標指定使用第9類之電腦相關商品和第16類、第35類、第36類、第38類、第39類、第41類、第42類等商品及服務並順利取得註冊，隔年再以極近似其

已註冊商標之另案經設計之「云」商標指定使用於相同商品和服務時，卻遭智慧局認有識別性問題而不准註冊，惟法院審理時認為該商標應屬暗示性標識，仍具有商標識別性，故是否不得註冊有疑義，並質疑智慧局之判斷是否有不依法令及行政自我拘束原則而流於恣意。

（六）小結

單純以成語、習見習用口號和通常用語之文字作為商標，不論指定之商品／服務為何，在解釋上極易被認定為不具先天識別性之描述性用語，有賴申請人提出使用證據證明已取得後天識別性，惟因該等用語已被先入為主認定為商品／服務之描述性用語，故申請人後續提出之使用證據亦易被認定為商品／服務之說明而非商標使用。如實際案例中曾有申請人提出進口商品至台灣的報關和發票等資料欲作為商標使用證據，然法院審理時卻反而以進口報關資料中的商品品名欄位載明系爭商標，而認申請人本身亦以商標作為描述商品之品名，為不利申請人之判斷，而忽略貿易實務上本來即經常在商品品名欄位以商標指稱商品之事實，由此可知申請人商標在被認定為描述性用語時，即便欲藉由提出使用證據證明取得識別性，也是非常困難。

另獨創性的用語縱無法在字典上查得或非業界所通用，然因該等用語通常係業者結合既有詞彙而成，惟稱結合後之態樣為其獨創，但獨創至何種程度始已逸脫商品或服務本身之說明，可被認為是具有識別性之暗示性商標而非說明性文字，實具有不確定性，此由「美妍纖棗飲」案件中訴願機關和智慧財產法院對同一商標之判斷不同可稽，由此可證前揭之暗示性和描述性用語之判斷因素：字典和報章雜誌對該文字之定義、消費者需要運用想像力的程度、相同或類似商品或服務競爭者之需求等，視具體個案有別。再者，特定產業中的特殊用語，因考量競爭同業也需要使

用來說明自己的商品或服務，不應保留給特定人專用[10]，如近年雲端運算（Cloud Computing）市場興起，「CLOUD」在資訊產業界普遍用以指稱網際網路的一種比喻說法，且商標有無識別性既取決於相關消費者得以認識為指示商品或服務來源，自會隨時空環境變遷，法院卻認智慧局曾准予類似前案有違行政自我拘束原則，亦與商標識別性之流動性有悖。

前揭案件中，法院判決中亦有論述原告單純僅以文字作為商標未有特殊設計和圖形，不足以識別來源。故業者若欲選用成語、習見習用口號和通常用語作為商標，也許應搭配特殊設計或圖形以提高識別性，以克服此等困難。

二、外國文字

外國文字之含義若為指定商品或服務的通用名稱或相關說明者，則不具識別性[11]。然外文並非我國母語，判斷是否為商品／服務之描述性文字時的判斷準則應以國內相關消費者購買時的普通認知為準，最高行政法院102年判字第526號判決認：「外國單字或字詞究是否僅為描述性文字而不具識別性，或係具先天識別性之商標，應以國內相關消費者於購買時普通認知為準。蓋消費者購買商品或服務時，當時相關消費者認識為指示商品或服務來源，並得與他人之商品或服務相區別，寓目所及者係該商標，**因相關消費者所見商標僅在區別自他商品或服務，並非在閱讀商品說明書，不可能見到商標時，又查英漢字典，外國文字作為商標是否為描述性文字，應以國內相關消費者於購買商品或服務時是否習知該文字意義為準。**則上訴人主張：原審未審酌本件商標『Mink』不僅只有『貂皮』之意，且非為國人所習知之外國文

---

[10] 「商標識別性審查基準」第3.(2)。
[11] 「商標識別性審查基準」第4.1.3。

字，依一般社會通念根本不會混淆誤認本件商標為『登山袋、露營袋』此類訴求耐髒、耐磨、易清洗且多為大容量之戶外活動用品之材質說明等語，自應予以考量。」

　　實務上或有外國文字在我國申請商標時遭遇識別性問題，但在外國順利獲准註冊，雖各國商標審查制度寬嚴有別，然申請人經常欲佐以外國註冊證說明該外國文字並無識別性問題，智慧局常以各國國情不同，並不因此認定該商標在我國具有識別性，智慧財產法院101年行商訴字第51號判決：「本件商標圖樣『G1』使用於『主機板』商品，且此種『英文字母+數字』之表示方式，並非即係主機板的規格、型號或相關說明，而原處分徒言本件商標圖樣『G1』為單一字母『G』與單一數字『1』結合，習見習用於商品之規格、型號的標示態樣，而認為本件商標不具先天識別性，不僅理由不備，且與上開審查基準及其核准案例有間。……原告之『G1』商標於上述國家皆獲准註冊、指定商品亦皆為『主機板』，正符合『商標識別性審查基準』第5.1點（5）之規定，亦即上開英語母語國家已認為『G1』指定使用於『主機板』並非說明性、描述性商標而具備識別性，則非英語母語之我國，若認定本件商標指定使用於『主機板』係說明性、描述性商標，即與上揭『商標識別性審查基準』所揭示之審查原則有所違背。被告於本件訴訟以『各國國情不同、審查原則各異』為由辯稱仍應核駁本件申請，即有違行政自我拘束原則之虞」，是以智慧局即使不採納外國註冊證作為識別性之參考資料，仍應說明理由。

三、通用標章或名稱

　　智慧財產法院100年行商訴字第107號判決：「商標是否為通用標章或名稱，應依社會一般通念及客觀證據認定之。有鑑於商標與使用密切相關，舉凡商標在交易上經由營業活動、廣告宣

傳、持續或間斷使用之狀態等，均足影響消費者對於該商標之認知與印象。而消費者對商標之認知、評價，經常隨時空變遷、社會文化衍異、經濟活動移轉等客觀情事而有所更異，因此，**商標是否為商品或服務本身之說明或商品通用名稱，應參酌客觀證據資料綜合論斷。**」故商標是否為通用標章或名稱並非恆定概念，若認定為交易上普遍用以指示某類商品或服務之通用名稱，即不具識別性，亦無從經由使用而取得後天識別性，依商標法第29條第2項規定不得註冊，以維持市場公平競爭[12]。因經認定為通用標章或名稱之效力為不得註冊商標，故智慧財產法院相關判決中直指為通用名稱者多如「月餅」或「滷肉飯」等無疑義者，其餘各案中判斷商標是否已達通用名稱之程度，法院之認定較謹慎，有賴雙方提出之客觀證據論斷。

　　另商標註冊後若因商標權人使用不當或未即時排除他人不當使用行為，而使該商標成為指定商品／服務之通用名稱，亦將構成被廢止註冊事由[13]，以下謹說明通用名稱可能相關之商標案件態樣：

---

[12] 商標法民國92年5月28日第23條立法理由：按通用標章係因在同業間被普遍使用的結果，以致無表彰來源之識別性，考慮公益及缺乏識別性，故不得註冊，與通用名稱不准註冊之理由相同，乃合併納入本款規範。

[13] 商標法第63條：「商標註冊後有下列情形之一，商標專責機關應依職權或據申請廢止其註冊：一、自行變換商標或加附記，致與他人使用於同一或類似之商品或服務之註冊商標構成相同或近似，而有使相關消費者混淆誤認之虞者。二、無正當事由迄未使用或繼續停止使用已滿三年者。但被授權人有使用者，不在此限。三、未依第四十三條規定附加適當區別標示者。但於商標專責機關處分前已附加區別標示並無產生混淆誤認之虞者，不在此限。四、商標已成為所指定商品或服務之通用標章、名稱或形狀者。五、商標實際使用時有致公眾誤認誤信其商品或服務之性質、品質或產地之虞者。」

（一）通用名稱誤准為商標

案件事實：

「永信藥品」申請評定撤銷「加碼」商標用於「茶葉製成之飲料、茶葉包、茶磚、茶精、茶葉粉、香片茶、茶葉、清茶、可可、巧克力粉，咖啡、巧克力製成之飲料、代用咖啡、用作咖啡代用品的植物製劑、咖啡豆、可可豆、冰、冰淇淋、蜜、餅乾」商品，然評定不成立且訴願遭駁回，「永信藥品」遂提出行政訴訟。

智慧財產法院100年行商訴字第107號判決：「『加碼』一詞，依教育部網路版國語辭典簡編本查詢結果所示，或係指一種為商品訂價的方法。然商標是否表示商品或服務之形狀、品質、功用或其他說明，應探究相關消費者就整體商標圖樣之認知與理解，教育部網路版國語辭典簡編本所提供之字辭解釋，僅為判斷參考之一。」

該案中法院參考國內媒體報導、國內各大學論文、出版書籍和國科會研究計畫等，指出「佳葉龍茶」源自日本，經行政院農業、委員會積極輔導茶農改良產製，於91年6月成立南投縣名間鄉特用作物產銷第12班（「加碼茶班」），其後利用媒體廣為宣傳「加碼茶」，而成為南投縣名間鄉之特產，法院進一步認為是否僅限於「加碼茶產銷班班員」所產製之茶葉始可使用「加碼茶」之名稱？本案參加人及其配偶李振昇均為個人，所經營之「晉昇茶廠」亦為私人事業，能否以李振昇身為南投縣名間鄉特用作物產銷第12班之班長，參與「加碼茶」之研發、改良與行銷乙情，即允許參加人得以個人名義申請取得商標註冊之專用權，而排除他人（含「加碼茶產銷班班員」）之使用？即法院在該案中參酌國內媒體報導、國內各大學論文、出版書籍和國科會研究計畫等各項客觀證據，認「加碼」使用於茶葉商品，將有商標權被一人專有之疑慮。

（二）商標使用後成通用名稱

案件事實：

「諾麗」為註冊於「汽水、果汁、礦泉水、果汁汽水、可樂、濃縮果汁、果菜汁、綜合果汁、果汁露、果汁粉、奶茶、青草茶、運動飲料及製造飲料用糖漿」等商品之商標，遭第三人以「諾麗」已為指定商品之通用名稱為由提出廢止。

智慧財產法院99年行商訴字第202號判決：「再者，『諾麗果』或『諾麗』目前已廣泛被使用在市售常見諾麗果商品名，而國內廠商多年來亦不斷透過銷售與產品介紹，並普遍以『諾麗』果作為外文『NONI』果產品之中文譯名及成份說明文字，諸如：『諾麗綜合酵素』、『諾麗果茶』、『好諾麗酵素果汁』、『夏威夷濃縮諾麗』、『傳奇天然之果諾麗精華』、『NONI台灣諾麗原汁』、『純天然100%諾麗汁』、『諾麗果酵素果漿』、『鮮採濃縮諾麗果汁』、『台灣諾麗花果茶』、『諾麗果蜂王乳酵素果汁』、『台灣諾麗果粉』、『台灣諾麗酵素果粉膠』等」。

該案中法院參考書籍、字典、網路討論、國內廠商使用情形、部落格文章、實際使用情形，並指出商標權人在商品上亦將「諾麗」當成普通名稱使用，成份中表示為百分之百諾麗果汁，與葡萄汁、藍莓汁等並用，認商標權人自己都將商標當作商品名稱在使用，復參照國家標準檢索系統表亦直接把「諾麗果」當成果汁之名稱，認定「諾麗」已成為通常用以表示以諾麗果為原料所做成果汁等商品之通用名稱。

（三）通用名稱可再變商標

案件事實：

美商好夢有限公司於民國94年註冊「席夢思」商標指定使用於「傢俱、床墊及寢具之零售服務」，遭蓆夢思床業有限公司

主張「商品本身之說明」和習慣上通用名稱，提起異議。

智慧財產法院99年行商訴字第19號判決：「有鑑於商標與使用密切相關，舉凡商標在交易上經由營業活動、廣告宣傳、持續或間斷使用之狀態等，均足影響消費者對於該商標之認知與印象。而消費者對商標之認知、評價，經常隨時空變遷、社會文化衍易、經濟活動移轉等客觀情事而有所更異，因此，系爭商標『席夢思』是否為商品或服務本身之說明或商品通用名稱，應須參酌客觀證據資料綜合論斷」。

該判決亦指出：「因傳統之西式床墊以彈簧床為主，且外國彈簧床進口之品牌較少，故以往有以『席夢思』指稱彈簧床、彈簧床墊之情形。然隨著社會變遷，床墊商品之製造技術提升，各式床墊類型及材質不斷演進，彈簧床或彈簧鋼絲床已非西式床墊之典型類別，早期台灣社會因彈簧床為西式床墊之類型化已經發生動搖，佐以美商Simmons Bedding Company之台灣獨家代理商台灣席夢思股份有限公司自1998年6月設立時起不斷大量宣傳系爭商標商品，系爭商標在我國已廣為相關消費者所知悉，具有一定之知名程度及辨識度，而成為表彰其服務來源之識別標誌」。最後法院認早年字辭典有關「席夢思」為「彈簧鋼絲床之泛稱」、「西式彈簧床之泛稱」、「一種有鋼絲彈簧的臥床」之解釋，已不符合目前經濟社會之現況。

（四）小結

商標註冊後若藉由密集行銷宣傳而使商標享有高知名度，進而成為該商品／服務之代名詞固為業者所喜，然因避免商標成為商品／服務之通用名稱，而喪失商標表彰來源之識別功能進而遭廢止，商標權人應正確使用商標[14]，並必須適時對他人不當使用

---

[14] 可參酌智慧局公告之「註冊商標使用之注意事項」。

行為主張權利，商標被普及使用而遭弱化識別性後，商標權人猶可藉由大量密集行銷之正確使用而重新取得識別性，此由「席夢思」案例可為佐證。

參、商標整體近似比對

判斷商標近似，應以商標圖樣整體為觀察[15]。若將一個先天識別性較弱之文字註冊為商標或作為商標之一部分，第三人後續是否可使用該識別性較弱之部分申請註冊為商標之一部？此攸關商標近似比對問題，若兩商標整體觀之近似，復指定使用於同一或類似商品／服務，則後商標原則上應不准予註冊，以免相關消費者構成混淆誤認[16]。擬續以智慧財產法院判決討論商標近似比對判斷。

一、聲明不專用部分識別性低

智慧財產法院101年行商訴字第102號判決：「經查，本件商標圖樣係由橫書之單純中文『向陽農場』所構成，其中『農場』為習知之場所名稱，以之作為商標圖樣之一部分，並不致使一般消費者認其係作為商品來源之標示，**並經聲明不專用，識別性較低**，是就本件商標圖樣整體觀察，其予相關消費者寓目深刻印象者，為其圖樣上之中文『向陽』二字。而據以核駁第1485283號商標圖樣係由二葉片頭冠設計圖及橫書中文『向暘』

---

[15] 「混淆誤認之虞審查基準」第5.2.3。

[16] 商標法第30條第1項第10款「商標有下列情形之一，不得註冊：十、相同或近似於他人同一或類似商品或服務之註冊商標或申請在先之商標，有致相關消費者混淆誤認之虞者。但經該註冊商標或申請在先之商標所有人同意申請，且非顯屬不當者，不在此限。」

上下分置二排所組成；另一據以核駁第1295696號商標圖樣係由二葉片頭冠設計圖、橫書中文『向暘』及中文『味味佳』上下分置三排所組成。二者商標圖樣相較，予人寓目印象皆有相同讀音之中文『向陽』或『向暘』二字……近似程度高。」

二、地理名稱和商品名稱非來源識別

　　智慧財產法院97年行商訴字第22號判決：「經查，系爭商標圖樣係由相對字體較小且直書之中文『香港』及字體稍大橫書之『美心月餅』由左至右排列所組成，而據以核駁商標圖樣，僅係由單純之中文『美心』直列所構成，就二商標圖樣整體觀察，前者雖另有『香港』或『月餅』字樣。惟『香港』及『月餅』，業經原告聲明不專用，且該其中『香港』二字係地理名稱，『月餅』則係商品通用名稱，均不具商標識別性且為說明性文字，具有普通知識經驗之消費者不易將之作為區別商品來源之標識，……應屬構成近似之商標。」該案中之兩商標均為單純文字商標，故在整體近似比對時，智慧財產法院認縱有地理名稱和商品名稱之相異，兩者仍為近似商標。

　　惟若商標有搭配圖形設計，最高行政法院103年判字第22號判決：「然本件系爭商標之整體圖樣包含『阿義』、『魯肉飯』、『1967創立』及『華西街及圖』，其中『魯肉飯』、『1967創立』及『華西街及圖』均聲明不專用，並非以地理名稱『華西街』或通用名稱『魯肉飯』申請商標註冊，且判斷商標之近似性時，應以商標圖樣整體觀察，不得將之割裂分別觀察，系爭商標主要部分『阿義』結合其商品（魯肉飯）及來源（位於華西街）標識，整體觀之足供相關消費者辨識其商品來源，並無不妥，上訴人質疑原處分之判斷標準，非可採取。」即認兩者商標整體足以區別為不同商標來源。

三、不具識別性部分仍應整體比對

　　智慧財產法院102年行商訴字第81號判決：「又系爭商標中之『法律事務所』、『LAW FIRM』雖不具識別性，然揆諸上開說明，仍應將之納入整體比對。至於據以核駁商標則僅以『立群』二字作為商標，其字體與系爭商標字體不同，並僅以墨色作為其字體顏色，非屬彩色商標，亦無其他圖形或線條造型等設計，僅有『立群』二中文文字，與系爭商標所表達之意念、意象有明顯之不同，於外觀上給予消費者之整體視覺印象，更是與系爭商標有所差異，是相關消費者就系爭商標為綜合觀察，稍加注意應能輕易就系爭商標與據以核駁商標之整體外觀，區別出相異之處甚明。」

肆、排他權之行使

　　商標註冊後除自己使用外，意欲排除他人使用，惟先天識別性較弱之商標或商標遭弱化成為商品名稱後，在行使排他權時亦可能遭遇較大障礙，如遭他人挑戰該商標獲准註冊之效力，或抗辯為善意且合理之使用不受商標權之效力所拘束[17]。按商標合理使用區分為描述性合理使用及指示性合理使用，描述性合理使用指第三人所為之使用並非用以指示來源，故非屬商標權效力拘束範圍；指示性合理使用係指第三人以他人之商標指示該他人（即商標權人）或該他人之商品或服務，此非本文所討論範圍。謹以

---

[17] 商標法第36條：「下列情形，不受他人商標權之效力所拘束：一、以符合商業交易習慣之誠實信用方法，表示自己之姓名、名稱，或其商品或服務之名稱、形狀、品質、性質、特性、用途、產地或其他有關商品或服務本身之說明，非作為商標使用者。二、為發揮商品或服務功能所必要者。」

實際案例說明如下。

一、加碼茶案例

案件事實：

「加碼茶」、「加碼」係告訴人於民國94年註冊之商標，復被告一李芳全為「永信公司」負責人，「永信公司」生產之HAC系列商品之外包裝上有部分商品使用「伽傌」等字樣，被告二莊臻松亦坦承在自身產品外包裝上有「佳葉龍茶（加碼茶）」等字樣。

智慧財產法院刑事判決101年刑智上易字第52號摘要：

法院參考出版著作、國立編譯館學術名詞資訊網—名詞檢索查詢資料，認「永信公司」所生產製造之系爭產品中所含之「γ-胺基丁酸」成分經中譯為加碼、伽馬者均有之，「永信公司」於系爭產品上標示「伽傌」軟膠囊、「伽傌」口含錠、「伽傌」綠茶粉字樣，顯係在說明系爭產品含有「伽傌」胺基丁酸之成分。又「永信公司」所出產之系爭產品上之「HAC」標識係經智慧局核准通過之商標，永信公司將自己之商標「HAC」標示於系爭產品較為明顯之位置，「伽傌」二字後連接「綠茶粉」、「軟膠囊」及「口含錠」，旨在使一般消費者認識「伽傌」為「綠茶粉」、「軟膠囊」及「口含錠」之成分，並在主成分及說明中提到「GABA」、「γ-胺基丁酸」等語，並非將「伽傌」作為商標使用，核屬以善意且合理使用之方法表示商品成分之說明。

針對另一被告將「加碼茶」用於茶葉部分，法院認定1988年日本即有大量GABA茶商品化上市，其中GABA一詞就是gamma-aminobutyric acid之略語，引進台灣後，行政院農業委員會茶業改良場為促進我國茶葉之多元化發展與利用，並提升經濟價值，多年來積極研發改良及輔導茶農產製佳葉龍茶之技術，並於91年6月成立南投縣名間鄉特用作物產銷第12班，又稱「加碼

茶班」。「佳葉龍葉」與「伽傌茶」均為91年6月南投縣民間鄉特用作物產銷第12班自日本引進茶種可相互通用之中文譯稱，告訴人將「加碼」二字註冊為「佳葉龍茶」之商標，無異於係將「佳葉龍」三字之同音字註冊為「佳葉龍茶」之商標，即將茶種之中文譯名註冊為商標，自為商標法所不許，自不因其使用「加碼」二字與通常使用之譯名「伽傌」在字形上有所不同，即可認具有識別性，且如准許「加碼」可作為「佳葉龍茶」之商標，則日本原始品種進口至台灣地區時反而不能使用「伽傌茶」之中文譯名，寧有是理？

據此，被告一「永信公司」於系爭產品上使用「伽傌」軟膠囊、「伽傌」口含錠、「伽傌」綠茶粉字樣，係屬合理使用。被告二莊臻松所經營冠益製茶廠生產之商品係屬茶葉相關產品，然「加碼茶」、「加碼」指定使用於「茶葉製成之飲料、茶葉包、茶磚、茶精、茶葉粉、香片茶、茶葉、清茶」等商品上，有應撤銷商標登記之事由存在，自不得主張被告二侵害其商標專用權。

二、推推指案例

案件事實：

「推推指」係一註冊商標，指定使用於「衣服、內衣、胸衣、胸罩、束腹、束腹內衣、束腰、緊身搭」等商品，被告被指並未經商標權人同意在其所經營之公司各式文宣及型錄廣告上，惡意使用相同商標名稱，將其產銷之塑身衣亦稱為「V1彈力推推指」、「S1超纖推推指」、「K1超纖推推指」，涉有修正前商標法第81條（現行商標法第95條）之罪嫌。

智慧財產法院刑事判決104年刑智上易字第15號摘要：

法院參酌證據後認被告在行銷資料中僅以最小字體將所販售不同價格之女性內衣商品，將「V1彈力推推指」、「S1超纖

推推指」標示於所販售商品，因被告尚有以最大字體標示其他商標，故予人寓目印象主要仍係行銷被告其他商標之商品，故文宣中雖有使用「推推指」等文字，但自該文宣廣告整體而觀，非以「推推指」當作商標使用，相關消費者並非自「推推指」三字辨識商品來源，被告使用「推推指」三字應屬其產品功能性之說明，不構成修正前商標法第81條所定之商標「使用」。

三、小結

商標是否為該商品／服務之通用名稱，在智慧局審查階段，審查員雖可查找辭典資料參酌，但此僅為判斷因素之一並非全盤，以前述「加碼」商標案例而言，申請人將農委會輔導之農業產銷班所取之商品名稱申請註冊為商標，之後據以控告「永信藥品」等人侵害其商標權，反遭評定撤銷，亦證申請人以識別性較弱之文字作為商標在後續行使排他權之可能遭遇困境。另註冊之「推推指」商標用於女性內衣相關商品，因暗示性意味強烈，即便遭第三人使用於相同商品，第三人尚可以非作為商標使用而不成罪。

伍、結論

國人於商標之取名、設計，好用描述性文字和通用名稱，在行銷上固然容易引起消費者注意，較為方便，但無論在申請或日後權利維護主張上，均將面臨主管機關審查裁量之問題，我國審查實務固有所謂「商標識別性審查基準」可參，但其所揭櫫之標準，尚屬抽象，行政機關之個案裁量空間甚大，每個時期的標準也可能有所變動調整；尤甚者，在個案面臨爭訟時，司法審查將介入此部分而獨立認定，並非放棄審查，因此更有可能出現司法

審查見解與行政審查實務標準不一致之情形。此一特性，實爲好用描述性文字和通用名稱做爲商標業者之宿命，本文試行提出近期司法審查具體案例，供工商業界予以參考，並提醒相關業者，於選用描述性文字和通用名稱做爲商標時，必須有此相當之認識與準備。

7

創意商品包裝的商標權保護

萬國法律事務所助理合夥律師　呂靜怡

壹、前言

這一、二年，客戶所詢問的商標問題，除了典型的商標侵權問題外，還會常常問到，競爭者模仿自己的創意產品外觀或營業模式，可否對競爭者主張權利？

現在產品更迭的腳步相當快，業者除了顧好品質打響品牌外，透過獨特有創意的產品設計或外包裝來吸引消費者的目光，也是舉足輕重。因此，業者可能會投入大量資金設計產品，不論是產品本身的設計，或者是產品的包裝方式，動輒可在市場上看到業者的精心巧思，伴隨著這些創意外觀的產品，往往也幫產品提高了售價。只不過，這些精心創作的業者，常常會發現，產品才剛剛開始叫座，就有競爭者仿襲。這樣的抄襲商品外觀的案例，這些年在美國市場上，也相當熱鬧。在各區法院提起的訴訟，就有好幾起。下面這些菸盒包裝、糖果包裝、衣服設計、書本形式的眼影包裝等[1]，都是典型案例。

美國在2000年Wal-Mart Stores, Inc. v. Samara Brothers, Inc.案[2]，聯邦最高法院闡釋產品包裝可以因為具有先天識別性獲得

---

[1]　圖片節自該等案例原告所提起訴書。

[2]　Wal-Mart Stores, Inc. v. Samara Brothers, Inc., 529 U.S. 205 (2000).

商標保護；產品設計則必須要取得後天識別性才受商標保護。亦即，將產品外觀，區分為產品包裝或產品本身的設計，並異其保護標準，使得爾後實務上就產品包裝及產品設計的保護態度涇渭分明。所謂產品包裝，例如前述菸盒包裝、眼影包裝等屬於產品包裝領域；衣服設計則因是對產品本身的設計，屬於產品設計領域。惟二者有時難以區分，例如過去1992年的Two Pesos案，針對餐廳裝潢究竟屬於包裝或設計，聯邦最高法院自己都曾改變見解。因此，訴訟上，究竟原告的產品特徵屬於產品包裝或產品設計，也變成兩軍對壘的先鋒戰役。

　　本文擬僅先就創意產品包裝部分作討論，探討這些獨具匠心的產品包裝，究竟可否受到商標法或不公平競爭法的保護？其緣由為何？首先將由美國法制開始了解，其後接續探討台灣近幾年實務上發生的相關案例及主管機關和法院的態度。

貳、美國歷史上就商品包裝的保護

　　歷史上，最初，普通法只有區分商標及不公平競爭，其後增加了商業外觀（trade dress）的型態。其中，商標被認為是不公平競爭的一個分支。商標和不公平競爭都是根源於普通法有關模仿他人商標，以欺詐方式銷售商品的侵權行為。普通法旨在避免消費者因為不誠實行為被欺騙。因此，不公平競爭、商標、商業外觀的侵權保護，都是著眼於商人不可以讓消費者誤認自己為另一個人的基本前提[3]。

　　1946年藍能法增訂第2條[4]規定，沒有任何可做為區別標誌的商標會被拒絕註冊，非常寬廣的定義商標的範圍。雖然該條並未

---

[3]　Darius C. Gambino & William L. Bartow, Trade Dress 1-2 (2013).

[4]　15 U.S.C. § 1052.

明文將商業外觀納入，但美國專利商標局很快地就解決這項疏漏[5]。

1958年Ex parte Haig & Haig Limited案[6]，美國專利商標局決定，瓶子形狀是藍能法下的商標。該決定涉及威士忌瓶身，決定書表示藍能法並未禁止瓶子設計的商標註冊。第45條所謂的「標誌或圖樣」（symbol or device）被解釋為包含商業外觀。因為本案威士忌的瓶身是原創的及獨特的且為罕見特殊的外觀，可以讓消費者認識該產品，所以專利商標局認為該設計可受保護而可註冊於主要註冊簿。之後，可口可樂的著名瓶身形狀也很快在1959年核准註冊[7]。

（美國商標註冊第670723號，圖片摘自網址http://adlervermillion.com/trademark-basics/。）

因為上述Haig案的見解，聯邦法院也開始承認基於1946年藍能法可以保護商業外觀。例如在1977年In re Days-ease Home Products Corp.案[8]，法院直接引述Haig案，闡述「雖然容器的設計或形狀，若指定使用在容器本身，不具可註冊性，但它可以被註冊指定使用在特定商品，假如該形狀合乎非功能性且有先天或

---

[5] GAMBINO, *supra* note 3, at 13.

[6] Ex parte Haig & Haig Limited, 118 U.S.P.Q. 229 (Dec. Comm'r Pat. 1958).

[7] GAMBINO, *supra* note 3, at 13-14.

[8] In re Days-ease Home Products Corp., 197 U.S.P.Q. 566 (T.T.A.B 1977).

後天識別性。」這裡的容器，指的就是產品包裝。

　　雖然，傳統上，商業外觀（trade dress）被認為是「用來包裝產品的標記、外包裝和容器的整體外觀」。但在實務發展下，商業外觀的範圍逐漸擴大，美國專利商標局（United States Patent and Trademark Office，簡稱PTO或USPTO）、聯邦法院（Federal Courts）及聯邦最高法院（Supreme Court of the United States）透過各式決定或判決增加了商業外觀的保護範圍。商業外觀演變為包括產品的一般包裝及其設計或形狀。商業外觀法也從原本根源於普通法，變成有獨立的聯邦法基礎[9]。

　　如同2000年Wal-Mart案所闡釋的，商業外觀原本僅有包括產品包裝（packaging or dressing），後來許多巡迴上訴法院擴張到包括產品設計。這些法院認為商業外觀構成美國商標法第43條（a）項所稱的"symbol"或"device"，聯邦最高法院也是採相同見解。因為人類可能使用任何東西作為"symbol"或"device"，所以它在文義上是沒有限制的[10]。

　　1992年的Two Pesos案[11]，其爭點在於是否餐廳的商業外觀毋庸證明後天識別性就可被藍能法第43條（a）項所保護？聯邦最高法院闡釋，對於已經有先天識別性的商業外觀，毋庸取得後天識別性。法院認為對於有先天識別性的標章必須取得後天識別性將會削弱藍能法的立法目的。法院更進一步闡釋，要求後天識別性將會對小公司造成反競爭效果[12]，因為小的初創事業，在他們的商業外觀被競爭對手複製前，可能沒有時間來建立第二意義[13]。

　　2000年，Wal-Mart案，Wal-Mart抄襲Samara的童裝上的裝

---

[9]　Darius C. Gambino & William L. Bartow, Trade Dress 1-2 (2013).

[10]　Wal-Mart Stores, Inc. v. Samara Brothers, Inc., 529 U.S. 205, 209-10 (2000).

[11]　Two Pesos, Inc. V. Taco Cabana, Inc., 505 U.S. 763 (1992).

[12]　Gambino, *supra* note 3, at 17-18.

[13]　Katherine J. Strandburg, *Rounding The Corner On Trade Dress*, 29 Yale J. On Reg. 387, 391 (2012).

飾圖樣如心型、花卉、水果之類的貼花。法院進一步解釋Two Pesos的決定，並將商業外觀區分爲產品包裝及產品設計，且認爲即使產品包裝可以因爲具有先天識別性受保護，產品設計則不能[14]。

不過，雖然2000年Wal-Mart案，質疑產品設計須取得後天識別性，但產品包裝可以因爲先天識別性而受保護，則再次受到肯定，足見產品包裝可受到商標法及不公平競爭法保護的地位，毋庸置疑。

實務運作上，產品包裝可以因爲先天識別性取得商標註冊，並無疑義。而下述MIXED CHICKS LLC v. SALLY BEAUTY SUPPLY LLC[15]之髮妝商品包裝案，雖權利人並未就外包裝申請商標註冊，法院仍判決其容器包裝可受到商業外觀及不正競爭規定的保護。

Image from Haynes and Boone Case Study

（圖片摘自https://thestyleofthecase.wordpress.com/2013/02/27/mixed-chicks-llc-vs-sally-beauty-supply-llc-et-al/。）

原告Mixed Chicks LLC是一家專業的護髮產品公司，產製一系列的護髮商品，包括洗髮精及護髮素。並且註冊「Mixed Chicks」爲商標。產品是特別針對混血人種及捲髮族所設計的配方。原告是個五百萬美元資本額的小公司，只有15個員工。

---

[14] *Wal–Mart,* 529 U.S. at 398.

[15] Mixed Chicks LLC, v. Sally Beauty Supply LLC, et al., 879 F.Supp.2d 1093 (C.D. Cal. 2012).

　　被告Sally Beauty Supply LLC則歷史悠久，自1964年開始經營，迄今為世界上最大的專業美妝商品零售商，在美國經營超過2,500家店舖，也在德、法、英等世界各國設有分店。也有在網路上銷售商品。被告近幾年來，也開發混血女士及捲髮女士為族群的護髮商品。

　　2009年2月，被告開始行銷Mixed Silk商品。Mixed Silk也在2011年註冊為商標。如同原告的Mixed Chicks商品，被告的Mixed Silk也開發使用在洗髮精及護髮素商品。

　　原告起訴主張被告的產品侵害原告商標及商業外觀，因為被告的系列產品包裝與原告產品非常相像。

　　被告抗辯兩造商品有許多不同之處，所以被告沒有侵權，例如零售價不同、消費群不同、形狀及大小不同、顏色及透明度不同、銷售途徑不同、產品名稱及標籤設計不同，風格、顏色及標籤字體不同。

　　但法院認為被告此部分主張不足採，因為被告是基於產品的個別元素加以分析，而不是以產品整體為分析。因第九巡迴法院曾有判決先例闡釋，討論商業外觀爭點時，並非著重在個別元素是否近似，而應以整體外觀印象是否近似為準。（Billiards, Inc. v. Sixshooters, Inc., 251 F.3d 1252, 1259 (9th Cir. 2001) holding that when addressing trade dress claims, "it is crucial that courts focus not on the individual elements, but rather on the overall visual impression that the combination and arrangement of those elements create"）

　　法院認定被告構成商標及商業外觀侵權，且被告是故意侵權，加上應負擔的懲罰性違約金七百多萬美元，總共需賠償約八百多萬美元。在判決後，被告即與原告達成和解[16]。

---

[16]　參考網路消息http://www.law360.com/articles/397258。

參、台灣實務就商品包裝的商標或不公平競爭法保護

　　智慧局曾以民國96年12月18日智著字第09600108650號函釋闡釋：「……關於我國對商品外觀與包裝（trade dress）之保護，可分為以下兩方面來說明：

　　（一）依照商標法規定取得立體商標註冊者，對於他人未經商標權人同意，在商品外觀或包裝上，作相同或近似使用，而可能造成消費者混淆誤認之虞，或減損著名商標識別性或信譽之情形，可以主張商標法所規定的民、刑事責任（商標法第61條、第62條及第81條與第82條規定參照）來獲得救濟。然而，欲通過商標申請審查程序而獲准註冊，除了要具備識別商品或服務來源的特性以外，還必須不能有商標法第23條第1項所列各款規定之情形。

　　（二）未取得商標註冊的商品外觀與包裝並不在商標法的保護範疇，原則上是以公平交易法（下稱公平法）第20條第1項規範之，然而依照公平法第20條之規定，商品外觀與包裝必須達到「相關事業或消費者所普遍認知」之著名程度始有適用餘地。此外，對於公平法第20條規範未及之事業仿冒行為，若有搭便車、高度抄襲等榨取他人努力成果之情事，亦得以公平法第24條論處。」

　　足見，智慧局認為在我國，關於商業外觀，可以申請立體商標的註冊，取得註冊後，權利人得依商標法主張侵權；若未取得註冊，則依公平交易法之表徵（現行法第22條，舊法第20條）或顯失公平（現行法第25條，舊法第24條）的相關規範主張權利。

　　而智慧局所頒「非傳統商標審查基準」，明文規範立體商標可能的申請態樣包括：1.商品本身之形狀。2.商品包裝容器之形狀。3.立體形狀標識（商品或商品包裝容器以外之立體形狀）。

4.服務場所之裝潢設計。而該「非傳統商標審查基準」第3.2.3條關於識別性的規定，針對「商品包裝容器的形狀」規定：「相對於商品本身的形狀，商品包裝容器的形狀比較可能具有先天識別性。但是，該包裝容器形狀仍須顯著異於普通常見的形狀，使消費者印象深刻，並將之作為識別來源的標識，始具有識別性。商標若僅由相關消費市場通常採用的商品包裝容器形狀所構成，無法作為辨別商品來源之標識，應不具識別性。」

　　足見，在我國目前實務運作上，商品包裝容器的形狀是可以申請商標註冊的，而且可能因為具有先天識別性而獲准註冊，並不要求一定要取得後天識別性。只不過，實務運作上，智慧局常會發先行核駁通知書要求申請人說明市場使用情形以證明具有識別性，表示智慧局審查實務上，傾向先入為主認定商品包裝不具有先天識別性。但由前述美國實務歷史發展觀之，商品包裝在美國實務上，很早就承認可以因為先天識別性獲得保護，不一定要取得後天識別性。

　　在2014年雪肌精瓶身立體商標註冊案，台灣智慧法院就肯認雪肌精藍色瓶身具有先天識別性，因而撤銷智慧局原處分，智慧局雖提出上訴，最高行政法院已於2015年12月31日駁回上訴確定，足見，目前我國法院也肯認產品的包裝容器可以具有先天識別性而取得立體商標的註冊。

申請案號／商標圖樣	指定商品／類別
App.No.100066697	第3類 化妝品；香水；古龍水；乳液；營養霜；粉底；粉餅；口紅、唇膏；眼線筆；眼影；眉筆；指甲油；化妝水；腮紅；人體用肥皂；香皂；護髮乳；潤髮乳；潤髮精；洗髮精；頭髮用化妝品；入浴劑、浴油、浴鹽。

　　本案原告申請雪肌精瓶身整體組合之立體商標，智慧局原本認為琉璃色／深藍色系之瓶身，市場上除原告使用外，亦有多家同業以近似之瓶身作為商品包裝，如歐舒丹蠟菊、嬌蘭、雅芳等，倘本件商標之顏色部分，經註冊取得商標權，其排他權範圍可能擴及其他近似琉璃色／深藍色之商品包裝外觀，恐影響同業合理使用之空間，有礙指定商品使用琉璃色／深藍色系，以裝飾商品包裝之自由。更何況原告曾經以單純之顏色瓶身特徵，即琉璃色／深藍色之瓶身結合白色之瓶蓋，主張第三人侵權，故不准註冊。

　　智慧法院103年行商訴字第83號判決則認為，相較同業產品包裝多使用圓柱形、橢圓柱形、圓錐形、橢圓錐形之包裝形狀，系爭商標之立體形狀與顏色組合之包裝容器，不同於普通業者所使用之包裝，故具有先天識別性，且系爭商標也已經取得後天識別性。至於第三人○○公司以完全相同於系爭商標之容器，促銷其「○○○○○」商品，藉以暗示其商品，有如相關消費者知悉之系爭商品之美白功能，係有攀附系爭商標商譽之顯失公平之嫌。足見系爭商標已引起非相關事業之覬覦而意圖攀附之知名度，原告自無容忍之義務。被告機關竟將原告正當之維權行動，誤解為藉系爭申請註冊商標意圖壟斷藍色產品包裝，即屬不當。

　　在侵權案件方面，過去曾發生摩洛哥油包裝案，因權利人有將商品外包裝的圖樣申請商標註冊，故法院即得依商標法規定判決侵權。（本案業經最高法院106年台上字1179號上訴駁回確定）

17　權利人產品及被控侵權產品照片均摘自司法院網站本案判決書附件。

權利人商標圖樣	權利人產品	被控侵權產品[17]
Reg.01336554 / 01336555		

在智慧法院103年度民商上字第11號，原告主張被告刻意將產品之包裝外觀採用與原告商標近似之設計，消費者如於異時異地隔離觀察或倉促交易時，將會誤認為同一系列商標。被告產品實與原告商標高度近似而有致消費者混淆誤認之高度可能性。

智慧法院認定被告產品包裝使用藍綠底色搭配橘色大型字體「M」及白色較小字體「morocco hairoil」，與原告01336554商標以藍綠底色搭配橘色大型字體「M」及白色較小字體「MOROCCANOIL」包裝，予消費者之寓目印象極相彷彿，其仿襲原告商標之意圖甚為顯明，是縱被告產品之原料確實來自摩洛哥，亦難謂被告產品包裝使用藍綠底色搭配橘色大型字體「M」及白色較小字體「morocco hairoil」，僅為產地來源之說明而非作為商標使用。

甚且，針對通路屈臣氏的責任部分，一審102年度民商訴字第19號判決則認定屈臣氏既以販賣各式商品為營利活動，應就其營業有無侵害他人權利負注意義務，且系爭商標於護髮油商品具相當識別性、系爭產品外包裝使用之商標與系爭商標已達足認行為人主觀上有仿襲意圖之高度近似程度，商標有公示制度且係以相關消費者之角度自外觀判斷，不若專利涉及專業之技術細節等因素，屈臣氏公司販賣產品之始，即有未盡注意義務之侵害商標權過失，應負連帶賠償責任。

　　惟二審103年度民商上字第11號雖然也認定構成商標侵權，但關於屈臣氏連帶責任的部分，則認為屈臣氏無故意過失毋庸負連帶賠償責任：

　　「系爭商標雖取得後天識別性而符合商標之要件，然商標是否具識別性與商標是否廣為熟知，核屬二事，……販賣數千種商品之上訴人屈臣氏公司是否得以注意供應商所提供之系爭產品與系爭商標構成近似，尚非無疑，又本件系爭產品之外包裝並非與系爭商標完全相同，而係近似，然商標或表徵是否近似致相關消費者混淆誤認，須綜合上開多種因素由法院或主管機關判定，上訴人屈臣氏公司既非美髮業者或專以製造販賣髮類用品為業之業者，復佐以在本件爭議發生之時既無證據證明系爭商標知名度已達國內消費者普遍知悉之程度下，實難期待販售數千種商品之上訴人屈臣氏公司在當時有能力注意到系爭產品與系爭商標可能構成近似而侵害系爭商標權，況上訴人屈臣氏公司於接獲被上訴人通知後即立刻將系爭產品下架，因此，上訴人屈臣氏公司辯稱其並無故意過失等語，應可採信……」

　　本案雖然原告同時主張商標法及公平交易法，但法院最後以商標法判認商標侵權成立，屈臣氏為通路亦應連帶賠償。由於原告有就產品外包裝設計申請註冊，故得依商標法主張侵權，可見若商業外觀能取得商標註冊，當有他人仿襲時，則可成功維權。

　　此外，實務上還曾發生玫瑰四物飲案，惟最終因法院認為「玫瑰四物飲」文字為說明性文字，權利人的商標整體較為弱勢，故不構成商標侵害，但最後仍依著作權法判賠。（本案業經最高法院103年度台上字第1544號上訴駁回確定）

權利人商標圖樣	被控侵權產品
註冊第01229196號	申請第099055465號

　　在智慧法院101年度民公上字第6號，原告佳格公司主張被告之產品外包裝抄襲原告產品，構成商標權、著作權的侵害。法院結論認為，針對商標權的部分，不構成侵權，因「系爭商標具有識別性之部分僅為其菱形花卉設計。而系爭產品包裝之花草藤蔓花紋，實僅係為美化商品之裝飾性圖案，並非商標，更非商標法第6條所定義之『商標使用』行為。由於消費者單獨觀察系爭商標，通常會認為其係商品之裝飾性花紋或商品包裝的背景或裝飾性圖案，實難以確認表彰產品之產製來源為何，係屬於缺乏識別性之商標，系爭商標將其聲明不專用之『青木瓜四物飲』及『玫瑰四物飲』說明性文字作為商標整體，以強化其識別性，因而獲准註冊，但不能因此消去其識別性較弱之本質，因此，系爭商標實屬識別性較弱之商標，自不應賦予過大之排他權範圍，以免反而有礙市場自由競爭。是以尚難認為系爭商標與系爭產品之裝飾性圖案構成近似。」故結論認定構成著作權侵害。

　　本案雖然權利人有註冊商標，然是針對較無識別性的玫瑰四物飲文字及菱形花紋設計圖，並未就包裝整體外觀取得商標註冊，由於該商標識別性較弱，法院認為保護範圍應該限縮，因此，結論上法院認定被控侵權產品使用之圖案並未與之構成近似，本案因此不構成商標侵權。所幸，本案原告尚能提出創作過程之證明而可依著作權維權成功。

　　又在山羊頭乳液案，雖然原告未就商品外包裝申請商標註

冊，但智慧法院99年度民公訴字第6號，仍依公平法判認被告侵
權。

　　本案原告主張其在坊間實體通路發現，被告所製造、販賣
之「艾柔保濕舒壓潤膚乳液」、「艾柔橙花美白潤膚乳液」等商
品，使用與原告ADD商品完全相同之按壓瓶容器、山羊頭同心
圓圈標識。且同心圓圈間之英文標示、瓶蓋封條貼紙之英文文
字「THE GOAT IS COMES FROM CHAMPION VARIETY OF
THECASH-MERE」、瓶蓋圓形標籤之「SKIN」、「APPROV-
AL」等文字之內容、編排方式、商品標籤及瓶蓋封條貼紙之配
色等識別商品來源之重要特徵，均與ADD商品之外包裝完全相
同。且本案業經公平會調查結果，縱認ADD商品不合於（舊）
公平交易法第20條規定之要件，被告仍有違反（舊）公平交易
法第24條之高度抄襲行爲。

　　法院認定被告商品之瓶蓋處封口圓形標籤，除無原告
「ADD+」商標外，其餘所載之文字內容與文法錯誤處，均與
ADD商品相同，且設色、字體及排列設置等事項均高度近似。
經向公平會調閱被告違反公平法卷宗，查明屬實。足證被告公司
商品之按壓瓶容器與外包裝標籤，均有高度抄襲原告ADD商品
之情事。具有商業競爭倫理之可非難性，足以影響公平競爭賴以
維繫之交易秩序，核屬違反（舊）公平交易法第24條規定。

　　本案原告雖亦就商標「ADD+」取得商標註冊，然被告在商
品上是使用完全不近似的「艾柔」商標，但兩造商品外觀極其彷
彿，因原告未就整體外觀取得註冊，無法依商標法主張侵權。所
幸經公平會認定被告有詐取他人努力成果之行爲而裁罰，本案民
事訴訟顯然是依循行政處分的結果作最終認定。

肆、結論

　　由美國歷史法制上對商品包裝保護的先例觀之，產品包裝可以因為具有先天識別性而受到保護，並無疑義。蓋產品包裝多數不涉功能性問題，許多僅為美化商品，一旦設計具有獨創性，與一般文字商標相同，自可因具有先天識別性而受商標法保護，蓋消費者看到該特別的設計，已經能夠與特定廠商產生聯想，該獨特包裝自可做為區別商品來源的識別標誌。由我國智慧法院在雪肌精案的判解觀之，我國實務顯然也已經能追隨美國法院的見解。

　　基於商標法為不正競爭法的再具體化，兩者實係出於同源，我國商標採取註冊主義，未經註冊之商標無法適用商標法主張侵權，然以公平交易法為據，實務上已經有山羊頭乳液案，足見，以公平交易法來保護商品包裝，理論上亦無疑義。實際案例上，則仍需視權利人之產品包裝有無符合公平交易法所訂「表徵」或「顯失公平」等要件。

　　然，註冊商標之權利範圍，業經主管機關認定，較為明確，若以公平交易法主張權利，是否該當公平交易法保護之標的，尚需經法院審認，訴訟上仍須舉證。是以，如權利人能先嘗試將創意的商品包裝申請商標註冊，顯然能獲得較周全的保護。

8

商標邊境管制措施

萬國法律事務所助理合夥律師　呂靜怡

壹、前言

　　商標權人取得商標註冊後，除了有權使用商標外，排除他人使用相同或近似的商標，查緝仿冒，以便維持自己商標的識別性，保護忠實顧客的權益，便是最重要的任務。

　　對於透過進出口方式輸入或輸出的仿品，邊境管制措施提供了商標權人一個簡便易行且節省勞費的查緝仿冒工具。善用邊境管制措施，可以讓仿品卡關，遏制仿品流入市面，商標權人也可以透過公權力保護智慧財產權，節省勞費，毋庸自己辛苦調查。本文擬介紹我國邊境管制措施的相關規定及實務上執行情形，供商標權人參考施行。

貳、商標邊境管制措施之立法沿革及立法意旨

一、2003年商標法修訂新增邊境管制措施相關規定

　　商標邊境管制措施的規定，為民國92年（西元2003年）商標法（以下簡稱「2003年商標法」）修正時新增。蓋台灣在2002年加入WTO，應遵循TRIPS相關規定，參照TRIPS第51條海關暫不放行措施，商標權人有正當理由懷疑有侵害其商標權之物品自邊境輸入或輸出，為防止其損害，得申請海關查扣該侵權之物品。商標法逐修法明定對侵害商標權物品邊境輸入及輸出管制之相關規定（智慧局商標法逐條釋義民國94年12月版參照）。然在此之前，實務上於2001年已訂有「海關受理進、出口貨物仿冒商標檢舉案件有關事項」（2006年已公告不再適用）。

二、2004年主管機關訂定「海關查扣侵害商標權物品實施辦法」，該辦法於2012年再經修正

　　依據2003年商標法第68條之授權，財政部在2004年9月15日訂定了「海關查扣侵害商標權物品實施辦法」。其立法總說明：「我國加入世界貿易組織後，爲遵循該組織『與貿易有關之智慧財產權協定』之相關規定，九十二年五月二十六日公布修正之商標法，即配合該協定中關於侵害商標權物品邊境管制措施，於第六十五條至六十八條爲相關規定。其第六十八條明定：『前三條規定之申請查扣、廢止查扣、檢視查扣物、保證金或擔保之繳納、提供、返還之程序、應備文件及其他應遵行事項之辦法，由主管機關會同財政部定之。』經濟部及財政部二部爰依法會商，擬具『海關查扣侵害商標權物品實施辦法』」。

　　民國100年6月29日修正公布但於民國101年（即西元2012年）7月1日施行之商標法（以下簡稱「西元2012年商標法」）修正施行後，「海關查扣侵害商標權物品實施辦法」於2012年8月2日再度依「西元2012年商標法」第78條第1項規定修正。修正理由爲：「爲配合一百年六月二十九日修正公布之商標法，修正授權主管機關會同財政部訂定本辦法之授權條次，另因商標法新增授權財政部訂定海關執行商標權益保護措施實施辦法等作業規定，爲使海關實施相關作業之規定完備及一致性之考量，爰修正本辦法」。

三、2012年商標法修正增訂「海關依職權查扣」相關規定

　　2012年商標法修正草案總說明第16點：「增訂海關邊境管制措施之相關規定（一）增訂邊境管制措施依職權查扣及提供侵權貨物資訊之規定增訂海關依職權查扣之規定；在不損及查扣物機密資料保護之情形下，依申請人或被查扣人之申請，由海關准

其檢視查扣物，以協助確定是否為侵害商標權物品，並提供商標權人侵權貨物相關資訊。（修正條文第七十五條及第七十六條）（二）增訂商標權人向海關調借貨樣進行侵權認定之規定鑑於實務上部分仿冒物品之侵權認定困難，增訂商標權人得提供保證金，向海關申請調借貨樣進行侵權認定之規定。（修正條文第七十七條）」。

　　本次修正前，海關執行商標權保護有關邊境暫不放行措施，係透過「海關配合執行專利商標及著作權益保護措施作業要點」規定辦理，因其規定之內容係屬涉及人民權利義務之事項，應以法律定之，本次修正條文中明定海關依職權查扣之法律依據。本次修正復規定，在不損及查扣物機密資料保護之情形下，依申請人或被查扣人之申請，由海關准其檢視查扣物，以協助確定是否為侵害商標權物品，並提供權利人侵權貨物相關資訊。另實務上部分物品侵權認定困難，本次修正增訂商標權人得提供保證金向海關申請調借貨樣進行侵權認定。修法後將有助於海關執行其職務，並使商標權人得調借貨樣進行侵權認定，及取得相關貨物資訊之權利，確實達到反仿冒之目的。（智慧局所頒2012年「商標法修正重點簡介」參照）

　　也就是說，在2012年商標法增訂「海關依職權查扣」相關規定以前，實務上執行商標權保護有關邊境暫不放行措施，係依據行政命令「海關配合執行專利商標及著作權益保護措施作業要點」的規定予以執行，並非依據法律規定。惟因此涉及人民權利義務之事項，其內容宜以法律定之，爰於2012年商標法第75條增訂相關規定。

　　「海關配合執行專利商標及著作權益保護措施作業要點」是在2005年修正施行並於2008年再經修正，其前身為2003年及2004年修正之「海關配合執行商標權及著作權保護措施作業要點」。但該要點在2012年復經修正為「海關配合執行專利及著作權益保護措施作業要點」並於2014年再經修正。至於商標權

的部分，則於2012年由主管機關另訂「海關執行商標權益保護措施實施辦法」以茲適用。

四、2012年7月9日主管機關訂定「海關執行商標權益保護措施實施辦法」，2016年此辦法再度修正，並有諸多重要變革

2012年商標法第78條共授權主管機關訂定二個辦法。主管機關在2012年依據第78條第1項的授權，修正了2004年訂定之「海關查扣侵害商標權物品實施辦法」。

主管機關另依據第78條第2項的授權，在2012年7月9日訂定了「海關執行商標權益保護措施實施辦法」，以配合商標法第75條職權查扣制度等的執行。

「海關執行商標權益保護措施實施辦法」，並在西元2016年（即民國105年）十二月三十日修正，其立法總說明：「海關執行商標權益保護措施實施辦法（以下簡稱本辦法）自一百零一年七月九日發布施行後，迄今未曾修正。為強化對商標權人權利之保護、落實電子化政府及簡化行政程序，爰修正本辦法。本次修正條文九條、新增六條、刪除二條，修正後全部條文共十七條。主要修正內容如下：

一、商標權人得向海關申請商標權提示保護之要件及應檢具之資料。（修正條文第二條及第三條）

二、海關依商標法第七十五條執行商標權益保護，尚無須區別執行職務之各種類型，爰刪除現行條文第二條。（現行條文第二條）

三、延長海關核准提示保護之期間，刪除商標權人未於期限屆滿前申請延長提示保護，應重新申請之規定，減輕商標權人申請成本及海關行政負擔。（修正條文第四條）

四、海關執行商標權保護措施，須由商標權人或代理人協力

方能完成，爰增訂海關得提前終止提示保護期間之規定，以利執行。（修正條文第五條）

五、海關通知商標權人及進出口人之方式，修正為得以言詞、書面、電話、電子郵件或傳真為之，以符實務需要；增訂海關得依申請提供商標權人疑似侵權物照片，俾利權利人判斷有無侵權事實。（修正條文第七條）

六、海關執行商標權保護措施，發生無法與商標權人取得聯繫，或商標權人未能至海關進行侵權認定等情形，為免延宕貨物通關，海關得逕依進出口貨物通關規定辦理，以利貨物通關。（修正條文第九條）

七、為落實電子化政府，商標權人依本辦法所為之申請或檢舉，得以書面或電子方式提出，提供申請人便捷之服務。（修正條文第十三條）

八、在我國境內無住所或營業所之商標權人，須委任在我國有住所之代理人代辦本辦法相關事項，以利海關執行保護措施。（修正條文第十四條）

九、商標法第三十九條規定，經商標專責機關登記之專屬被授權人，於被授權之範圍內，取得相當於商標權人之地位，爰增訂經商標專責機關登記之專屬被授權人，得以自己名義行使有關商標權人之權利。（修正條文第十五條）

十、為使海關智慧財產權資料庫之資訊與實際相符，商標權人依本辦法提出之申請事項等相關資訊變更時，應向海關申請變更。（修正條文第十六條）」

由於此次變革較大，過去實務許多作法須配合改變，以下謹將商標權人須特別注意之事項，整理說明如下：

（一）商標權人申請提示保護時，應以一個商標註冊號數為一個申請案（第3條第1項）：

過去並未有如此限制，故申請時可能多個註冊號數一個申請案，但此次修正明文規定，必須一個註冊號數一個提示申請案，

立法理由為「鑑於每一商標權之專用期間有別且內涵迥異，爰於第一項增訂不同商標註冊號數應分別申請提示保護，以避免產生混淆。」

（二）核准提示保護期間，延長至商標權期限屆滿日止（第4條第1項）：

過去，經核准的提示保護期間為一年，到期必須每年申請延展。新法改成核准的提示保護期間，至商標權期限屆滿日。亦即，不需要每年都申請延展。立法理由為「海關核准之提示保護期間，現行條文規定以一年為限，商標權人需每年提出延長申請，增加其申請成本及海關作業負擔，爰予修正，以資簡化。」

（三）若商標權經獲准延展，商標權人得向海關申請延展提示保護期間至新的商標權期限屆滿日止（第4條第2項）：

本條意在節省行政程序，若商標權經核准延展，權利人毋庸再次重新提出提示申請，僅需檢附證明文件申請延長提示保護期間即可。立法理由為「商標權期間如經經濟部智慧財產局核准延展，無論是否逾海關原核准之提示保護期間，商標權人均得檢具該機關之延展註冊核准函，向海關申請延長提示保護期間，無需依第二條及第三條規定重新申請提示保護，俾減低程序負擔。」

（四）在中華民國境內無住所或營業所者，應委任有住所之代理人辦理海關事務（第14條）：

「海關執行商標權益保護措施實施辦法」第14條規定，在我國無住所之商標權人，例外採取強制代理制度，立法理由為「關於海關事務之代理，原則採行任意代理制度，申請人得自行決定是否委任代理人辦理，如有委任情事，應檢附委任書；但在中華民國境內無住所或營業所者，例外採強制代理制度，須委任代理人為之，且代理人應在國內有住所，以利本辦法所定商標權保護程序之執行，例如：聯繫前往海關進行侵權與否之認定、文件之送達等。」

（五）若商標權人與代理人解除合約或有其他代理關係消滅

之事由，或海關無法與商標權人或代理人取得聯繫者，海關得提前終止提示保護期間（第5條）：

「海關執行商標權益保護措施實施辦法」第5條規定「有下列情形之一者，海關得提前終止提示保護期間：

一、海關依第三條第一項第四款之資訊，未能與商標權人或其代理人取得聯繫。

二、在中華民國境內無住所或營業所之商標權人，與代理人解除合約或有其他使代理關係消滅之事由，未符合第十四條第一項但書委任代理人規定。」

其立法理由明文「海關執行商標權保護措施，須由商標權人或代理人協力，方能完成。倘海關無法與已核准提示保護之商標權人或其代理人取得聯繫，致無法繼續執行本辦法所定保護措施時，有提前終止提示保護期間之必要，爰增訂提前終止提示保護期間之事由。」

（六）商標權人得向海關申請提供仿品照片檔案，作為判斷是否至海關進行認定之參考，但不得作為認定侵權與否之依據：

「海關執行商標權益保護措施實施辦法」第7條第5項規定「商標權人接獲第一項通知後，得向海關申請提供疑似侵權貨物之照片檔案，作為判斷是否至海關進行侵權與否認定之參考。但海關提供之照片檔案，不得作為認定侵權與否之依據。」其立法理由為「為使商標權人獲得更完整資訊，並縮短判斷是否前往海關鑑定時程，俾迅速行使權利，爰增訂第五項，海關得依申請提供商標權人疑似侵權物照片。另依本法第七十五條第二項規定，商標權人應至海關進行侵權與否之認定，尚不能僅依海關提供照片認定真偽，爰於第五項但書明定。」

（七）專屬被授權人，得行使本辦法之權利義務（第15條）：

「海關執行商標權益保護措施實施辦法」第15條規定「依本法第三十九條規定經商標專責機關登記之專屬被授權人，在被

授權範圍內，得檢附證明文件，以自己名義行使與負擔本辦法所定商標權人之權利及義務，並排除商標權人及第三人依本辦法為相同之申請。但授權契約另有約定者，從其約定。」立法理由為「依本法第三十九條第五項及第六項規定，專屬被授權人於被授權之範圍內，取得相當於商標權人之地位，於商標權受侵害時，除授權契約另有約定外，得以自己名義行使權利，爰增訂經商標專責機關登記之專屬被授權人，得以自己名義行使本辦法有關商標權人之權利，並負擔相同義務，但授權契約另有約定者，從其約定。」

　　「海關執行商標權益保護措施實施辦法」在2016年的修正，大量的簡化了行政程序，原本商標權人在商標權存在的十年間必須提出十次的提示申請或延展，但2016年修法後，商標權人只需提出一次提示申請，就可以獲得截至商標權期限屆滿前的提示保護。甚至，若商標權再經延展，也只需要就提示保護期間提出一次延展申請，就可以將提示保護期限延至新的商標權期限屆滿日止。這對於商標權人而言，相當節省勞費，值得商標權人關注利用。

參、邊境管制措施之相關法令規定

　　依現行商標法，我國的邊境管制措施有依申請查扣及依職權查扣兩種方式，申請查扣的相關規定訂在商標法第72條至第74條；依職權查扣，雖行之有年，但為2012年商標法才新增第75條為法律依據，業如前述。以下分就申請查扣及職權查扣之實施流程及相關法律規定作說明。

一、依申請查扣

（一）有侵害商標權的可能，即可申請查扣

商標權人對輸入或輸出之物品，認為有侵害其商標權之虞者，得申請海關先予查扣。（商標法第72條第1項參照）

2012年商標法將可申請查扣的標的，從「有侵害其商標權之物品」修正為「有侵害其商標權之虞者」，立法意旨在於「原條文文字易使人誤以為輸入或輸出之物品需確有侵害商標權之情事，然從第七十三條第一項第一款規定申請人須於海關通知受理查扣後十二日內提起訴訟，否則海關應廢止查扣的規定觀之，輸入或輸出之物品是否有侵害商標權之情事，須提起訴訟始得認定，故酌作文字修正。」

是以，申請查扣時，僅需申請人認為輸入或輸出物品，有侵害其商標權的可能，即足。

（二）申請查扣，應釋明侵害的事實，並提供擔保

申請查扣，應以書面釋明侵害之事實，並提供相當於海關核估該進口物品完稅價格或出口物品離岸價格之保證金或相當之擔保（商標法第72條第2項參照）。

依現行（2012年8月2日修訂）「海關查扣侵害商標權物品實施辦法」第2條規定：「商標權人對輸入或輸出之物品有侵害其商標權之虞者，應以書面向貨物進出口地海關申請查扣，並檢附下列資料：

一、侵權事實及足以辨認侵權物品之說明，並以電子檔案提供確認侵權物品之資料，例如真、仿品之貨樣、照片、型錄或圖片。

二、進出口廠商名稱、貨名、進出口口岸與日期、航機或船舶航次、貨櫃號碼、貨物存放地點等相關具體資料。

三、商標註冊證明文件。

前項申請如由代理人提出者，須另附代理證明文件。」

又「海關查扣侵害商標權物品實施辦法」第3條規定：「申請查扣有侵害商標權之虞之物品，應提供相當於海關核估該進口貨物完稅價格或出口貨物離岸價格之保證金或相當之下列擔保：

一、政府發行之公債。

二、銀行定期存單。

三、信用合作社定期存單。

四、信託投資公司一年以上普通信託憑證。

五、授信機構之保證。

前項第一款至第四款之擔保，應設定質權於海關。」

（三）申請人應在海關受理通知查扣之翌日起十二日內，提起侵權訴訟，並通知海關，否則海關應廢止查扣

商標法第73條第1項第1款規定：「有下列情形之一，海關應廢止查扣：一、申請人於海關通知受理查扣之翌日起十二日內，未依第六十九條規定就查扣物為侵害物提起訴訟，並通知海關者。……前項第一款規定之期限，海關得視需要延長十二日。……」

「海關查扣侵害商標權物品實施辦法」第5條規定：「商標權人向貨物進出口地海關申請查扣後，於海關通知受理查扣之翌日起十二日內，未依本法第六十九條規定就查扣之侵權貨物提起訴訟並通知海關者，海關應廢止查扣，如無違反其他通關規定，於取具代表性貨樣後，依有關進出口貨物通關規定辦理。前項期限，海關依本法第七十三條第二項規定，得視需要延長十二日。」

是以，商標權人申請查扣後，一旦獲得海關受理通知，必須

在十二日內，提起訴訟，並通知海關。需要時可再延長十二日。否則海關應廢止查扣。

（四）海關決定查扣時，應通知申請人及被查扣人。被查扣人得提出二倍擔保，請求廢止查扣

海關若認符合規定而實施查扣時，應以書面通知申請人及被查扣人（商標法第72條第3項參照）。被查扣人得提供二倍之保證金或相當之擔保，請求海關廢止查扣。（商標法第72條第3項及第4項參照）。

「海關查扣侵害商標權物品實施辦法」第4條規定：「海關就查扣之申請，經審核符合本法第七十二條規定者，應即實施查扣，並以書面通知申請人及被查扣人。查扣之申請須補正者，海關應即通知申請人補正；於補正前，通關程序不受影響。」

另，關於二倍保證金的規定，2003年修法時，此規定立法理由在於，海關依申請所為查扣，設計上著重商標權人行使侵害防止請求權之急迫性，並未對其實體關係作判斷，即查扣物是否為侵害物，尚不得而知。爰參酌民事訴訟法第527條、第530條第2項規定許債務人供擔保後撤銷假扣押，同法第536條規定有特別情形，亦得許債務人供擔保後撤銷假處分之精神，於第4項明定被查扣人亦得提供與第2項保證金二倍之保證金或相當之擔保，向海關請求廢止查扣；所定之二倍保證金，係作為被查扣人敗訴時之擔保。因被查扣人敗訴時，商標權人得依第61條之規定請求賠償，而賠償數額依第66條之規定，超過查扣貨物價值甚多，是以，若被查扣人未提供相當之擔保，隨即放行，則日後求償將因被查扣人業已脫產或逃匿而無法獲償，爰有斟酌被查扣人應提供之保證金額度，及查扣人權利之衡平，予以明定保證金為二倍。

（五）因查扣所生相關費用之負擔

1. 侵害商標權經法院判決確定者，被查扣人應負擔因查扣所生之相關費用

　　商標法第72條第5項規定「查扣物經申請人取得法院確定判決，屬侵害商標權者，被查扣人應負擔查扣物之貨櫃延滯費、倉租、裝卸費等有關費用。」

2. 查扣物經法院確定判決不屬侵害商標權之物者，申請人應負擔因查扣所生費用

　　第73條第1項第3款規定「三、查扣物經法院確定判決，不屬侵害商標權之物者。」海關應廢止查扣。同條第4項規定「查扣因第一項第一款至第四款之事由廢止者，申請人應負擔查扣物之貨櫃延滯費、倉租、裝卸費等有關費用。」故若廢止查扣的原因，是因為法院確定判決認為查扣物不屬侵權物，申請人即應負擔相關費用。

　　又，商標法第74條規定「查扣物經法院確定判決不屬侵害商標權之物者，申請人應賠償被查扣人因查扣或提供第七十二條第四項規定保證金所受之損害。」

　　是以，當查扣物最後經法院確定判決，認定不屬於侵權物，申請人應負擔之費用包括：（1）賠償被查扣人因查扣所受之損害（第74條）。（2）被查扣人因提供二倍保證金以廢止查扣所受的損害（第74條）。（3）查扣物之貨櫃延滯費、倉租、裝卸費等有關費用（第73條第4項）。

　　又依商標法第74條第2項規定，保證金的被擔保人，與質權人有同一之權利。但有關申請人或被查扣人應負擔之貨櫃延滯費、倉租、裝卸費等有關費用，應優先於申請人或被查扣人的損害受償。

3. 因其他可歸責於申請人之事由，申請人須負擔相關費用

商標法第73條第1項及第4項規定「有下列情形之一，海關應廢止查扣：

一、申請人於海關通知受理查扣之翌日起十二日內，未依第六十九條規定就查扣物為侵害物提起訴訟，並通知海關者。

二、申請人就查扣物為侵害物所提訴訟經法院裁定駁回確定者。

三、查扣物經法院確定判決，不屬侵害商標權之物者。

四、申請人申請廢止查扣者。

五、符合前條第四項規定者。……

查扣因第一項第一款至第四款之事由廢止者，申請人應負擔查扣物之貨櫃延滯費、倉租、裝卸費等有關費用。」

依據第73條第4項規定，第若是可歸責於申請人之事由，則由申請人即商標權人負擔相關費用，除前述經判決認定不屬於侵權物外，其他如申請人在海關受理查扣後，並未在十二日內提起訴訟；申請人所提訴訟經法院裁定駁回確定者；申請人自己申請廢止查扣者等，均應由申請人即商標權人負擔查扣相關費用。

（六）保證金的返還

商標法第74條第3項規定「有下列情形之一，海關應依申請人之申請，返還第七十二條第二項規定之保證金：

一、申請人取得勝訴之確定判決，或與被查扣人達成和解，已無繼續提供保證金之必要者。

二、因前條第一項第一款至第四款規定之事由廢止查扣，致被查扣人受有損害後，或被查扣人取得勝訴之確定判決後，申請人證明已定二十日以上之期間，催告被查扣人行使權利而未行使者。

三、被查扣人同意返還者。」

　　商標法第74條第4項規定「有下列情形之一，海關應依被查扣人之申請返還第七十二條第四項規定之保證金：

　　一、因前條第一項第一款至第四款規定之事由廢止查扣，或被查扣人與申請人達成和解，已無繼續提供保證金之必要者。

　　二、申請人取得勝訴之確定判決後，被查扣人證明已定二十日以上之期間，催告申請人行使權利而未行使者。

　　三、申請人同意返還者。」

　　依立法理由，此係參照民事訴訟法第104條規定而定，民事訴訟法第104條規定：「有下列各款情形之一者，法院應依供擔保人之聲請，以裁定命返還其提存物或保證書：

　　一、應供擔保之原因消滅者。

　　二、供擔保人證明受擔保利益人同意返還者。

　　三、訴訟終結後，供擔保人證明已定二十日以上之期間，催告受擔保利益人行使權利而未行使，或法院依供擔保人之聲請，通知受擔保利益人於一定期間內行使權利並向法院為行使權利之證明而未證明者。

　　關於前項聲請之裁定，得為抗告，抗告中應停止執行。」

　　申請人取得勝訴判決、兩造達成和解、廢止查扣，均為供擔保之原因消滅；申請人同意返還或被查扣人同意返還，均為受擔保利益人同意返還；申請人及被查扣人均可證明已訂二十日以上之期間，催告他造行使權利而未行使，而取回保證金。

二、職權查扣（依職權暫不放行措施）

（一）態樣範疇

　　依第75條第1項規定：「海關於執行職務時，發現輸入或輸出之物品顯有侵害商標權之虞者，應通知商標權人及進出口人。」

「海關執行商標權益保護措施實施辦法」於2012年訂定發布，復於2016年修正。其2012年之舊法條文第2條原規定「本法第七十五條第一項所稱執行職務，指有下列情形之一者：

一、商標權人檢舉特定進出口貨物侵害其商標權。

二、商標權人提示非特定進出口貨物有侵害其商標權之嫌。

三、其他機關通報進出口貨物有侵害商標權之嫌。

四、海關主動發現進出口貨物外觀顯有侵害商標權之嫌。」

雖然，2016年修正時，立法理由「海關依商標法（以下簡稱本法）第七十五條規定執行商標權益保護，尚無須區別執行職務之各種類型，爰予刪除。」但由舊條文，仍可看出，海關依職權採取暫不放行措施的情況可能有如下數種情形：

1. 檢舉

所謂檢舉，是指商標權人對於「特定」進出口貨物認為有侵害其商標權時，得向海關提出檢舉。

依「海關執行商標權益保護措施實施辦法」第6條規定「商標權人檢舉特定進出口貨物侵害其商標權時，應檢具下列資料向海關為之：

一、侵權事實及足以辨認侵權物品之說明，並以電子檔案提供確認侵權物品之資料（例如眞品、仿品之貨樣、照片、型錄或圖片等）。

二、進出口廠商名稱、貨名、進出口口岸及日期、航機或船舶航次、貨櫃號碼、貨物存放地點等相關具體資料。

三、商標權證明文件。

海關接獲檢舉時，應研判檢舉內容是否具體，如經受理，應通知商標權人；如不受理，應敘明理由通知商標權人。」

依「海關執行商標權益保護措施實施辦法」第7條規定「海

關於執行職務時，發現進出口貨物顯有侵害商標權之虞，應通知商標權人及進出口人。」其2016年立法理由明文「另本條所稱執行職務，舉例而言，包括：現行條文第二條及非商標權人檢舉特定貨物侵害商標權等相關海關執行職務之類型。」足見，「非商標權人」檢舉特定貨物爲侵權物之類型，亦爲職權查扣之實施範圍。

2. 提示

（1）提示保護的申請

　　「海關執行商標權益保護措施實施辦法」第2條規定「商標權人認進出口貨物有侵害其商標權之虞時，得檢具相關文件向海關申請提示保護。前項所稱提示保護，指商標權人在商標權期間內，向海關提示相關保護資料，經海關登錄智慧財產權資料庫之機制。」

　　2016年「海關執行商標權益保護措施實施辦法」修正時，明定提示申請的流程，應以爲一個註冊號數一個申請案。其第3條規定「商標權人申請提示保護，應以一商標註冊號數爲一申請案，檢具申請書及下列資料向海關爲之：

　　一、足供海關辨認眞品及侵權物特徵之文字說明。

　　二、足供海關辨認眞品及侵權物特徵之影像電子檔（例如眞品、仿品或眞仿品對照之照片或型錄等），且影像內容應爲經註冊指定使用之商品項目。

　　三、商標權證明文件。

　　四、聯絡方式資訊。

　　前項申請如經受理，海關應通知申請人；如不受理，應敘明理由通知申請人。」

（2）提示保護期間可延至商標權期限屆滿日止

　　「海關執行商標權益保護措施實施辦法」第4條規定「海關

核准之提示保護期間，爲自核准之日起至商標權期間屆滿日止。商標權經商標專責機關核准延展註冊者，商標權人得檢具延展證明文件，向海關申請延長提示保護期間至延展後之商標權期間屆滿日止。」

　　過去，「海關執行商標權益保護措施實施辦法」修正前，舊法第8條係規定「海關執行前項保護措施之期間，自海關核准受理之日起一年爲限，商標權人於期間屆滿前得更新資料向海關申請延長，每次延長期間爲一年；未申請延長者，應重新申請提示。」亦即，過去，商標權人必須每年提出提示申請，每次核准也只有一年，到期只能再申請延展一年。每年都必須提出申請。然爲降低申請成本及海關作業負擔，此次新修正的第4條，則改爲核准之提示保護期間，可至商標權期限屆滿爲止。若商標權再經延展，提示保護間，可因商標權人檢具延展證明文件申請延展提示保護期間，而將提示保護期間延至延展後之商標權期間屆滿日止，毋庸再次重新爲提示申請。

（3）終止提示保護期間

　　「海關執行商標權益保護措施實施辦法」第5條規定「有下列情形之一者，海關得提前終止提示保護期間：

　　一、海關依第三條第一項第四款之資訊，未能與商標權人或其代理人取得聯繫。

　　二、在中華民國境內無住所或營業所之商標權人，與代理人解除合約或有其他使代理關係消滅之事由，未符合第十四條第一項但書委任代理人規定。」

　　立法理由爲海關執行商標權保護措施，須由商標權人或代理人協力，方能完成。倘海關無法與已核准提示保護之商標權人或其代理人取得聯繫，致無法繼續執行本辦法所定保護措施時，有提前終止提示保護期間之必要，爰增訂提前終止提示保護期間之事由。

3. 其他於執行職務時發現仿品的情形

　　如前所述，依前開「海關執行商標權益保護措施實施辦法」2012年之舊法條文第2條原規定內容及第7條之2016年立法理由「另本條所稱執行職務，舉例而言，包括：現行條文第二條及非商標權人檢舉特定貨物侵害商標權等相關海關執行職務之類型。」等內容，足見，所謂執行職務，至少包含下列五種情況，惟理論上亦應不限於這些情況，只要疑似仿品在海關出現，無論海關人員如何知悉，應非所問：

　　（1）商標權人爲檢舉

　　（2）商標權人爲提示

　　（3）非商標權人爲檢舉

　　（4）其他機關通報

　　（5）海關主動發現

　　因此，職權查扣的實施情形，除了商標權人爲檢舉或提示外，也包括非商標權人爲檢舉、其他機關通報、海關主動發現等其他情況。

（二）職權查扣實施流程

1. 海關發現仿品，通知商標權人及進出口人進行認定

　　商標法第75條第1項規定「海關於執行職務時，發現輸入或輸出之物品顯有侵害商標權之虞者，應通知商標權人及進出口人。」

　　海關執行商標權益保護措施實施辦法第7條規定「①海關於執行職務時，發現進出口貨物顯有侵害商標權之虞，應通知商標權人及進出口人。」同條第3、4項並規定「③海關辦理第一項通知，得以言詞、書面、電話、電子郵件或傳眞爲之，並製作紀錄附卷。④海關辦理第一項通知時，如無法取得商標權人聯絡資

料，得請求商標專責機關協助於一個工作日內提供。」

2. 商標權人接獲通知，得請求海關提供照片檔案

　　海關執行商標權益保護措施實施辦法第7條第5項規定「商標權人接獲第一項通知後，得向海關申請提供疑似侵權貨物之照片檔案，作爲判斷是否至海關進行侵權與否認定之參考。但海關提供之照片檔案，不得作爲認定侵權與否之依據。」

　　此須特別說明，2016年修正理由爲「爲使商標權人獲得更完整資訊，並縮短判斷是否前往海關鑑定時程，俾迅速行使權利，爰增訂第五項，海關得依申請提供商標權人疑似侵權物照片。另依本法第七十五條第二項規定，商標權人應至海關進行侵權與否之認定，尚不能僅依海關提供照片認定眞僞，爰於第五項但書明定。」

　　在過去，商標權人的代理人一收到海關通知，究竟要否到海關進行侵權認定，代理人會立刻寫信詢問國外客戶，因爲海關只給三天期間，通常都非常緊急。但國內外聯繫不便，不一定每個國外客均能在隔天指示國內代理人決定是否要到海關認定。但國內代理人一旦要出差到海關認定，通常就會衍生交通費及律師費等相關費用，若未得到國外代理人確切指示，也很難立即同意至海關認定。此時，海關提供疑似侵權物之照片檔案，就至關重要。若海關可以在通知國內代理人時，就提供照片，則國內代理人在報告時就可同時將照片傳送給國外客戶，讓國外客戶決定是否指示代理人到海關進行認定。但在過去，並不是每個海關都同意寄照片，很多時候必須由國內代理人涉法與海關承辦人交涉溝通，有時還是會遇到海關承辦人不同意提供照片的情況。這些海關人員可能因爲曾經提供照片認定眞仿品導致爭議，所以不願提供，導致每個海關承辦人作法可能不同。現在海關執行商標權益保護措施實施辦法第7條第5項明文規定，商標權人得向海關人員要求提供照片，等於有了明文的法源依據，運作上應會更順

利。

3. 商標權人限期至海關認定並應提出侵權事證，而進出口人應限期至海關認定並提出無侵權證明文件

　　商標法第75條第2項規定「海關為前項之通知時，應限期商標權人至海關進行認定，並提出侵權事證，同時限期進出口人提供無侵權情事之證明文件。但商標權人或進出口人有正當理由，無法於指定期間內提出者，得以書面釋明理由向海關申請延長，並以一次為限。」

　　海關執行商標權益保護措施實施辦法第7條第2項規定「商標權人及進出口人自接獲前項通知之時起，依下列程序辦理：

　　一、空運出口貨物，商標權人應於四小時內，空運進口及海運進出口貨物，商標權人應於二十四小時內至海關進行侵權與否之認定，並於三個工作日內提出侵權與否事證。但有正當理由，無法於期限內提出者，應於該期限屆滿前，以書面釋明理由向海關申請延長三個工作日，且以一次為限。

　　二、進出口人應於三個工作日內提出無侵權情事之證明文件。但有正當理由，無法於期限內提出者，應於該期限屆滿前，以書面釋明理由向海關申請延長三個工作日，且以一次為限。」

4. 商標權人有提出侵權事證後，若進出口人未提無侵權事證，海關得採行暫不放行措施，並移送至司法機關；若進出口人有提出無侵權事證，商標權人應進行申請查扣之程序

　　商標法第75條第3、4、5項規定「③商標權人已提出侵權事證，且進出口人未依前項規定提出無侵權情事之證明文件者，海關得採行暫不放行措施。④商標權人提出侵權事證，經進出口人依第二項規定提出無侵權情事之證明文件者，海關應通知商標權人於通知之時起三個工作日內，依第七十二條第一項規定申請查扣。⑤商標權人未於前項規定期限內，依第七十二條第一項規定申請查扣者，海關得於取具代表性樣品後，將物品放行」

海關執行商標權益保護措施實施辦法第8條規定「經商標權人依前條認定進出口貨物有侵害商標權情事，並提出侵權事證時，海關應依下列程序辦理：

一、進出口人未於前條第二項第二款規定期限內提出無侵權情事之證明文件，涉有違反本法第九十五條或第九十七條規定者，應將全案移送司法機關偵辦。

二、進出口人於前條第二項第二款規定期限內提出無侵權情事之證明文件者，應即通知商標權人自接獲通知之時起三個工作日內，得依本法第七十二條第一項規定申請海關先予查扣貨物。

商標權人未於前項第二款規定期限內，申請海關先予查扣，如查無違反其他通關規定，海關得取具代表性貨樣後，依有關進出口貨物通關規定辦理。」

5. 商標權人未提出侵權事證，海關得予放行

海關執行商標權益保護措施實施辦法第9條規定「海關執行前二條規定之商標權保護措施，有下列情事之一，且無違反其他通關規定者，應依有關進出口貨物通關規定辦理：

一、海關無法與商標權人取得聯繫，或未能於第七條第四項規定期限內取得商標權人聯絡資料，致未能通知商標權人。

二、商標權人未依第七條第二項第一款規定期限內至海關進行侵權與否之認定。

三、商標權人未依第七條第二項第一款規定期限內提出侵權與否事證。

四、進出口貨物經商標權人認定無侵害商標權情事。」

足見，只要是商標權人未提出侵權事證，無論是因為海關聯繫不到商標權人，或是商標權人未依限至海關進行認定，或商標權人未依限提出侵權與否事證，或最後商品經商標權人認定為真品等，海關得予放行。

6. 小結

綜上所述，海關在執行職務時發現仿品，應通知商標權人及進出口人。除非空運出口貨物要在4小時內，其餘情形商標權人均須在24小時內到海關進行認定。商標權人並應在三個工作天內提出侵權與否的事證。但有正當理由者得延長一次。進出口人則應在三個工作日內，提出無侵權證明文件。但有正當理由得延長一次。

若商標權人已提出侵權事證，而進出口人未提出無侵權事證，則海關將全案移送司法機關偵辦；若商標權人已提出侵權事證，而進出口人也提出無侵權事證，海關應該通知商標權人在三日內，依第72條第1項規定，申請查扣貨物。若商標權人未於三日內申請查扣者，海關得取具代表性貨樣後放行。

另，若海關無法與商標權人取得聯繫，或者商標權人未依限至海關作認定，或商標權人未提出侵權與否事證，或進出口貨物經商標權人認定並無侵權情事，則得依有關進出口貨物通關規定辦理，無其他不法情事者，得予放行。

三、申請檢視查扣物及提供進出口人、收發貨人之姓名或名稱、地址及疑似侵權物品之數量等資料

商標法第76條規定「①海關在不損及查扣物機密資料保護之情形下，得依第七十二條所定申請人或被查扣人或前條所定商標權人或進出口人之申請，同意其檢視查扣物。②海關依第七十二條第三項規定實施查扣或依前條第三項規定採行暫不放行措施後，商標權人得向海關申請提供相關資料；經海關同意後，提供進出口人、收發貨人之姓名或名稱、地址及疑似侵權物品之數量。③商標權人依前項規定取得之資訊，僅限於作為侵害商標權案件之調查及提起訴訟之目的而使用，不得任意洩漏予第三人。」

　　本條為2012年商標法修正，參考國外立法例，允許海關依權利人之申請，在不損及查扣物機密資料保護之情形下，依申請人或被查扣人之申請，准其檢視查扣物，以協助確定是否為侵害商標權物品。足見，得申請者為涉案之當事人，第三人不能申請。第2項則是為便利商標權人向輸出入侵害其商標權貨物之人提起民事侵權訴訟，以特定侵害商標權之人及其侵權事實。增訂之第3項理由在於，商標權人雖得依第2項規定向海關申請提供進出口人、收發貨人之姓名或名稱、地址及疑似侵權物品數量之資料。惟本質上，前揭資料仍屬依法應守秘密之事項，基於國際法制調和化之需求，限定使用目的為調查侵權事實或提起訴訟所必要，爰明定商標權人不得任意洩漏該資料予第三人之法定義務；如有違反，自應負民事上之損害賠償責任，及刑法第317條洩漏業務上知悉工商秘密罪之刑事責任。

　　另，因進出口人、收發貨人之姓名或名稱、地址及疑似侵權物品之數量等資料，每每涉及該批貨物是否為侵權品之認定，許多國外客戶只要查核該進出口人是否合法授權廠商，即可判定是否為仿品，故該等資料之提供，對商標權人認定是否仿品也很重要。惟因過去無法源依據，海關通常不願提供給商標權人，增加認定之困難。現既有商標法第76條之規定，商標權人當有法源依據可向海關承辦人請求提供。

四、申請借調貨樣

　　商標法第77條規定：「①商標權人依第七十五條第二項規定進行侵權認定時，得繳交相當於海關核估進口貨樣完稅價格及相關稅費或海關核估出口貨樣離岸價格及相關稅費百分之一百二十之保證金，向海關申請調借貨樣進行認定。但以有調借貨樣進行認定之必要，且經商標權人書面切結不侵害進出口人利益及不使用於不正當用途者為限。②前項保證金，不得低於新台

幣三千元。③商標權人未於第七十五條第二項所定提出侵權認定事證之期限內返還所調借之貨樣，或返還之貨樣與原貨樣不符或發生缺損等情形者，海關應留置其保證金，以賠償進出口人之損害。④貨樣之進出口人就前項規定留置之保證金，與質權人有同一之權利。」

　　其立法意旨在於「依『海關配合執行專利商標及著作權益保護措施作業要點』之規定，海關經檢舉、提示、其他機關通報或海關主動執行商標權邊境保護措施時，發現輸入或輸出之物品顯有侵害商標權之虞者，海關即通知商標權人限期至海關進行侵權認定，於三日內提出侵權證明文件，並可展延一次。惟部分物品侵權認定困難，商標權人有向海關調借貨樣進行侵權認定之必要，爰參照美國、歐盟、日本等國之立法例，允許權利人提供保證金向海關申請調借貨樣進行侵權認定，增訂本條之規定。」至於第1項但書之立法理由則為「海關為秉持公平立場依法行政，且避免介入商標權人與進出口人間之私權紛爭，於審酌商標權人調借貨樣之必要性，且經商標權人書面切結不侵害進出口人利益及不使用於不正當用途後，始提供貨樣予商標權人。」

肆、邊境保護措施的利用及實務上執行情形

一、邊境保護措施之利用

　　商標權人在台灣的查緝仿冒行動，若能善加利用台灣官方的制度，則能以最節省勞費，最有效益的方式，達到打擊仿冒的效果。目前官方另有智慧財產警察的制度，保護智慧財產權大隊承辦人員會定期不定期去市面上搜羅仿品，並通知商標權人之台灣代理人，商標權人只需提供侵權或不侵權的鑑定結果，後續不一定要參予訴訟程序。若商標權人不打算參與，保智大隊仍會逕行

移送地檢署偵辦，除非檢方有需要要求商標權人協助部分程序，否則商標權人能毋庸出面，最後仍能收到打擊仿冒的效果。若商標權人希望參予程序或想進一步提民事訴訟求償，也可積極參予程序，可謂進可攻退可守。

　　海關這部分的邊境保護措施，其效益，大致也是如此。只要商標權人將註冊資料提示給海關，海關在通關檢驗時便可注意到註冊商標的存在，進而依程序查緝仿冒。因此，非常建議在台灣有取得註冊商標之商標權人，採取下列步驟：

（一）申請取得商標註冊

　　台灣商標法仍採註冊主義，故希望在台灣保護其商標之商標權人，必須先申請商標並獲准註冊，才可能受到台灣商標法的保護。

（二）將商標註冊資料申請提示於海關

　　商標註冊後，只須向海關申請提示，海關便會將註冊資料輸入資料庫，海關人員在通關驗貨時便可查緝仿品。目前向海關申請提示，只會衍生國外客戶委託國內律師或代理人代辦的酬金。但此酬金相較於商標權人自行在台灣委請徵信社調查之費用，少了很多。而且，過去，申請提示只能獲准一年期的保護，且必須每年延展，但新「海關執行商標權益保護措施實施辦法」2016年修正後，只需提出一次申請，獲准的提示保護期限可以到商標權期限屆滿時。若商標權經延展，針對提示保護期限也只需申請延展一次就可再保護十年至商標權期限屆滿為止，可說相當便利。

　　至於，若商標權人針對特定的通關貨物，懷疑認為是仿品時，也可以檢舉，或提供擔保申請查扣。但因檢舉時必須提供貨櫃及船期等資訊，一般商標權人不易知悉，實不若將註冊商標提供給海關人員，讓海關人員於通關時查緝更有效益。

（三）教導台灣代理人初步認定真仿品

對於國外商標權人，維權的最大費用，應在真仿品的認定及聯繫。但若國外商標權人能在台灣找到一個固定的代理人，並教導代理人如何辨識，則代理人在第一時間接獲海關通知時，即可初步判斷是否為仿品，然後決定要不要報告國外客戶或到海關認定。如此，便可相當程度減少認定的勞費。

（四）建立仿品認定的SOP流程

海關通知後，商標權人必須提供是否侵權鑑定報告，此等程序可在台灣代理人與國外客戶承辦單位間建立SOP流程，以最迅速並有效益的方式，提供鑑定報告給海關。後續何等案件國外客戶需要繼續參與或不參與，也可訂定一定的標準，供代理人據以執行。

（五）海關移送司法機關後，可以視案情與被告和解或提起附帶民事訴訟

雖然協助海關進行真仿品的鑑定，會衍生委請台灣代理人的律師費或代理費等費用，但類此案件，一旦海關移送司法機關後，被告為求緩起訴或緩刑，通常會希望與商標權人和解，商標權人此時便可請求和解金額以補償律師費或代理人費用，有時和解金也可能高於律師費或代理費。如此一來，商標權人在台灣的查緝仿冒及維權行動，可說是毋庸花費。

縱使被告不和解，商標權人也可能提出附帶民事訴訟求償，刑事的附帶民事訴訟是毋庸繳裁判費的，但勝訴後仍能據以強制執行被告之財產。

當然，多數商標權人在此查緝仿冒行動，聚焦的重點不會是和解金，而是要求被告承諾不再仿冒，以便遏止仿冒。此時和解契約中通常會約定高額懲罰性違約金，以遏止被告再犯。

二、海關查扣與不查扣的法律效果

　　另外，如前所述，海關並不對侵權與否做認定，故海關縱予放行，不代表不侵權。甚且，縱使刑案認定不侵權，民事部分仍可能認定為侵權。智慧法院104年度民商上字第13號可資參照：「上訴人辯稱財政部關務署台中關於104年7月15日查獲上訴人中陽公司進口有註冊第1370394號商標圖樣之運動鞋乙批，智慧局已認定該批運動鞋並無侵害被上訴人之系爭商標圖樣，故該批貨物才被放行云云。惟查：（1）財政部關務署台中關於104年7月間查獲上訴人中陽公司進口之運動鞋乙批（報單號碼：DA/04/FX70/0011），因海關人員認為該運動鞋疑似仿冒使用被上訴人之系爭商標圖樣，故依法發函要求被上訴人派員至該關進行認定程序。同時，海關人員亦依法要求上訴人於期限內提出授權文件或其他無侵權情事，上訴人遂依海關要求提供其第1370394號註冊商標資料予海關。因上訴人提出其認為無侵權之證明給海關，海關依商標法第72條第2項規定函文要求被上訴人應於三個工作日內，以書面釋明侵害之事實，並提供保證金向海關申請查扣。惟被上訴人因上述三日工作期限太短，致被上訴人未能於期限內提供保證金向海關申請查扣，海關人員始將該批貨物取樣後放行，為被上訴人所自承。（2）又財政部關務署台中關以104年12月31日中普業一字第1041021113號函覆本院，該函說明第2點明確表示：『……本關係依據經濟部智慧財產局104年7月31日智商字第10400052950號函釋意旨，依商標法第75條第4項規定通知商標權人新巴倫斯運動鞋公司（即被上訴人）申請查扣，惟該公司（即被上訴人）未於期限內向本關申請查扣，本關遂依商標法第75條第5項及海關執行商標權益保護措施辦法第6條第2項規定，取具代表性貨樣後，將貨物放行。另本案本關無對進口人（即上訴人）實際是否侵權進行判斷，併此敘明。』（外放於本院證物袋）可見，上述智慧局104年7月31

日智商字第10400052950號函釋意旨，係就台中關是否應續行商標法第75條第4項規定表示意見，並非針對個案即該次進口貨物認定無侵害被上訴人之商標權。則上訴人以上述智慧局之函釋說明第四點後段：『……惟兩造所執司法機關見解既有歧異，貴關（即台中關）自得判斷無『顯有侵權之虞』，依第75條第4項規定，應續行通知乙公司（即被上訴人）依第72條第1項規定申請查扣……』等語辯稱智慧局已做成無侵權之認定，顯屬無據。（3）上開台中關案件雖經台灣台中地方法院檢察署檢察官為不起訴處分，並經台灣高等法院檢察署智慧財產權分署為駁回再議聲請處分而告確定，惟如前述，刑事訴訟所調查之證據及所認定之事實，於獨立之民事訴訟程序並無拘束力，且上開刑事處分均認定『上訴人中陽公司使用於該案運動鞋上之圖樣與被上訴人系爭商標圖樣相較，整體有N字型印象』，則是否應認與被上訴人系爭商標圖樣構成近似，較為妥適，惟該處分以上訴人使用於該案運動鞋上之圖樣並無N字型內中空或橫式線條情形，而認定與被上訴人系爭商標圖樣有異，且未就上訴人中陽公司聲請該註冊商標是否善意等因素為判斷，足見上開刑事處分就構成二商標近似及混淆誤認之虞之判斷，並未審酌，其處分理由亦不能拘束本院。5.上訴人辯稱原審判決漏未斟酌上訴人於原審提出有關台灣高等法院檢察署智慧分署103年度上聲議字第98號刑事駁回再議處分書、台灣士林地方法院103年度聲判字第17號刑事駁回交付審判裁定書等認定有利於上訴人之事實等情，原審判決有判決不備理由與適用法令不當之違法。惟查，刑事訴訟所調查之證據及所認定之事實，於獨立之民事訴訟程序並無拘束力。原審已斟酌上訴人提出上述刑事裁定等，並就上訴人使用於系爭商品上之圖樣是否與被上訴人系爭商標圖樣近似而有致消費者混淆誤認之虞之爭點，本於調查結果，並綜合全辯論意旨，認定上訴人使用於系爭商品上之圖樣與被上訴人系爭商標圖樣構成近似，且有使消費者致生混淆誤認之虞，則原審判決本得不受刑事訴訟所認定事

實之拘束。職是,上訴人主張原審對其有利事實及證據未予調查
斟酌,容有誤會。」

又法院在判決時,也可能把海關查扣的事實作為量刑的標
準之一,例如103年度刑智上易字第73號「又該商品未及賣出即
遭海關查獲,犯罪所生損害尚未擴,大復考量被告無前科,此有
台灣高等法院被告前案紀錄表1份在卷可稽,且其為一般市井平
民,對侵害智慧財產權之違法意識不高,突生此事,難免為己辯
護而否認犯罪等一切情狀,量處如主文所示之刑,並諭知如主文
所示易科罰金之折算標準,以資警惕。」可資參照。

三、實務上執行情形

依據「貫徹保護智慧財產權行動方案」107年度各機關列管
追蹤表內容,商標邊境保護措施執行情形如下:

加強執行商標權物品進、出口邊境管制作業。	【財政部關務署】 1. 107年查獲進口貨物侵害商標權案件共273案,侵權貨物件數共118,636件。 2. 107年查獲出口貨物侵害商標權案件共2案,侵權貨物件數共8,947件。 3. 107年查獲出口貨物商標申報不實案件計204案。
海關提供侵權資訊及調借貨樣等商標權保護措施之執行情形。	【財政部關務署】 1. 107年商標權人申請提供侵權資訊案件共12案。 2. 107年商標權人申請借調貨樣案件共9案。
海關受理商標權及著作權檢舉／提示保護案件之執行情形。	【財政部關務署】 107年受理商標權提示保護案件共163案;受理延長提示保護案件共41案;受理更新資料案件共152案。

(資料來源:智慧局網站https://www.tipo.gov.tw/lp.asp?CtNode=7682&CtUnit
=3763&BaseDSD=7&mp=1)

伍、結語

　　商標權的內涵有二，使用權及排他權。取得商標註冊後，除了取得法律賦予之商標使用權外，尚取得排除第三人使用的權利。我國商標法所定的邊境管制措施，提供了商標權人便捷且節省勞費的行使排他權方式，商標權人若能善加利用，便能達到遏止仿冒之目的。

第三部

智慧財產權管理

9

如何成功迴避設計避免專利侵權

萬國法律事務所專利經理　陳建銘

壹、前言

　　隨著中美貿易戰的開打，智慧財產權的議題便是中美貿易衝突的焦點之一，而台灣產業受到這場貿易戰火的延燒，也都在苦思提出因應策略。雖然台灣企業早年面臨專利糾紛而興訟的事件，時有所聞。所以，即使每年必須編列龐大的預算而增加研發成本，積極申請專利已成為企業維繫競爭力的基本要求，但是積極申請專利未必能使研究開發的新產品避免侵害專利權，尤其是在高密度申請專利權的技術領域中，面對競爭對手的專利佈局，台灣企業對於新產品的開發如何迴避設計避免專利侵權，以降低企業的營運風險，已成為近年來企業經營的重要課題。

　　儘管企業經營難免會面臨專利侵權糾紛的發生與專利權人索取授權金的談判，不過如何在這些經營危機中設立停損點是很重要的。因此，面對既存的專利權威脅下，新產品的迴避設計（Design Around）成功與否關乎日後被主張侵權與被要求授權的可能；此外，已在市場產銷的產品面臨專利侵權糾紛，如何以最少的變更設計來降低額外增加的產製成本，並且達到有效的迴避設計而在最短的時間來持續推出產品的行銷，改變侵權賠償的計算基礎與範圍，也是進行迴避設計所要考量的重要因素。筆者基於參與諸多專利權侵害訴訟之過程與執行專利侵害分析之工作的實務經驗，而提出進行迴避設計所需考量的事項，並藉由案例之探討，思考如何從掌握侵權判斷的爭點來執行有效的迴避設計，將是本文所要探討之課題。

貳、迴避設計與侵權判斷

　　迴避設計係指，改良或變更被指控的產品技術，使其不再繼續實施一既存專利請求項之技術特徵、方法或必要技術元件，或

者為了使產品獲得一既存專利之功能或功效而分析該專利的請求項，使其非依原專利請求項之技術特徵、方法或必要技術元件實施產品技術。前者的狀況通常發生在專利訴訟期間為損害賠償的可能性設立停損點，或發生在授權談判期間以限制授權金的產品計算總量，為爭取有利的談判籌碼；而後者的狀況通常發生在產品研發期間為提升產品性能或升級而避免侵害專利權。此外，有些迴避設計係針對公開專利說明書之請求項為迴避對象，但是公開專利說明書之請求項並非有效的權利請求項，且公開專利公報的請求項通常為專利申請案的原始請求項，經審查後原始請求項面臨修正的機會很大，因此，此種迴避設計的結果並不能作為排除侵權的依據，並非本文所探討之案例。

迴避設計的目的是為了達到避免侵害既存專利之權利請求項，而這目的與如何判斷侵權，以及侵權理論有密切的關係。所以，針對各國的有效專利進行迴避設計時，為了達到上述目的，迴避設計的結果應由授予該專利權之國家的專利代理人以該國的專利訴訟實務來評估判斷是否侵權，並且忌諱由參與迴避設計之人員來完成非侵權意見。

依我國專利侵害鑑定參考資料的發展歷程來看，早期從85年公告的「專利侵害鑑定基準」，到93年取而代之的「專利侵害鑑定要點」，再到105年大幅修改架構的「專利侵權判斷要點」，其中發明、新型專利侵權判斷流程修改重點包含：簡化判斷流程並刪除「逆均等」之判斷步驟；新增「前言」、「含有非結構特徵之新型專利請求項」及「製法請求項直接製成之物」等之解釋方式；新增「手段（或步驟）功能用語請求項」之侵權判斷方式；將「全要件原則」由「文義讀取」之前判斷，改列至「適用均等論」時判斷；均等論之限制事項由「禁反言」及「先前技術阻卻」二項，另增加「全要件原則」及「貢獻原則」二項；以及配合美國Festo案之判決，修改「申請歷史禁反言」之判斷方式。

第一圖為專利侵權判斷要點所揭示的發明、新型專利侵權判斷流程圖。依流程分為兩階段：1.解釋請求項與解析被控侵權對象；及2.比對解釋後請求項之技術特徵與被控侵權對象之技術內容，第一階段係為界定專利權人主張的權利請求項的技術範圍，第二階段則基於第一階段所界定的技術範圍來比對被控侵權對象的技術內容。

在進入第二階段的比對工作之前，關於法院審理的原則，係先確認兩造之訴訟爭點，釐清待證事實，始就該待證事實為判斷，如此方能針對侵權核心問題加以釐清。因此，迴避設計的基

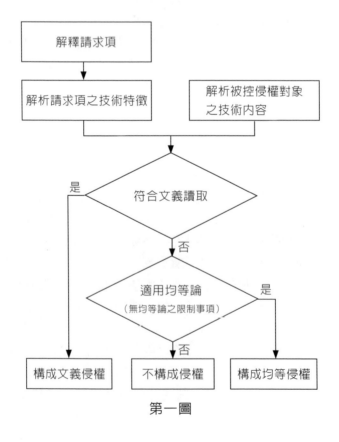

第一圖

礎若能掌握法院審理解釋請求項之訴訟爭點，尤其是專利權人所主張關於被控侵權產品的待證事項，也就有助於掌握產品迴避設計的重點，藉以限縮產品變更設計的範圍來降低額外增加的產製成本。

　　第二階段的比對工作所運用的侵權理論包含：全要件原則（All-elements Rule）、文義讀取（Literally Read On）、均等論（Doctrine of Equivalents）、申請歷史禁反言（Prosecution History Estoppel）、先前技術阻卻以及貢獻原則，而了解這些侵權理論則有助於掌握產品迴避設計的變更程度，例如：變更請求項所載必要技術元件或使用非均等技術元件取而代之，俾使迴避設計的結果在專利侵權判斷中獲得有利認定。

　　依專利侵權判斷要點，所謂「全要件原則」，係指被控侵權對象應包含經解析權利請求項的每一技術特徵，無論是相同的技術特徵或均等的技術特徵，必須出現（present）或存在（exist）於被控侵權對象中，被控侵權對象始可判斷構成侵權，其中由「文義讀取」判斷被控侵權對象是否以解釋請求項後相同的文義表現，由「均等論」判斷被控侵權對象中未表現相同的技術特徵是否以均等的技術特徵表現，而均等的技術特徵的判斷方式實務上採三部測試（triple identity test），若被控侵權對象對應之技術內容與權利請求項的技術特徵係以實質相同的方式（way），執行實質相同的功能（function），而得到實質相同的結果（result）時，應判斷兩者無實質差異，應為均等技術。所謂「實質相同」，係指二者之差異為該發明所屬技術領域中具有通常知識者能輕易完成或顯而易知者。

　　至於，「申請歷史禁反言」、「先前技術阻卻」與「貢獻原則」於專利侵權判斷流程中，係在認定被控侵權對象已表現均等的技術特徵之後才進行判斷，而且關乎法院對申請歷史資料與先前技術的解讀，所以迴避設計的結果若要靠「申請歷史禁反言」、「先前技術阻卻」與「貢獻原則」判斷中獲得有利認定，

則成功的機會已大幅的降低。因此，產品迴避設計主要將關注在變更產品對應的技術內容，使其不同於權利請求項所載之技術特徵，而在「符合文義讀取」的判斷獲得「否」的結果，且對應的技術內容未表現相同的技術特徵，在「適用均等論」判斷為「否」的結果。

　　此外，是否「適用均等論」涉及三部測試在功能、方式與結果的判斷。因此，迴避設計的程度若為變更產品實施非均等技術，則必須能準確並有依據地說明權利請求項之技術特徵係以何種的方式，達成何種的功能，而產生何種的結果，如此實施的非均等技術方能在對應的方式或功能或結果上認定為「實質不相同」而獲得支持。

　　成功的迴避設計能避免專利侵權，換言之，迴避設計的產品在走完專利侵權判斷流程所獲得的結果是「不構成侵權」。如第一圖所示的判斷流程，獲得「不構成侵權」結論的條途徑，就是「符合文義讀取」判斷為「否」，且「適用均等論」判斷為「否」。換言之，迴避設計的策略應優先考量如何達到未符合文義讀取之技術手段。

參、迴避設計的考量事項

　　迴避設計的結果必須經由侵權判斷來認定，所以迴避設計的進行除了基本的確認與調查的工作之外，重點仍在使迴避設計產品能在侵權判斷上獲得有利議題的認定上。以下各事項為迴避設計時所應考量的事項：

一、專利有效性的確認

　　專利權具有區域性及保護期間，專利權人所取得的專利

權，僅在授予該專利權之國家境內及一定期間內始受該國法律的保護。既然迴避設計的目的是避免侵害既存專利權，所以確認專利有效性則是迴避設計進行的首要工作，而且，專利有效性的確認當然係向授予該專利權之國家的專利局查詢。目前，各國專利局大都藉由繳納年費的制度來維持專利有效性，雖然發明專利權的屆滿日期由申請日起算二十年，但專利權人是可以選擇地逐年繳納或一次繳數年來維持專利有效性。

二、申請歷史資料與專利權維護過程的閱卷

申請歷史資料係指專利申請至准予專利期間所為之補充、修正文件、更正文件、申復書及答辯理由書或其他相關文件等。這些文件都是專利權人為了取得專利權而對審查委員所提的先前技術加以說明。倘若專利權人係經行政救濟程序取得專利權，則申請歷史資料可進一步包含訴願理由書與行政訴訟起訴狀等。一旦公告，任何人皆可向專利局申請閱卷取得申請歷史資料。在侵權判斷流程中，申請歷史資料也是解釋申請專利範圍的內部證據。因此，取得申請歷史資料將有助於在迴避設計時掌握申請專利範圍的技術特徵與先前技術間的關係。

專利權維護包含異議程序、舉發程序或專利無效程序，專利權人會為了維護專利權而對舉發人或異議人所提的證據加以答辯，也就是說明申請專利範圍的技術特徵與先前技術的差異與不同。根據我國專利閱卷作業要點，雖然異議案或舉發案的閱卷僅為異議人、被異議人、舉發人、被舉發人或其代理人或利害關係人，而按閱卷申請實務，申請人提出專利權人的民事起訴狀、警告信函為證明文件，足以證明該專利權對其權利或利益有影響之關係，而取得利害關係人之身分，即可申請所有的異議案與舉發案的閱卷。

三、專利家族與先前技術的再調查

專利權取得案爲屬地主義,所以專利權人針對同一技術申請各國所取得的專利案即爲專利家族(Patent Family)的成員。雖然迴避設計係針對一既存的專利權,但調查該專利的他國對應案有助於新的先前技術的發現,尤其比對專利家族中,各國准予專利之申請專利範圍的差異,可了解他國專利之申請專利範圍限縮是否有利於迴避設計過程中對權利請求項之技術範圍的界定,進而從他國專利之申請歷史資料閱卷,以找尋足以限縮迴避設計之系爭專利權技術範圍的先前技術。

四、申請專利範圍的技術思想或上位概念

在侵權判斷流程中,申請專利範圍的解讀係爲正確解釋申請專利範圍之文字意義,以合理界定專利權的技術範圍。而爲了迴避設計的進行,申請專利範圍的解讀除了要合理界定專利權的技術範圍之外,應進一步探索出申請專利範圍的技術思想或專利技術之上位概念,如此有助於突破申請專利範圍而發展出不同的技術手段。

申請專利範圍的技術特徵除了包含先前技術之外,必然包含賦予該申請專利範圍具有專利要件的技術特徵,且掌握此技術特徵在迴避設計中可藉以鎖定產品技術與其關聯的部分,進而改變實施該部分的技術手段使產品脫離文義的表現。如果考量此技術特徵賦予產品的作用功效是產品不可或缺的一部分而予以保留,則嘗試由先前技術中尋求替代的技術手段來實施此技術特徵,係希望藉由先前技術的技術手段來阻卻此技術特徵適用均等論的可能性。此外,置換或變更申請專利範圍中關於先前技術的技術手段使其脫離文義的表現,是迴避設計的另一途徑。

五、侵權判斷的實務認定

　　既然迴避設計成功與否須經由侵權判斷來檢視，因此，對授予該專利權之國家的法院在侵權判斷上的實務認定也是應掌握的事項。例如，各國的侵權理論與實務有區分「中心界定主義」與「周邊界定主義」，這對解析請求項的各要件時，專利說明書的具體實施例能被參考解釋的程度有所關聯；又均等論的適用涉及擴張申請專利範圍的解釋，這反應授予該專利權之國家的法院實務對專利權人的保護程度，在均等判斷時點上到底該採專利申請日（或主張之優先權日）、專利公開日、專利公告日、或是以侵權行為發生時，作為判定之時間點；再者，均等論適用之判斷條件是否如美國實務的三部測試—「為達成實質相同的功能（Function），以實質相同的技術手段（Way），而產生實質相同的結果（Result）」來認定，或者以「置換可能性」與「置換容易性」來認定。

肆、案例探討

　　在此案例中，作為迴避設計所要探討的專利為美國發明專利第4,659,290號，發明名稱為「風扇速度控制器／Fan Speed Controller」，該美國發明專利揭露一種風扇速度控制器，直接安裝於一風扇上，藉由感測排風的溫度來控制風扇速度散熱電子設備，以固定電位控制信號與隨溫度變化的可變電位控制信號來執行「邏輯或／OR」的功能，而使風扇速度在超過一預設的最低速度後，風扇速度才隨溫度變化而受到控制。准予的申請專利範圍（claim）僅一獨立項，系爭請求項1如下所示：

1. A fan speed controller suitable for controlling a motor-driven fan for cooling heat dissipating electronic equipment, said

controller comprising:

　　electronic power control means responsive to an input signal level for varying the energization of the fan motor;

　　means for generating a **fixed level control** signal corresponding to half maximum fan speed;

　　means, including an air temperature sensing element responsive to the temperature of exhaust air leaving the equipment, **for generating a variable level control signal** corresponding to the temperature of the exhaust air propelled by said fan;

　　OR circuit means operative to generate an output signal substantially equal to the greatest of any input signal applied thereto, said fixed and variable control signals being applied to said OR circuit as inputs with said OR circuit means output signal being applied to said power control means as the input signal level, whereby, above half maximum, fan speed is controlled in a closed loop as a function of air temperature in a sensed tending to hold exhaust air temperature constant.

　　而此案例中，系爭侵權產品為一中央處理器風扇控制器，該風扇控制器用以控制一安裝於中央處理器之直流風扇的轉速。當中央處理器開始運作，直流風扇以半速運轉散熱中央處理器，並在中央處理器排出的溫度超過一預設值後，直流風扇的轉速才開始隨溫度的上升逐漸提升。系爭侵權產品的電路圖如第二圖所示。

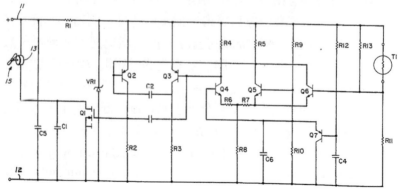

第二圖

一、解釋請求項

依專利侵權判斷要點，請求項之技術特徵的記載符合下列三項條件者，即認定爲手段功能用語技術特徵：

（一）使用「手段（或裝置）用以（means for）……」之用語記載技術特徵。

（二）「手段（或裝置）用以……」之用語中必須記載特定功能。

（三）「手段（或裝置）用以……」之用語中不得記載足以達成該特定功能之完整結構、材料或動作。

於解釋以手段功能用語表示之技術特徵時，應包含說明書中所述對應於該功能之結構、材料及其均等範圍。

系爭請求項1所載「**means for generating a fixed level control signal** corresponding to half maximum fan speed」與「**means for generating a variable level control signal** corresponding to the temperature of the exhaust air propelled by said fan」符合上述三項條件，應認定爲手段功能用語技術特徵。因此，解釋前者技術特徵應包含於說明書中所述對應於「**generating a fixed level control signal** corresponding to half maximum fan speed」功能之結構，係爲電阻R7、複數二極體CR7,8,9,10及電阻R8在整流的電壓下於串聯電路之間產生固定電位控制信號，如第三圖所示；而解釋後者技術特徵應包含於說明書中所述對應於「**generating a variable level control signal** corresponding to the temperature of the exhaust air propelled by said fan」功能之結構，係爲熱敏電阻T1與電阻R12在整流的電壓下於串聯電路之間產生隨排風溫度變化的可變電位控制信號，如第三圖所示。

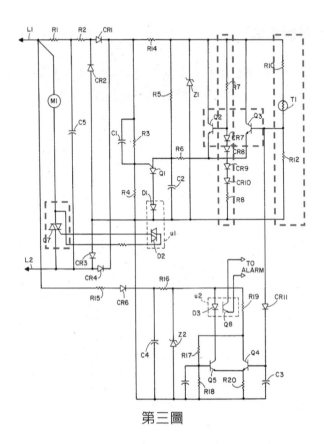

第三圖

二、侵權判斷

是否對產品進行迴避設計之前應進行侵權行為的認定，並在侵權判斷的過程中掌握產品的技術爭點以作為迴避設計的參考。

（一）判斷系爭電路是否符合「文義讀取」

「文義讀取」係判斷上述獨立項之技術特徵的文義是否完全對應表現在系爭侵權產品的電路圖（下稱：系爭電路）中。請

參考第四圖所示，分別標示出系爭電路實施獨立項之構成要件。
系爭電路包含：一MOS元件Q1，根據閘極所接收的輸入信號電
位以控制提供至直流馬達13的電能，係符合系爭請求項1所載
「**electronic power control means** responsive to an input signal
level for varying the energization of the fan motor」的文義表現。
系爭電路包含：由電阻R9與電阻R10串聯組成的電路，而在電阻
R9與電阻R10之間的介面產生固定電位控制信號，且固定電位控
制信號對應直流馬達半速運轉，此與說明書中所述對應於系爭請
求項1所載「**generating a fixed level control signal** correspond-
ing to half maximum fan speed」功能之結構相同，而符合系爭
請求項1所載「**means for generating a fixed level control signal**
corresponding to half maximum fan speed」的文義表現。

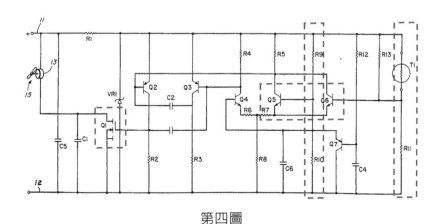

第四圖

　　此外，系爭電路包含：由溫度感測元件T1與電阻R11串聯
組成的電路，該溫度感測元件T1用以感測中央處理器散熱的溫
度，且在溫度感測元件T1與電阻R11之間的介面產生反應中央
處理器散熱的溫度變化的可變電位控制信號，此與說明書中所
述對應於系爭請求項1所載「**generating a variable level con-**

trol signal corresponding to the temperature of the exhaust air propelled by said fan」功能之結構相同，而符合系爭請求項1所載「**means**, including an air temperature sensing element responsive to the temperature of exhaust air leaving the equipment, **for generating a variable level control signal** corresponding to the temperature of the exhaust air propelled by said fan」的文義表現。系爭電路包含：由電晶體元件Q5與Q6並聯組成的電路，根據基極分別接收固定電位與可變電位控制信號，而與電晶體元件Q4共同運作進而改變MOS元件Q1的閘極電位，係符合系爭請求項1所載「**OR circuit means** operative to generate an output signal substantially equal to the greatest of any input signal applied thereto, said fixed and variable control signals being applied to said OR circuit as inputs with said OR circuit means output signal being applied to said power control means as the input signal level」的文義表現。最後，系爭電路的運作使直流馬達超過半速運轉時，馬達轉速係反應中央處理器溫度上升的閉迴路控制，以維持溫度恆定，係符合系爭請求項1所載「above half maximum, fan speed is controlled in a closed loop as a function of air temperature in a sensed tending to hold exhaust air temperature constant」的文義表現。

系爭電路的技術內容對應出現了系爭請求項1所有的文義表現。因此，認定系爭電路係符合「文義讀取」。

三、專利的迴避設計

從侵權判斷的過程了解，產品技術被認定符合文義讀取時，則迴避設計首重變更產品技術使其脫離申請專利範圍的文義表現，反之，產品技術被認定雖然文義讀取不符，但適用均等論時，則迴避設計的重點將在於突破均等論適用的認定基礎 「實

質相同的功能」、「實質相同的技術手段」、「實質相同的結果」。

（一）申請歷史與先前技術的再調查

在此介紹由美國專利商標局（USPTO）所提供的網址：http://portal.uspto.gov/external/portal/home，該網址包含專利申請資訊取回（Patent Application Information Retrieval, PAIR）的檢索，除了顯示公開或公告之專利申請案狀態，並可取得公開的申請案影像檔卷資料。其中，公開PAIR的檢索可輸入申請號、專利號或公開號為檢索條件。

在本案例中，系爭專利的申請歷史資訊檢索顯示了審查委員在審查期間曾先後發出非最終核駁通知（Non-Final Rejection）與最終核駁通知（Final Rejection），專利權人並在最終核駁通知之後提出修正，審查委員才發出核准通知（Notice of Allowance）。據此判斷，審查委員提出了影響系爭專利的可專利性的前案資料才迫使專利權人修正申請專利範圍。

進一步調查系爭專利的公告首頁所揭示的引證參考（References Cited），其中美國發明專利第4,506,199號揭示一種農業風扇控制系統，且專利圖式第三圖顯示電路實施例，其中顯示關於系爭專利獨立項的構成要件的技術手段，在此加以標示並顯示於第五圖中。因此，系爭專利獨立項包含「electronic power control means」、「means for generating a fixed level control signal」、「means for generating a variable level control signal」以及「OR circuit means」等構成要件的組合已揭示於美國發明專利第4,506,199號的先前技術中，但該先前技術並未揭示「an air temperature sensing element responsive to the temperature of exhaust air leaving the equipment」、「a variable level control signal corresponding to the temperature of the exhaust air propelled by said fan」以及「above half maximum, fan speed is

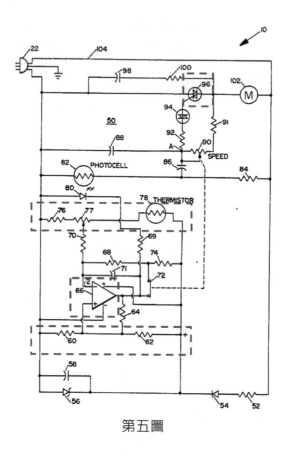

第五圖

controlled in a closed loop as a function of air temperature in a sensed tending to hold exhaust air temperature constant」等技術特徵，所以，或許該等技術特徵是審查委員准予專利的主要依據。

（二）迴避設計的策略

基於上述初步分析所掌握的資訊，本文提出兩種迴避設計的策略來變更系爭產品的技術，藉以說明迴避設計的進行如何由爭點議題的掌握來提出迴避設計的方案。

1. 迴避設計的策略一

在系爭專利圖式第一圖與第三圖揭示了風扇速度控制器的殼體31之結構，其中入風口45至出風口45的排風路徑配置了溫度感測元件T1，此技術手段支持了「an air temperature sensing element responsive to the temperature of exhaust air leaving the equipment」與「a variable level control signal corresponding to the temperature of the exhaust air propelled by said fan」之技術特徵。因此，系爭專利以感測排風的溫度為必要技術特徵。

針對策略一，本文提出迴避設計方案一，係改變系爭產品電路關於溫度感測元件T1的配置，用以感測中央處理器之表面溫度，如此系爭產品技術將脫離系爭請求項1所載「an air temperature sensing element responsive to the temperature of exhaust air leaving the equipment」與「a variable level control signal corresponding to the temperature of the exhaust air propelled by said fan」的文義表現。而直接感測散熱裝置之表面溫度作為溫度控制之依據，若為先前技術之技術手段，則可阻卻系爭專利主張不符文義讀取的技術特徵有適用均等論之情事。因此，迴避設計方案一將可以在無需變更系爭產品電路實體的設計，而僅改變溫度感測元件T1的感測對象，期以最少的變更設計來降低額外增加的產製成本。

2. 迴避設計的策略二

系爭專利為了控制風扇速度先半速運轉，並在溫度上升超過預設門檻後進入閉迴路的溫度控制功能，所以在控制電路實施「means for generating a fixed level control signal」與「means for generating a variable level control signal」之技術手段，藉由兩信號間的邏輯關係來決定控制電路的運作模式。因此，系爭專利的技術思想係利用固定電位與可變電位的關係決定半速運轉模式或閉迴路溫控運作模式。

　　針對策略二，本文提出迴避設計方案二，係突破系爭專利的技術思想而利用兩個可變電位的關係切換控制電路的兩種運作模式，改變系爭產品電路關於電阻R9與電阻R10串聯電路產生固定電位的技術手段，將電阻R9由另一溫度感測元件T2置換，且溫度感測元件T1與T2具有不同的熱敏電阻係數，遂使兩溫度感測元件T1與T2在感測中央處理器排出的溫度時，產生第一可變電位與第二可變電位，並由兩個可變電位的關係切換控制電路的運作模式。如此系爭產品技術將脫離系爭請求項1所載「means for generating a fixed level control signal」與「said fixed and variable control signals being applied to said OR circuit as inputs」的文義表現，且不符文義讀取的技術特徵在系爭產品電路中並無對應之元件或技術手段。

　　因此，選擇溫度感測元件T1與T2的搭配使兩個可變電位的切換關係對應原固定電位與可變電位的切換關係，即可達到兩種運作模式的切換。迴避設計方案二將可以在無需大幅變更系爭產品電路實體的設計，而僅置換單一零件，期以最少的變更設計來降低額外增加的產製成本。

伍、結語

　　本文所提出的迴避設計方案是否成功而不侵權，有鑑於先前的建議指出不應由參與迴避設計之人員來完成非侵權意見，所以熟悉專利侵權判斷之人士可以公正客觀的立場，根據上述侵權理論進行判斷，並藉此體會迴避設計的策略實際上就是提出系爭產品在侵權判斷過程中的有利爭點與依據。

參考資料

1. 「專利侵權判斷要點」，經濟部智慧財產局於105年2月5日智專字第10512300230號函送司法院查照。
2. 美國發明專利第4,659,290號之專利說明書與圖式。
3. 美國發明專利第4,506,199號之專利說明書與圖式。

10

福善美：醫藥之涉訟專利舉發案實例探討

萬國法律事務所專利經理　侯春岑

壹、前言

　　我國與智慧財產權爭議相關的訴訟體系中，在智慧財產法院（下稱「智財法院」）成立以前，台灣的專利權爭訟案件是在一般法院進行；然而，一般法院不會審理專利有效性的問題，若一專利權爭訟案件涉及專利有效性的爭點（包括新穎性、進步性、可據以實施性等），被告通常會向智慧財產局提起舉發，此時法院可能先行裁停，待舉發結果經訴願、行政訴訟程序來確定專利有效性後，再回到法院繼續審理侵權問題；這個過程相當曠日費時，為人垢病已久。智財法院於民國97年7月1日成立之後，由於智財法院可對專利權有效性的問題自為判斷，訴訟延滯的問題獲得解決，但也衍生了新的問題：智財法院雖可自行判斷專利權有效或無效，但其效力僅限於該訴訟案的範圍。易言之，當A公司告B公司侵害其專利a時，若智財法院判斷專利a無效，並不代表「專利a被撤銷」，而是「B公司並未侵害專利a」（對人效）。若要真正的撤銷專利a，還是必須向智慧財產局提出舉發（對世效）。

　　因此，當一件專利同時涉及專利舉發與民事侵權訴訟時，會有兩個機關同時涉入該件專利的有效性問題：舉發案的部分會由智慧財產局來審理，而訴訟案的部分則是由智財法院來審理。本文係以骨質疏鬆症的專利藥品福善美（Forsamax®）為例，並分析比對智財法院、智慧財產局，甚至是美國對應案之侵權訴訟之各方見解，來探究醫藥之涉訟專利舉發案在實務上可能會遇到的問題。

貳、福善美之台灣專利第I226833號相關爭訟案件

一、福善美之相關專利概況

　　福善美是美商默沙東藥廠（Merck Sharp & Dohme Corp.，一譯為默克大藥廠，下稱「默沙東」）生產的骨質疏鬆症藥物，活性成份是亞倫多酸鈉。亞倫多酸鈉是在1978年首次出現在科學文獻中，當時並未申請專利保護；直到1982年，一家義大利公司Instituto Gentili發現某些雙膦酸的鹽類可以抑制骨質吸除作用，可進一步應用於骨質疏鬆症、潘吉得氏症（Paget's disease）等相關疾病的治療，故針對雙膦酸當中的亞倫多酸（其化學命名為4-胺基-1-羥基丁烷-1,1-雙膦酸）及其鹽類申請了多國專利，之後將專利授權給默沙東。在這個階段，專利的內容還只限於亞倫多酸的鈉鹽（如美國第4,621,077號專利，台灣無對應專利）。

　　之後默沙東針對亞倫多酸鈉進行了相關製程與活性成分的改良，又陸續申請了一系列相關專利，包含數個製程專利及醫藥組合物專利。後文中討論的台灣專利第I226833號即是其中之一。

二、市售福善美藥物

　　首先要說明的是，「藥物專利」與「藥物許可證」是兩個各自獨立的系統，在台灣，前者歸經濟部智慧財產局管理，後者則由衛福部食品藥物管理署管理。以福善美為例，默沙東擁有多個亞倫多酸鹽化合物與相關製程的專利，但其「製程」專利所產出的藥物還是以亞倫多酸鈉作為主要有效成分，並不會產生新的藥物，所以實際上並不會拿到與專利數目相等的藥物許可證。以台灣為例，默沙東一共取得三種福善美製劑的藥物許可證：

（一）福善美錠（衛署藥輸字第022015號，已於101年4月自請註銷）

　　每錠含有10mg亞倫多酸鈉的低劑量錠劑，建議劑量為每日一次，一粒10mg錠劑。

（二）福善美錠70公絲（衛署藥輸字第023167號）

　　每錠含有70mg亞倫多酸鈉的高劑量錠劑，建議給藥方式是每周一次，一粒70mg錠劑。

（三）福善美保骨錠（衛署藥輸字第024480號）

　　每錠含有91.37mg亞倫多酸單鈉鹽三水合物（相當於70mg亞倫多酸）與70mg維生素D3（相當於2800 IU）。建議給藥方式是每周一次，一粒70mg/ 2800 IU錠劑。

　　由上可知，在默沙東先後推出的三種福善美製劑中，主要活性成分是相同的，差別在於活性成分的「劑量」與「給藥周期」。早期藥物的活性成分劑量較低（10mg），建議一天服用一次；之後推出了高劑量錠劑（70mg），並拉長了給藥周期，改為一周服用一次；最後推出了與維生素D3併用的高劑量錠劑（70mg）。

　　在下文中，與系爭專利有關的藥品是第2種製劑「福善美錠70公絲」，第1種製劑「福善美錠」是系爭專利的前案，而第3種製劑「福善美保骨錠」則不列入後續討論。

三、系爭專利內容

　　台灣專利第I226833號《抑制骨質吸除作用之醫藥組合物》（下稱系爭專利）之申請日為87年10月13日，未主張優先權（無優先權日），並於94年1月21日核准公告，專利期間至107

年10月12日止。其所核准的申請專利範圍共有36個請求項，分為兩組：

（一）請求項1-17及35之醫藥組合物，包含「約70mg」的活性成份。

（二）請求項18-34及36的醫藥組合物，包含「70mg」的活性成份。

科化生物科技股份有限公司於98年9月2日對系爭專利提出舉發，之後默沙東更正了申請專利範圍，將第1組請求項全數刪除，並大幅刪改第2組請求項，包括將原請求項22（主要技術徵為所請醫藥組合物為錠劑）與原請求項36（主要技術徵為所請醫藥組合物係用於治療骨質疏鬆症，並採一星期一次給藥的給藥週期）併入原請求項18，最後僅保留四個請求項，條列如下：

請求項1（即原請求項18+22+36）一種治療骨質疏鬆症之醫藥組合物，其包含以亞倫多酸活性成份重量計，70毫克之選自由亞倫多酸、其醫藥上可接受鹽類或酯類及上述之混合物所構成群組之雙膦酸化物，其中該組合物係呈每周一次的單位劑量錠劑。

請求項2（即原請求項19）根據申請專利範圍第1項之醫藥組合物，其中該醫藥上可接受鹽類係選自由鈉、鉀、鈣、鎂及銨鹽所構成群組。

請求項3（即原請求項20）根據申請專利範圍第2項之醫藥組合物，其中該醫藥上可接受鹽類係鈉鹽。

請求項4（即原請求項21）根據申請專利範圍第2項之醫藥組合物，其中該醫藥上可接受鹽類係亞倫多酸單鈉鹽三水合物。

在後文所討論的舉發案與民事侵權訴訟中，均是以上述四個請求項來討論系爭專利的專利有效性。

四、系爭專利的舉發案

科化生物科技股份有限公司（下稱「科化生技」）對系爭專利提出了舉發，此案係在行政訴訟階段宣告系爭專利無效，且專利權人未再上訴。案情簡要說明如下：

（一）舉發階段（第087116964N01號）

科化生技於98年9月2日就系爭專利向智慧財產局提出舉發，提出三份先前技術文件，主張系爭專利不具新穎性及進步性；智慧財產局在100年6月13日作出「舉發成立，應撤銷專利權」的審定，認為系爭專利係發明所屬領域具有通常知識者參考下列兩份先前技術文件後即可輕易得出，不具進步性。

1. 專利文獻WO 95/30421，公開日為1995年11月16日（下稱證據一）

2. 期刊文章Lunar News，1996年7月號第23頁內容（下稱證據二）

（二）訴願階段

默沙東對上開審定不服，於100年7月15日就上開舉發成立之審定對經濟部訴願審議委員會提出訴願，訴願委員會在101年3月6日做出「訴願駁回」的決定，維持智慧財產局「舉發成立，應撤銷專利權」的處分。

（三）行政訴訟階段（101年度行專訴字第36號）

默沙東對上開決定不服，復於101年5月7日向智慧財產法院提出行政訴訟，智財法院於101年12月20日做出「原告之訴駁回」的判決，認為上開證據一、二（含舉發附件的補強證據，WO第96/39149號專利案，詳參後文專利有效性討論中關於劑量

的計算）的組合確可證明系爭專利不具進步性。默沙東未再上訴，故舉發成立確定。

五、系爭專利的民事侵權訴訟案

另外，默沙東亦對另一家藥廠台灣諾華公司（Novartis，下稱「諾華」）所進口、銷售的「善骨實『山德士』膜衣錠70毫克（衛署藥輸字第025104號）」（下簡稱「善骨實」）提出了民事侵權訴訟，說明如下：

（一）99年度民專訴字第149號

默沙東在99年對諾華提出侵權訴訟，主張諾華所進口、銷售的善骨實侵害了系爭專利之（原）請求項18、22及36[1]。智財法院一審於100年4月12日裁定系爭專利之（原）請求項18、22及36不具進步性，故善骨實並未侵害系爭專利。而智財法院係基於下列三種證據組合做出系爭專利之（原）請求項18、22及36不具進步性的判決。

1. 三篇期刊文章的結合，分別為Lunar News，1996年7月號第23頁（即上開證據二）；Lunar News，1997年4月號第30-32頁（下稱證據三）；以及Lunar News，1996年4月號第31頁（下稱證據四）內容。

2. 證據一、二的結合，與系爭專利舉發成立的理由相同。

3. 四篇期刊文章的結合，包括上開證據二至四，以及The New England Journal of Medicine, Vol. 335, pp. 1016-1021（下稱證據五）。

---

[1] 默沙東對諾華提出民事侵權訴訟時，科化生技提出的舉發案尚在進行中，雖然默沙東在舉發案中請求更正申請專利範圍，但當時尚不確定是否准予更正，故此處的請求項是系爭專利的原始請求項。

（二）100年度民專上字第21號

默沙東對上開判決不服，提出上訴。提出上訴時，系爭專利的舉發案業已審定，智慧財產局已同意默沙東在舉發案中對請求項所做的更正。因此，在本上訴案的準備程序中，係以系爭專利「在舉發案中更正後之請求項1」進行專利有效性的判斷[2]。智財法院二審於101年7月5日判定系爭專利更正後之請求項1不具進步性，諾華並未侵害系爭專利。上訴法院係基於下列兩種證據組合做出系爭專利更正後之請求項1不具進步性的判決。

1. 證據二與系爭專利申請時之通常知識的結合。此處所謂「系爭專利申請時之通常知識」係包含另外三篇學術期刊文章：

（1）The New England Journal of Medicine, Vol. 333, pp. 1437-1443（下稱證據六）。

（2）The Lancet, Vol. 348, pp. 1535-1541（下稱證據七）。

（3）Bone, Vol. 20, No. 3, pp. 263-371（下稱證據八）。

2. 證據一、二與系爭專利申請時之通常知識的結合。「系爭專利申請時之通常知識」之定義同前段所述。

針對二審判決結果，默沙東未再上訴。

六、系爭專利在涉訟專利舉發案中的狀態說明

在上開舉發案與訴訟案中，科化生技先提出了舉發案，而在舉發案審理途中，默沙東對諾華提出侵權訴訟，智財法院一審在舉發案審定前做出判決，判定系爭專利在該案中不具專利有效性（99年度民專訴字第149號判決），之後，舉發案方才作成「舉發成立」之審定。

---

[2] 默沙東上訴後，智慧財產局已審定舉發案並同意申請專利範圍的更正，故在民事侵權訴訟案中，係以舉發更正後之申請專利範圍進行審查。

　　然而，即使智慧財產局撤銷了系爭專利的專利權，專利權人仍可提出行政救濟（包含訴願、行政訴訟一審及二審），故在上開案件中，系爭專利的專利權雖已被智慧財產局撤銷，卻仍處於「權利尚未確定」的狀態。因此，在訴訟案一審判決後，默沙東仍可上訴（即100年度民專上字第21號）。

參、專利有效性

　　在系爭專利的舉發案及民事侵權訴訟案中，都是以系爭專利「不具專利有效性」的理由作出判決。在專利相關訴訟中，「專利有效性」是個相當重要的議題，因為在A公司告B公司侵害其專利權的案例中，有相當大比例的案件被告會主張該專利權無效之抗辯，之後雙方進入專利有效性的攻防。而在涉訟專利舉發案中，由於專利舉發與侵權訴訟並行，故智慧財產局以及智財法院兩方對於專利有效性的判斷是否一致，亦為實務上常引發討論之議題。

　　在專利有效性的認定上，系爭專利之舉發案與民事侵權訴訟案有許多類似之處，舉發案係以證據一、二的結合認為系爭專利不具進步性，這項判定之後在行政訴訟階段亦受智財法院肯認。而在民事侵權訴訟案中，一、二審均提出了多項不具進步性的理由，但也都包括證據一、二（與系爭專利申請時之通常知識）的結合在內。因此，智慧財產局與智財法院對於專利有效性的認定確有類似之處。以下謹就系爭專利的舉發案及民事侵權訴訟案中關於專利有效性的議題做進一步的整理和討論：

一、先前技術的證據能力

　　在系爭專利的舉發案及民事侵權訴訟案中，默沙東均主張

Lunar News（證據二、三、四）不具證據能力。證據二對系爭專利之專利有效性來說至關重要，因此Lunar News這份期刊的證據能力成為關鍵的議題，謹說明如下：

（一）Lunar News刊物的性質

首先說明，Lunar News是由美國骨骼密度儀器商Lunar Corp.所出版的一份可自由訂閱的免費刊物，它並非學術期刊（一般醫學期刊資料庫Medline沒有這份期刊的資料），而是一份醫學實務刊物，發行對象以醫師及醫藥從業人員為主。

（二）默沙東認定Lunar News不具證據能力的理由

默沙東認為Lunar News是私人公司行銷刊物，文章中並未提出實驗數據，且主筆人Mazess博士在大學及研究所期間專攻人類學，未受過醫學相關訓練，進而質疑該份刊物的可信度。此外，並提出紐西蘭及加拿大法院的判決結果，佐證說明Lunar News不應作為系爭專利的先前技術。

（三）Lunar News是否為適格的「先前技術」？

關於默沙東對Lunar News的質疑，智慧財產局與智財法院都認可Lunar News的證據能力：

1. 在舉發案方面，智慧財產局係認為Lunar News係可經由訂閱而免費獲取的資訊，非屬私文書或商業文件，當具有證據能力。而在其後的訴願案中，訴願委員會並未針對Lunar News的證據能力問題作出回應。

2. 在民事侵權訴訟案中，法官引述了審查基準第三章第2.2.1節：「先前技術應涵蓋申請日之前（不包括申請當日）所有能為公眾得知之資訊，並不限於世界上任何地方、任何語言

或任何形式，例如書面、電子、網際網路、口頭、展示或使用等」。該案上訴之後，法官進一步指出，Lunar News在其發行日起即處於不特定之公眾有可能接觸並獲知該技術之實質內容的狀態。總結來說，要判別一項證據是否為具有證據能力的先前技術，其主要考量是該份文件是否「在系爭專利申請日前能為不特定之公眾得知」，只要它「處於不特定之公眾有可能接觸並能獲知該技術之實質內容的狀態」，就可算是先前技術。

3. 對於默沙東提出的其他幾項質疑，99年度民專訴字第149號的裁判書中引述了系爭專利之美國對應專利的美國聯邦巡迴上訴法院判決書CAFC04-1005部分內容，說明Lunar News主筆人Mazess博士「曾領導美國威斯康辛大學之骨質密度實驗室，將骨質密度建立為診斷工具，並曾參與及設計治療骨質疏鬆症的臨床試驗」，不能以其人類學博士的身分而斷定他不具系爭專利所屬領域之知識經驗；此外針對Lunar News欠缺實驗數據的部分，裁判書中亦已說明這並非先前技術適格與否的判斷依據。

4. 由上可知，雖然智慧財產局與智財法院的理由不盡相同，但整體方向是一致的。易言之，在台灣的專利實務中，只要「能為不特定之公眾得知」，且「而能為不特定之公眾得知」的時間點在系爭專利之申請日（或優先權日）之前，就符合「先前技術」的定義。以Lunar News為例，由於它的公開日期早於系爭專利的申請日，所以當然可作為先前技術。至於所載內容是否足以使系爭專利無效，這是技術方面實體判斷的議題，亦即屬於是否具「證據力」的層次，詳參後文有關專利有效性的討論。

（四）紐西蘭和加拿大為何不接受Lunar News作為先前技術？

默沙東在舉發案及民事侵權訴訟案中除了主張Lunar News並非學術期刊、內容並無實驗數據支持、以及主筆人的學術背

景等問題之外，並提出了紐西蘭和加拿大之對應案判決，指出
兩國法院均未採用Lunar News作為先前技術。對此，100年度民
專上字第21號的裁判書指出，在紐西蘭和加拿大法院針對Lunar
News無法作為「先前技術」的理由均是「Lunar News並非經同
業審閱的科學文獻」，認為其內容並非所屬領域具有通常知識者
的共見，進而否定Lunar News的證據能力。因此，紐西蘭和加
拿大對於先前技術的認定標準顯與台灣有所不同，無法作為參
考。

二、系爭專利的專利有效性

　　專利有效性與專利的新穎性、進步性及可據以實施性有
關。在系爭專利的舉發案及民事侵權訴訟案中，均以系爭專利不
具進步性為由，認定系爭專利不具專利有效性。因此，下文僅就
進步性方面進行相關討論。

（一）系爭專利的技術特徵

　　根據審查基準第二篇第2.3.1及3.3節之規定，無論新穎性或
進步性之審查，都應以每一請求項所記載之發明為對象，亦即，
審查時應以每一請求項所載之技術特徵與先前技術進行比對。因
此，在進入專利有效性的討論之前，應先了解系爭專利的技術特
徵為何。

　　如前文所述，系爭專利涵蓋範圍最大的請求項1所請的是一
種治療「骨質疏鬆症」之醫藥組合物，其包含「以亞倫多酸活性
成份重量計，70毫克」之選自由「亞倫多酸、其醫藥上可接受
鹽類或酯類及上述之混合物」所構成群組之雙膦酸化物，其中該
組合物係呈「每周一次」的「單位劑量錠劑」。而在附屬項2至
4中，則將獨立項中的「亞倫多酸、其醫藥上可接受鹽類或酯類

及上述之混合物」逐項限定為「『亞倫多酸鹽』、『亞倫多酸鈉』及『亞倫多酸單鈉鹽三水合物』」。因此，系爭專利包括以下技術特徵：

1. 適應症：骨質疏鬆症
2. 活性成分：亞倫多酸化物（亞倫多酸鈉、單鈉鹽三水合物）
3. 劑量：（約）70mg
4. 給藥周期：每周一次
5. 藥物形式：錠劑

　　也就是說，系爭專利是否具有專利有效性取決於這五項技術特徵與先前技術進行比對後的結果。將於下文詳細說明。

（二）先前技術的教示

　　上開舉發案及民事侵權訴訟案中提出了多項先前技術，以下僅就為智財法院所採認的證據一至七進行相關說明。同時要補充說明的是，在系爭專利申請時，市面上有兩種劑量的亞倫多酸藥物可供選擇，一是10mg（主要用以治療骨質疏鬆症），一是40mg（主要用以潘吉得氏症）。

1. 證據一（WO 95/30421）

　　證據一是系爭專利說明書引用過的專利文獻，請求一種甲烷雙膦酸衍生物（上位概念用語，包含亞倫多酸之鈉鹽三水合物在內）在哺乳類動物身上預防或治療人工輔具鬆脫及人工輔具移位的用途。證據一本身的發明雖然不與骨質疏鬆症的治療直接相關，但係發現「抑制骨質吸除（治療骨質疏鬆症）的藥物」可用於預防或治療人工輔具鬆脫及人工輔具移位的問題，故其說明書中已載明：（1）甲烷雙膦酸衍生物是習知用於抑制骨質吸除作用的藥物，尤其是用於治療骨質疏鬆症；（2）甲烷雙膦酸這個大分類的物質包括4-胺基-1-羥基丁烷-1,1-雙膦酸（即亞倫多

酸）在內，其衍生物包括亞倫多酸化物（包含其鹽類及酯類），或其醫藥可接受鹽（包含鈉鹽在內）、或其任一種水合物（包含三水合物在內）；（3）活性成分劑量為約1mg至500mg；（4）給藥周期為每天一次、每周一次、每個月一次、每三個月一次、每六個月一次、或每年一次；（5）其醫藥組合物可為膠囊、錠劑或糖衣錠形式。

由上可知，證據一本身的發明雖非與骨質疏鬆症的治療直接相關，但其說明書已詳細載明先前技術中骨質疏鬆藥物亞倫多酸的使用方式，包括適應症、活性成分、給藥周期及藥物形式。然而，證據一所揭示的活性成分劑量為1至500mg，並未具體揭露「70mg」這個劑量。

2. 證據二（Lunar News 1996年7月號）

如前文所述，證據二至四都是來自醫學實務期刊Lunar News。

證據二已揭示亞倫多酸化物（包括其鹽類及酯類）可用於治療骨質疏鬆症，然而，亞倫多酸化物會引起副作用、價位又高，此外，服藥時須在起床後空腹配一整杯水服用，且病人必須保持直立30至60分鐘，這對高齡女性患者來說相當困難，因此證據二建議改採每周一次40或80mg的給藥方式，以改善病人的配合度，進而增進治療效率。由上可知，證據二仍未具體揭露「70mg」這個劑量，但已揭示了一個相當接近的劑量「80mg」，同時建議將每日一次 藥拉長為每周一次給藥。

3. 證據三（Lunar News，1997年4月號）

證據三同樣已揭示亞倫多酸化物可用於治療骨質疏鬆症，但會引發藥物食道炎（藥錠無法順利通過食道，導致局部食道黏膜暴露藥物的時間延長，而引發發炎反應），故建議減低投藥頻率來降低成本及副作用。

4. 證據四（Lunar News，1996年4月號）

證據四已揭露亞倫多酸的生體可用率低，僅有口服劑量的約0.8%可為生體所利用，並建議將亞倫多酸鹽的給藥療程修正為每周一次。

5. 證據五（The New England Journal of Medicine, Vol. 335, pp. 1016-1021）

證據五係以實驗證明亞倫多酸的副作用是「藥物與食道接觸時間延長」所引起的藥物食道炎。

6. 證據六（The New England Journal of Medicine, Vol. 333, pp. 1437-1443）

證據六是證據二的參考文獻之一，是關於口服亞倫多酸在停經後婦女之骨密度及骨折發生率的研究，說明亞倫多酸具有良好的耐受性，並無臨床或實驗證據可證明亞倫多酸的副作用大於安慰劑對照組。

7. 證據七（The Lancet, Vol. 348, pp. 1535-1541）

證據七是證據三的參考文獻之一，是亞倫多酸對椎骨骨折之女性發生骨折之風險的隨機試驗研究，在該研究中，說明安慰劑組與亞倫多酸組的上胃腸道副作用並無明顯差異。

8. 證據八（Bone, Vol. 20, No. 3, pp. 263-371）

證據八是以亞倫多酸鹽治療潘吉得氏症（與骨質疏鬆症同屬骨質吸除疾病）的研究，認為亞倫多酸鹽的胃腸道副作用沒有明顯的劑量效應。

（三）系爭專利的進步性問題

在專利的進步性認定中，除了發明本身與先前技術不同以

外,亦要求發明與先前技術之間的差異達到「發明所屬領域具有通常知識者無法輕易完成」或「無法預期」的程度。由於系爭專利所請之醫藥組合物中的活性成分亞倫多酸鈉確為已知用來治療骨質疏鬆症的藥物,因此,其活性成分劑量「70mg亞倫多酸」、給藥周期「每周一次」及其效果「降低副作用」是否優於先前技術或達到「無法預期」的效果,在專利有效性的認定上是非常重要的。以下謹就這幾點進行討論。

1. 系爭專利的活性成分劑量「以亞倫多酸活性成份重量計,70毫克之選自由亞倫多酸、其醫藥上可接受鹽類或酯類及上述之混合物」是什麼意思?

系爭專利之請求項中關於劑量的記載是「以亞倫多酸活性成份重量計,70毫克之選自由亞倫多酸、其醫藥上可接受鹽類或酯類及上述之混合物」。由這段文字看來,系爭專利之活性成分劑量究竟是「70mg的亞倫多酸」或「70mg的亞倫多酸鈉」?這一點在舉發案及民事侵權訴訟案中都引發了討論。

在99年度民專訴字第149號中,諾華認為這段文字應解讀為系爭專利的醫藥組合物包含「70mg的亞倫多酸鈉」,而這70mg是依據亞倫多酸活性成分重量計算後的結果。諾華並進一步主張善骨實每錠含有「91.35mg的亞倫多酸鈉」,該劑量沒有落入系爭專利之文義範圍,故諾華並未侵害系爭專利。但專利權人默沙東卻對同一段記載做出不同的解讀,認為上開有關劑量的記載應解讀為「含有70mg作為亞倫多酸活性成分的亞倫多酸鈉」。

要知道系爭專利的記載應如何解讀,必須回到系爭專利說明書的內容來確認。

系爭專利之說明書內容對所請醫藥組合物之活性成分亞倫多酸鹽劑量方面的敘述是有矛盾的。舉例來說,其說明書第25頁倒數第2行至第26頁第3行之內容中提到「每周口服劑量之實施例包括用於預防骨質疏鬆症之單位劑量,包括大約35mg之亞

倫多酸鹽化合物，及用於治療骨質疏鬆症之單位劑量，包括大約70mg之亞倫多酸鹽化合物」，已指明請求項中的劑量是「70mg的亞倫多酸鈉」（即前述亞倫多酸鹽），亦即符合諾華的解讀。然而，在系爭專利的實施例7中，每個錠劑含有45.68mg的亞倫多酸鹽單鈉三水合物；而在其實施例8中，每75mL的液體配方中含有91.35mg的亞倫多酸鹽單鈉三水合物。兩個實施例中所揭示的亞倫多酸鹽劑量並非「35mg」或「70mg」的劑量，與說明書內容有明顯矛盾。

　　文字敘述有錯繕及誤譯的可能，因此在劑量的解讀上，最直接的方法是回到技術本身（實施例內容）進行計算及確認。系爭專利的實施例係使用亞倫多酸單鈉鹽三水合物來進行實驗，而亞倫多酸鈉溶於水後會產生「亞倫多酸的酸根離子」和「鈉離子」，其中「亞倫多酸的酸根離子」可視為亞倫多酸的離子形式，因此可被解讀為「亞倫多酸」。

　　亞倫多酸單鈉鹽三水合物之分子式是$C_4H_{12}NNaO_7P_2 \cdot 3H_2O$，分子量約為325；而亞倫多酸的分子式是$C_4H_{13}NO_7P_2$，分子量約為249。以此對系爭專利的實施例7、8進行劑量計算後，發現：

　　實施例7　$249 \times 45.68mg / 325 = 35mg$

　　實施例8　$249 \times 91.35mg / 325 = 70mg$

　　由上可知，實施例7中45.68mg的亞倫多酸鹽單鈉三水合物溶於水後，等於35mg的亞倫多酸；而實施例8中91.35mg的亞倫多酸鹽單鈉三水合物溶於水後，等於70mg的亞倫多酸。因此，系爭專利更正後之請求項中「以亞倫多酸活性成份重量計，70毫克之選自由亞倫多酸、其醫藥上可接受鹽類或酯類及上述之混合物」實應解讀為「70毫克的亞倫多酸」（等於91.35毫克的亞倫多酸鹽單鈉三水合物），而非「70mg的亞倫多酸鈉」。因此在民事侵權訴訟中，諾華所進口、販賣的產品「善骨實」之活性成分劑量「91.35mg的亞倫多酸鈉」確實落入系爭專利之文義範圍。

　　但諾華在主張善骨實之活性成分劑量未落入系爭專利文義範圍的同時，亦主張系爭專利不具專利有效性，進而主張善骨實並未侵害默沙東的專利權。也因此，這件民事侵權訴訟案最後還是必須回到系爭專利本身是否具有專利有效性的討論。

2. 系爭專利每周一次70mg的給藥劑量及周期是否爲所屬領域具有通常知識者所易於思及？

（1）可以從習知藥物「每日10mg」直接推知系爭專利「每周70mg」嗎？

　　習知亞倫多酸之標準給藥量爲每日10mg（參見證據三及「福善美錠」的給藥建議），而系爭專利的給藥建議則是每周一次70mg亞倫多酸；易言之，病人每周服用的總劑量其實是相同的。因此，是否可據此認爲系爭專利的給藥劑量是所屬領域具有通常知識者所易於思及的？

　　首先說明，系爭專利不是只有在台灣爭訟，在其他國家（包括美國、澳洲、日本等國家）也有相關訴訟。在美國對應專利的訴訟案中，法官在裁判書中引述了系爭專利之共同發明人之一Arthur C. Santora博士於美國巡迴上訴法院訴訟過程中自承「每周一次40毫克之劑量與每天5毫克投予七天之劑量效果相當，每周一次80毫克之劑量與每天10毫克投予七天之劑量效果相當」的說法，並認爲這「足證所屬技術領域中具有通常知識者，自得輕易將該已知療法以其7倍劑量即每周一次70毫克之亞倫多酸鹽置換之」，進而認定系爭專利係所屬領域具有通常知識者藉由證據一、二、三之組合及當時之通常知識得以輕易完成。雖然美國訴訟案的裁判書並未討論在未結合證據二的情況下是否仍會得出相同的結論，但發明人自承「每周一次80毫克之劑量與每天10毫克投予七天之劑量效果相當」對法官的心證應有一定的影響力。或許因此，不管是舉發案或民事侵權訴訟案，都判定證據一、二的結合可使系爭專利不具進步性。

（2）證據二「每周一次80mg」與系爭專利「每周一次70mg」的差異有多大？

　　舉發案與民事侵權訴訟案均以證據一、二並未具體教示「每周一次單位劑量為70mg」為由，認為無法據此判定系爭專利不具新穎性。然而，證據二已揭示了「每周一次投予40或80mg亞倫多酸化物」，雖未具體揭示系爭專利的劑量70mg，但80mg與70mg之間的差距是否為所屬領域具有通常知識者所易於思及？

　　關於這一點，「亞倫多酸化物」這個名詞的定義可能會引發另一項討論。

　　「亞倫多酸化物」實際上包括了亞倫多酸酯與亞倫多酸鹽，而習知用於骨質疏鬆症之治療的，是亞倫多酸的「鈉鹽」。然而，鈉鹽也可能有多種形式。系爭專利的亞倫多酸鈉是「三水合物」的形式，意味著每個亞倫多酸鈉的分子會與三個水分子結合，但亞倫多酸鈉是否還有其他水合物的形式？有的，那就是單水合物和無水物。

　　默沙東針對亞倫多酸鈉申請了一系列相關專利，除了系爭專利的亞倫多酸單鈉鹽三水合物以外，尚有另一件申請案WO 96/39149（公開日為1996年12月12日，早於系爭專利之申請日），揭示了亞倫多酸單鈉鹽無水物（分子式是$C_4H_{13}NNaO_7P_2$，分子量約為271）可用於治療骨質疏鬆症。而證據二揭示「每周一次投予40或80mg亞倫多酸化物」，並未指定文中所提的亞倫多酸鈉是無水物？單水合物？或是三水合物？因此，發明所屬領域具有通常知識者可依據系爭專利申請前的一般常識，計算出一個劑量範圍：

　　・當使用80mg亞倫多酸單鈉鹽無水物時，證據二所包含的活性成分亞倫多酸量為：

$$80mg / 271 = 73.51mg$$

・當使用80mg亞倫多酸單鈉鹽三水合物時，證據二所包含的活性成分亞倫多酸量為：

$$80mg / 325 = 61.29mg$$

因此，證據二所揭示之「每周一次投予80毫克亞倫多酸鈉」實際上等同於「每周一次投予61.29至73.51毫克的亞倫多酸」。系爭專利更正後之請求項中的活性成分劑量「70mg（的亞倫多酸）」即落在這個範圍內，且該劑量範圍之上限值73.51mg與系爭專利實質上揭示的「約70mg的亞倫多酸」非常接近。

默沙東曾提出一些證據，試圖證明「亞倫多酸化物」（alendronate）一詞在醫藥業界中其實就是指福善美真正的活性成分「亞倫多酸」（alendronic acid）。不過，「亞倫多酸化物」一詞的化學定義相當明確，而默沙東其所提出的證據包括「福善美保骨錠」的仿單，該份仿單的內容包括「每錠含有效成分91.37毫克亞倫多酸單鈉鹽三水合物，相當於70毫克的亞倫多酸」，明確分別亞倫多酸化物（即亞倫多酸單鈉鹽三水合物）與亞倫多酸這兩個用語。因此，無法用以證明「亞倫多酸化物」在醫藥業界就是指「亞倫多酸」。

此外，亞倫多酸的生體可用率（bioavailability）也是劑量問題的重點之一。「生體可用率」係指藥品有效成分由製劑中吸收進入全身血液循環或作用部位之速率（rate）與程度（extent）之指標（參衛福部藥品生體可用率及生體相等性試驗準則第三條）。證據四已揭露口服亞倫多酸的生體可用率低，僅為口服劑量的約0.8%。易言之，證據二所揭示的80mg與系爭專利的70mg在生物體內的差異僅為約0.08mg（(80-70)×0.8%），並不明顯。而73.51mg與70mg的生體可用率差異就更低了，只有0.028mg。

（3）Lunar News的建議：提高亞倫多酸的給藥劑量與降低給藥頻率

證據二已說明美國醫師因爲下列三種問題而不採用亞倫多酸進行治療：（a）副作用，（b）給藥困難，以及（c）價位高，並指出福善美須與大量的水共同吞服且在服藥後保持直立半小時以上，高齡患者的配合度不高，故建議提高劑量並降低給藥頻率來。證據三則已揭示亞倫多酸鹽所引發的胃腸道副作用是藥物食道炎，建議可藉由「減低給藥頻率」來降低成本及副作用。而證據四則是揭示亞倫多酸的生體可用率低，並建議降低亞倫多酸鹽的給藥頻率。

整體來說，雖然這三篇Lunar News提供的建議有些差異，但它們對亞倫多酸的給藥建議都是「提高給藥劑量」及「降低給藥頻率」，以降低胃腸道副作用（藥物食道炎），節省成本，並增加病人的配合度。

（4）提高用藥安全性？系爭專利究竟發現／證明了什麼？

在舉發案中，默沙東一度主張亞倫多酸所引起之上胃腸道副作用是「胃液逆流」，而非「藥物食道炎」，並據此主張系爭專利提高了亞倫多酸醫藥組合物的安全性，而這在系爭專利申請時是一項「無法預期」的結果，進而推論系爭專利具有進步性。

然而，由前文可知，系爭專利的技術特徵中並不包含「降低副作用」這一項，而其說明書內容也無法證明這一點。

先前技術的證據七已載明亞倫多酸鹽所引發的上胃腸道副作用包含食道炎、食道潰瘍、胃液逆流等。而在系爭專利的實施例中，係將低pH值的「模擬胃液」與不同濃度的「亞倫多酸單鈉三水合物」的混合液直接灌入狗的食道，並在不同時間點觀察實驗狗的食道是否產生刺激反應。結果證實，實驗狗的食道損傷並不是因爲服用了高劑量亞倫多酸鹽而產生了胃液逆流所造成的，

而是因為實驗者把模擬胃液和亞倫多酸鹽的混合物強制灌入食道
所造成的。因此,系爭專利的說明書內容只能證明亞倫多酸鹽會
傷害食道黏膜,而無法證明亞倫多酸鹽會引起「胃液逆流」的上
胃腸道副作用,當然也無法證明每周一次70mg亞倫多酸能夠緩
和「胃液逆流」。

　　在此進一步說明,藥物作用的機制與系爭專利之申請專利
範圍的界定無關。即便真如默沙東的主張所言,70mg亞倫多酸
所克服的副作用是「胃液逆流」造成的,而不是「藥物食道炎」
所引發的,系爭專利依然不具有進步性。因為在系爭專利申請之
前,「每周一次70mg亞倫多酸」已是發明所屬領域具有通常知
識者所能輕易推知的結果,這種「每周一次70mg亞倫多酸」的
醫藥組合物可以避免「藥物食道炎」,也當然可以避免「胃液逆
流」這樣的副作用,因為這是「每周一次70mg亞倫多酸」的固
有特性(inherent property)。換言之,只要「物」本身在系爭
專利申請前已被揭露,即使內部作用機制有所不同,這個「物」
本身仍然不具新穎性及進步性。

(5)「申請當時的通常知識」對進步性判定的影響

　　在系爭專利欠缺進步性的認定上,「申請當時的通常知
識」扮演了一定的角色。審查基準中關於「發明所屬領域具有
通常知識者」,係一虛擬之人士,指具有「申請時」該發明技
術領域之「一般知識」(genegral knowledge)及「普通技能」
(ordinary skill)之人,且能理解、利用申請時之先前技術。而
所謂「一般知識」,包括工具書或教科書等所載之周知(well-
known)的知識,亦包括普遍使用(commonly used)的資訊及
從經驗法則所瞭解的事項。「普通技能」,指執行例行工作、實
驗的普通能力。一般知識及普通技能,簡稱「通常知識」。

　　在系爭專利的舉發案與民事侵權訴訟案中,默沙東認為亞倫
多酸會引發副作用,因此在系爭專利申請時,發明所屬領域具有

通常知識者不會想要提高亞倫多酸的劑量。也就是說，亞倫多酸所引發的副作用有劑量效應，提高亞倫多酸的劑量會引發更嚴重的副作用。

　　關於這一點，證據一並未提及亞倫多酸的副作用，而證據二～四僅簡單描述亞倫多酸所引發的上胃腸道副作用是藥物食道炎，並未提供相關數據資料。因此，在99年度民專訴字第149號判決中，另採納證據五（有實驗數據的學術論文）來證明亞倫多酸的胃腸道副作用是藥物食道炎；而在100年度民專上字第21號判決中，則以證據六～八（均為有實驗數據的學術論文）進一步證明：（a）亞倫多酸會引發上胃腸道副作用，包括胃液逆流、食道炎等；（b）亞倫多酸所引發的胃腸道副作用沒有明顯的劑量效應，也沒有明顯高於安慰劑對照組。而這足以證明，在系爭專利申請時，發明所屬領域具有通常知識者已經清楚地知道：提高亞倫多酸的劑量「不會」引發更嚴重的副作用，所以並不會因為有副作用的顧慮而放棄提高給藥劑量的想法。因此，在100年度民專上字第21號判決中，法官係以上開證據六～八作為「系爭專利申請時之通常知識」的基礎，從而認定證據二加上系爭專利申請時之通常知識便足以證明系爭專利不具進步性。

（6）系爭專利是否為「選擇發明」？

　　默沙東在舉發案的行政訴訟起訴狀中表示，系爭專利係由較大範圍之先前技術中選擇較小範圍或個體作為技術特徵的選擇發明。然而，從技術特徵的差異、功效及「臨界性」來說，系爭專利都不符合「選擇發明」的定義。

　　如前文所述，證據二所揭示的劑量每周一次80mg亞倫多酸鹽實為「每周一次61.29至73.51毫克的亞倫多酸」，與系爭專利的70mg只有3.51mg的差異，如將生體可用率一併列入考慮，差異更只有0.028mg，微乎其微。而以功效觀點觀之，故證據二、三均已建議可採用高劑量、低投藥頻率的給藥方式來減少亞倫多

酸所引發的副作用，系爭專利並未提供較先前技術更為顯著或無法預期的功效。

在系爭專利的劑量／給藥周期與功效都已見於先前技術的情況下，如要主張系爭專利是一種「選擇發明」，則系爭專利需具備「臨界性」意義。

依據審查基準第2-3-28頁第3.5.6節末兩段：「當選擇發明與先前技術產生同一性質之功效，且所限定之數值具備『臨界性』（critical character）的意義，即具有更為顯著的同一性質功效，應認定該發明非能輕易完成」。然而，審查委員認為，系爭專利並未證實70mg係為克服胃腸道副作用的端點值之效果，不足以證明70mg具有臨界性意義，不符合「選擇發明」的定義。

（7）「商業上的成功」在專利有效性的判斷中所扮演的角色

在專利侵權訴訟中，專利權人常會主張其專利的產品在商業上的成功應可作為進步性的輔助判斷因素。然而，這樣的主張仍然要回到技術特徵的判斷。

審查基準第2-3-24頁第3.4.2.4節已清楚載明，依申請專利之發明所製得之物在商業上獲得成功，若其係直接由發明之技術特徵所導致，而非因其他因素如銷售技巧或廣告宣傳所造成者，得佐證該發明並非能輕易完成。換言之，如果系爭專利在商業上的成功並非來自其技術特徵，則其商業上的成功不能作為其進步性的判斷因素。

此外，默沙東在系爭專利申請前已握有亞倫多酸鹽的專利，並已產製「福善美錠」，因此，發明所屬領域具有通常知識者在系爭專利申請時原本無法自由地進行相關試驗，僅能「建議」高劑量低給藥頻率的方法。這一點在美國聯邦巡迴上訴法院之判決書CAFC04-1005中有很清楚的說明：「雖然商業上的成功或可支持默沙東所請發明相對於先前進入市場之產品係具有進

步性的結論，但法律上的問題是比較嚴苛的，那就是該所請發明相對於Lunar News文章中的觀點是否具有進步性。在這個案子裡，財務上的成功顯然不能說明這個問題，因為法律禁止其他人對Lunar News的觀點進行商業試驗」。

由上可知，系爭專利商業上的成功並非直接源自於系爭專利的技術特徵，而默沙東原有的10mg亞倫多酸組合物壟斷了市場，因此，不能以系爭專利商業上的成功來輔助判斷其進步性。

（四）藥物專利與藥品查驗登記無關

在100年度民專上字第21號中，默沙東指出衛福部食藥署（案件當時稱「衛生署」）係負責國內藥品查驗登記事宜，故衛生署當是「所屬領域具有通常知識者」，而在骨質疏鬆症藥品的查驗時，應使用「骨質疏鬆症藥品的臨床數據」來進行查驗，而不能使用潘吉得氏症（與骨質疏鬆症同為骨質吸除疾病）的臨床數據。而Lunar News所載內容並非臨床數據，無法據此獲得藥證；因此，所屬領域具有通常知識者無法由Lunar News的內容輕易推知系爭專利之高劑量與低給藥頻率的技術特徵。

對此，諾華表示，衛生署已回函說明衛生署的業務與專利事務無關，專利要件並非藥品查驗登記的目的及重點，兩者並無關係。Lunar News的內容未包含試驗資料，但可做為證明系爭專利不具專利有效性的先前技術，這一點亦獲多國專利局（美國、日本、歐洲、澳洲、英國）肯認。

（五）小結

無論是舉發或侵權訴訟，專利有效性都是一個相當重要的議題。尤其是涉及生技醫藥專利之侵權訴訟案，被告提出專利無效抗辯幾乎是必然之手段。以學名藥涉訟案件來說，學名藥廠要證明其產品未侵害原廠藥之專利顯然相當困難，故挑戰專利有效性

已然成爲不得不的防禦手段。然而專利有效性涉及的層面相當廣泛，除了法律層面的議題外，專利本身的技術問題也是非常重要的。本文藉由詳細分析比對智財法院、智慧財產局、甚至是美國對應案之侵權訴訟案關於專利有效性之各方見解，應可作爲我國醫藥專利侵權審理實務上對於判斷進步性之參考。

肆、結論

　　一般來說，同時涉及舉發與民事訴訟的專利案件大多不是單純的侵權問題，都要回頭討論專利有效性的議題，因此可能都必須深入技術內容去解析專利與先前技術的差異。舉發案方面，由於案件是由智慧財產局的審查官審理，審查官都是具有相關技術背景的人，可自行進行技術解讀；而在訴訟方面，目前智財法院配置有技術審查官協助法官對於專利技術的理解，通常由智慧財產局資深的審查官出任。因此，在有效性的判斷上，不管是智慧財產局的審查官或智財法院的技術審查官，大方向理論上應會是一致的，但實務上仍有少數智財法院與智慧財產局舉發審定作出不同結果之案件。以系爭專利爲例，雖然智財法院對於「系爭專利申請時的一般知識」做出比較嚴格的定義，但其理由仍然包括以引證一、二的結合認定系爭專利不具專利有效性在內。

　　此外，訴訟的進行可能會加速舉發審查的速度。在舉發案中，若案件涉及訴訟，可據此要求智慧財產局加快審理速度。此外，智財法院的法官也可命智慧財產局的審查官以參加人的名義參加訴訟程序，亦可調閱舉發案的案卷內容。以本案爲例，系爭專利的民事訴訟案在審理過程中，法官亦多次請舉發案的審查委員參加訴訟，並適度表示意見，此程序亦是有助於讓智財法院與智慧財產局之間對於專利有效性之判斷能有較爲一致的見解。因此，若一專利案本身的專利有效性確實有疑義，且在舉發及訴訟

中討論的議題又是類似的（如專利有效性的問題），即使智慧財產局與智財法院都可對專利權有效性的問題自為判斷，但兩方做出相同判決的可能性仍然相當大。而由於涉訟舉發案多半與專利有效性有關，因此對於專利有效性的分析與判斷在相關案件當中非常地重要。而本案在進步性的議題，法院亦做了深入的探討，且涉及到的論點除了一般進步性的判斷外，更包含了如何定義「申請時的通常知識」、是否適用「選擇性發明」、「商業上成功的輔助性判斷」因素等，應可供讀者作為指標性之參考案例。

參考資料

1. 台灣專利第I226833號〈抑制骨質吸除作用之醫藥組合物〉（系爭專利）之說明書。

2. 系爭專利之專利舉發審定書。

3. 智財法院101年度行專訴字第36號行政判決。

4. 智財法院99年度民專訴字第149號民事判決。

5. 智財法院100年度民專上字第21號民事判決。

6. 福善美錠（衛署藥輸字第022015號）之仿單。

7. 福善美錠70公絲（衛署藥輸字第023167號）之仿單。

8. 福善美保骨錠（衛署藥輸字第024480號）之仿單。

9. 善骨實「山德士」膜衣錠70毫克（衛署藥輸字第025104號）之仿單。

10. PCT專利公開案號第WO 95/30421 A1號發明專利說明書。

11. Lunar News，1996年7月號第23頁期刊文章〈Update: Bisphosphonate〉。

12. Lunar News，1997年4月號第30-32頁期刊文章〈Update: Bisphosphonate〉。

13. Lunar News，1996年4月號第31頁期刊文章〈Update: Bisphosphonate〉。

14. The New England Journal of Medicine, Vol. 335, pp. 1016-1021所刊載之期刊文章〈Esophagitis Associated with the Use of Alendronate〉。

15. The New England Journal of Medicine, Vol. 333, pp. 1437-1443所刊載之期刊文章〈Effect of Oral Alendronate on Bone Mineral Density and the Incidence of Fractures in Postmeno-pausal Osteoporosis〉。

16. The Lancet, Vol. 348, pp. 1535-1541所刊載之期刊文章〈Randomised Trial of Effect of Alendronate on Risk of Fracture in Women with Existing Vertebral Fracture〉。

17. Bone, Vol. 20, No. 3, pp. 263-371所刊載之期刊文章〈Alendronate in the Treatment of Paget's Disease of Bone〉。

18. PCT專利公開案號第WO 96/39149號發明專利說明書。

19. 系爭專利之美國對應專利的美國聯邦巡迴上訴法院判決書 CAFC04-1005。

11

如何進行智慧財產的正當注意調查程序

——以專利的正當注意調查程序為例

萬國法律事務所合夥律師　汪家倩

壹、前言

　　科技與商業模式的發展一日千里，在隨時都有破壞性創新的時代，企業價值從製造業逐漸轉爲以人才爲主的知識經濟，無論是傳統企業或新創團隊，個人、機構、到各種規模之事業體，透過專利、商標、著作權、營業秘密等法律所賦予的保護，鞏固並維持其人才、競爭優勢、與無形資產，已爲日常經營最重要事項之一。

　　然而，各種智慧財產的保護必須符合一定要件，並非有成果即有保護。且各種智慧財產的保護要件之間，亦有因性質使然而相衝突的部分，例如專利權之保護與營業秘密之保護，即屬本質不同的兩種權利，蓋前者要求將技術內容完全揭露，未揭露於專利申請範圍內的技術要件，原則上不屬於該專利保護之範圍；而後者要求採取一定的保密措施，一旦揭露則永遠喪失其秘密性，不得主張其爲營業秘密。

　　就現代經濟活動以觀，無論是國際性或國內的競爭、合作，依其產業性質，除了有形資產，不乏以智慧財產爲中心而進行的投資活動。例如，在新技術的開發與商品化的過程中，企業往往要決定是要購買技術或自行研發（to buy it or to build it），因而進入研發上的競爭或購併等程序；在新興產業，則更有可能是以一特定專利作爲整個公司投資生產的基礎核心。簡言之，無形資產的價值，乃是各種交易、併購、企業估值的重要影響因素。

　　本文就企業購併、公司投資、技術研發等活動中，涉及正當注意調查程序（due diligence，通常口語稱DD）[1]的部分，做一

---

[1]　目前國內對due diligence一詞並無統一的譯名，有譯爲「實地查核」者，有譯爲「稽核」者，有譯爲「投資評估」者，亦有譯爲「正當注意調查程序」者，惟其所指內容則爲同一。爲避免混淆或疑義，多習慣於中文譯名後附上英文名

簡單的介紹，並介紹智慧財產的正當注意調查程序（IP due dili-
gence）與一般正當注意調查程序（due diligence）之異同。在
智慧財產的正當注意調查程序部分，由於各種智慧財產的存否、
效力、價值及風險等均需要專業判斷，且依權利的性質、要件等
而有不同操作方式；甚至，在傳統智慧財產領域以外，數據資
料（data，可能屬於智慧財產或未必屬於智慧財產）的持有、保
護、及利用已成重要商業利基，甚至可能因各國資料保護法令的
變動而造成法律風險，與data相關的正當注意調查程序，也逐漸
成為傳統調查程序以外必須重視的一塊，無法一一詳述。本文先
以專利的正當注意調查程序（patent due diligence）為例加以說
明，以期增進大眾對此領域的了解。

貳、正當注意調查程序（due diligence）

所謂due diligence，指在公司進行投資合作或購併等過程
中，於交易前先對特定標的進行之調查程序而言。該等調查程序
的目的，係為確保雙方協商或談判基礎的正確，內容則涵蓋公
司經營管理與實際運作的各個層面，只要交易雙方認為重要或
足以影響商業決策的事項，都可列為due diligence的內容，主要
包含財務面（financial due diligence）及法律面（legal due dili-
gence）的調查、鑑價、與風險評估。

就傳統的DD而言，由於涉及智慧財產的情況較少，因此多
從公司的有形資產著手，就動產、不動產、應收帳款等項目加以
評估。進行DD時，一般由即將出資之一方（例如購併案中之收
購公司、投資案中之投資公司等）向被投資之一方要求提供資料
開始，由即將出資之一方委任法律人員、財務會計人員、經營管

詞，或直接以due diligence稱之。

理人員等專業人士組成團隊進行調查。為進行財務方面的調查與評估，該等專業團隊會查核被投資方過去的財務狀況與未來的財務預測、財務報表、經營管理模式及狀況、其與供應商、客戶間之商業關係等事項，以期對被投資方財務相關事項有充分及正確的了解；在法律方面，則會要求法律人員審閱被投資之一方與他人或其員工間所締結的重要契約與其他約定事項、評估現有之糾紛（例如進行中之訴訟、調解、仲裁等）與可能產生的糾紛，以了解被投資方現有及潛在的法律風險與責任。

　　簡單比喻，due diligence可說是針對被投資標的所進行的身家調查、健康檢查，以了解被投資標的過去、現在、與未來可能的體質與健康狀況。DD的規模或項目，完全取決於客戶的需要，視進行該due diligence的目的及預算而定，雖有一定的方向，卻無一定的標準或應辦事項。DD完畢後，負責調查的專業團隊所出具的調查評估報告，即成為出資者做成商業決策的重要參考。

參、智慧財產的正當注意調查程序（IP due diligence）

　　如前所述，傳統的due diligence係以有形資產為重心，然則現代事業的經營已無法不考慮智慧財產。進行購併案或投資案，除了有形資產外，與智慧財產等無形資產往往有極大關係，必須以智慧財產為主進行相關的討論[2]。因此，當企業的投資涉及智慧財產，即有必要在投資前，進行智慧財產的正當注意調查程序

---

[2]　對科技產業或新創團隊而言，公司的有形資產如現金、廠房、土地等可能甚為有限，然而其擁有的智慧財產卻有極大的價值，成為整個公司存續的基礎，及吸引投資者投資的最重要因素。

（IP due diligence），以求對投資標的有充分的了解。

在進行IP due diligence時，與一般due diligence程序最大的不同，在於查核的事項及方法。由於智慧財產至少有專利、商標、著作權及營業祕密等不同權利型態及內容，IP due diligence就各種智慧財產的要件及有效性必須加以檢討。IP due diligence與一般due diligence相同的地方，則是兩者均屬一個廣泛的概念，具體採取的措施及方法，必須視進行IP due diligence的目的及預算，為客戶量身定作一套查核程序。舉例而言，若進行IP due diligence的目的在於取得或利用特定的智慧財產，例如使用一定之商標進行產品銷售、加盟（franchise）、或取得實施特定專利或技術的權能，則IP due diligence應著重於該等智慧財產的有效性及有效性之維持，並對牽涉到該等智慧財產的各種授權契約、技術合作契約等詳加審閱及評估；若進行IP due diligence的目的在於獲取特定的技術，則對該技術應以何種法律賦予的機制加以保護、是否已受到適當的法律保護等，即需特別關注；又或者進行IP due diligence的目的在於聘雇或鞏固特定的技術人員或研發團隊，則對該等技術人員現在及過去的聘僱契約、權利歸屬狀況、是否涉及他人營業祕密等事項，尤應詳為了解。凡此種種，當然必須在預算許可的範圍內，斟酌IP due diligence可能花費的時間、金錢及精力，以決定調查的精密程度。

大體而言，進行IP due diligence是希望達成兩方面的效果：消極面而言，希望避免侵害他人的智慧財產權，以求營運上的不受牽制（freedom of operation）；積極面而言，希望能透過適當的智慧財產佈局，取得競爭或營業上的優勢，特別是在新興科技領域、市場或產業，透過智慧財產權的規劃與管理，常能在萌芽之初，為個人或企業取得極為有利的地位。

由於智慧財產（IP）的種類甚多，且跟所涉及地域（jurisdiction）有關，相關調查事項因而有所差異。例如對商標權價值的評估，必須考慮到該商標的商譽、市場占有率的因素，而對著

作權的評估，則須將他人獨立創作的可能性考慮在內等等。以下用投資標的係特定專利或可專利的技術為例，說明對專利如何進行正當注意調查程序（patent due diligence）。

肆、專利的正當注意調查程序（patent due diligence）

需進行patent due diligence的情況，通常是投資標的為已取得專利之特定技術[3]，或尚未取得專利，但具備專利相關要件，而有取得專利之可能的特定技術。就該等技術，在專利方面進行查核的重點，係其效力、限制、權利歸屬等相關事項，包括專利權本身之內容及範圍、與之相關的技術合作契約、技術移轉契約、授權契約等，均需進行詳細的調查與評估。

一、防禦面

以防禦角度而言，patent due diligence的重點在於避免侵害的發生，以確保使用該等專利或技術的自由，不致因侵害他人權利（特別是專利權）而發生被禁止實施該等專利或技術、禁止產銷使用該等專利或技術的相關產品等狀況，或因而導致侵權訴訟、權利金談判等足以增加經營風險、甚至導致營運中斷等的狀況。

在消極面的查核，通常至少必須完成並了解下列幾點：

---

[3]　以我國法而言，可為發明、新型或設計。

（一）專利現況的查核

專利現況的查核，包括了解專利的型態、了解專利權年限及繳費狀況、了解權利歸屬狀況及授權條件等。需查核的文件至少包括專利證書、說明書、專利申請資料、研發相關資料、及授權契約等。從專利證書、說明書、及專利申請資料，可了解專利的型態為發明、新型、還是設計專利，專利標的、內容為何、權利範圍為何、發明人為何、專利權人為何、專利權的有效期限等，而專利繳費狀況，則為維持專利有效最簡單但易疏忽的基本條件；至於授權契約，則在確認該專利之授權對象或被授權對象、授權條件及相關約定等，若出資者欲投資之對象並非專利權人，而係專利之被授權人，則更應特別注意該專利被授權人究係專屬之被授權人或非專屬之被授權人、是否被賦予再授權他人實施等權能，並應要求該被授權人擔保其將切實履行授權契約所定之義務[4]，以維持該專利授權之有效性。

（二）徹底而完整的專利檢索

Patent due diligence的重點之一，為徹底而完整的專利檢索。此步驟之目的，除在了解該投資標的之專利家族[5]外，並可了解同技術領域之專利佈局現況，是否有基礎或核心技術已為他人取得專利等。進行專利檢索的方式，可利用關鍵字之設定，利用各國、各個專利資料庫，在相關欄位輸入必要的關鍵字，以個別單獨查詢、交集、聯集等方式重複地交互查詢，以期發現與投資標的相關連之專利，並就所發現的專利詳為評估。

關鍵字的設定，可為該專利公告號或申請號、該專利的特定技術領域、該專利的特定技術名稱、該專利所使用的特定成分、

---

[4]　例如定期提出產銷報告、繳納一定之權利金等。
[5]　以同一技術在各國所取得之專利或提出之專利申請案。

發明人之名稱、專利權人之名稱、可能的競爭對手之名稱等。進行專利檢索時，應先進行大範圍的檢索，並逐次縮小範圍至較特定領域，一旦檢索出可能相關的專利，即應交由專業人員評估該等相關之專利與投資標的之專利間之關連，尤應注意是否有基礎專利（basic patent）的存在[6]。

目前市面上不乏軟體及資料庫可作為專利檢索工具，亦有諸多服務廠商稱其可提供專利檢索服務。然則，專利檢索條件的設定、關鍵字的設定、檢索範圍、以至最後的專利檢索報告，乃專業性極高的分析，並非僅列出清單而已，況且使用不同的檢索條件，檢索而得的清單內容即不盡相同，足以影響該專利檢索結果之判斷與價值，仍以委由專業人士處理為宜。

（三）專利保護範圍的評估與技術分析

在專利檢索的步驟之後，需針對投資標的之專利與檢索而得的相關專利進行評估，就該等專利的專利保護範圍加以判斷並交互對照、比較，以瞭解是否有侵害他人專利之可能、有否於投資前先行取得他人專利之授權之必要等。除審視請求項（claim）外，亦需同時參照說明書（specification）及圖式（drawing）的部分，以確定專利保護範圍為何。此外，若預算及人力許可，並應參考專利申請過程中之檔案文件，以確定專利保護範圍是否因禁反言等原則之適用而受到限制。

許多發明人或專利權人會以為就特定技術獲准專利，即等於取得實施該等技術的權能，實則不然。專利是一個排他的權限，專利權人擁有「排除他人實施自己專利」的權利，但不表示專利權人實施自己的專利必定不會侵害他人的智慧財產權。若專利權

---

[6]　例如投資標的之專利為使用A物質為原料以製造特定產品之方法，若A物質本身即為受專利保護之客體，則實施投資標的之專利（方法），將無可避免地侵害該A物質之專利，該A物質專利即為投資標的之專利的基礎專利。

人實施自己專利之行為有某部分為他人專利所涵蓋，則專利權人縱使是實施自己的專利，也須得該他人之同意，否則仍會侵害該他人的專利。因此，若經檢索發現有相關之專利可能會涵蓋到投資標的之專利之內容，就必須對此部分進一步詳細評估。

　　倘若在技術分析後，得出投資標的之專利為他人專利所涵蓋之結論，則應確定已取得該他人之專利權或專利授權（最好是專屬授權）[7]，以避免未來衍生專利侵權糾紛等法律及財務上之風險。

二、積極面

　　除避免侵害他人權利外，patent due diligence尚有積極之功能，即透過適當的智慧財產佈局，取得競爭或營業上的優勢。此部分特需專業上的協助，除研發工程師等技術人員外，尚需具相關經驗的科技法律團隊[8]協助判斷，以求技術與法律層次的面面俱到。

（一）徹底而完整的專利檢索

　　為達成patent due diligence的積極功能，同樣需要完成徹底而完整的專利檢索。與避免侵害之消極面不同，專利檢索的積極

---

[7]　未經專業人士審閱的專利相關契約（尤其是非以英文為母語者所撰寫的英文契約），常有將assignment與license二詞混用的情形。實則assignment為專利權之讓與，受讓人（assignee）成為專利權人；而license為專利權之授權，被授權人（licensee）並不因此成為專利權人，僅依該契約的條件、內容、與範圍，取得實施該授權標的之專利的權能。兩者的差別在於：縱使專利授權所約定的期間是授權至專利權有效期限屆滿，亦不表示被授權人可高枕無憂地享有實施該專利之權能，蓋被授權人若不遵守授權契約相關條款、不履行契約所定之義務（例如繳納權利金），則仍可能因違約而喪失被授權人之地位與權限。

[8]　此團隊至少需有科技法律師、及專利師或專利工程師的參與，尤其以具有專利訴訟經驗之團隊為佳。

功能，目的在協助技術分析的的進行，可針對投資標的之專利與相關專利之技術領域，檢索蒐集專利權人、專利核准件數、引證次數等資料。

其中，在判斷投資標的之專利與相關專利之技術領域為何之後，瞭解該領域專利權人的數量及增加（或減少）之趨勢、及專利核准件數，可協助判斷該等技術的生命周期。若該技術為創新的技術，為該領域的先行者，則相關領域之專利權人人數不致太多，因為了解該技術的人十分有限，此外，被核准之專利數量亦相當少；若該領域核准之專利數量甚多，則由專利權人之分布，及各年度被准專利之數量，可判斷掌握相關技術之人為何，且該等技術是正在發展中或已臻成熟。大體而言，若專利權人與專利核准件數均成成長趨勢，則該等技術正在成長，若專利權人與專利核准件數逐漸減少或停滯不前，則該技術可能已發展至一成熟之階段，正處於高峰，甚至可能有衰退跡象。凡此種種，均有助於判斷投資標的之專利，其價值與地位如何。

此外，針對引證次數加以檢索，有助於發現基礎專利及核心專利（core patent）的存在。原則上，被引證次數愈多之專利，愈是該領域重要的專利，藉由了解該等基礎專利和核心專利的技術內容及專利權人為何，判斷投入該技術領域可能的成本及風險等。至於其他項目的專利檢索，例如就重要專利權人的檢索等，亦可針對patent due diligence的目的及預算，配合設計due diligence的查核內容。

（二）專利保護範圍的評估與技術分析

所謂專利檢索，即在專利資料庫內尋找，以發現已獲准及已公開之專利。然而，作為投資標的之技術可能是某一全新的發明，甫研發完成之際，並無同類技術已取得專利，縱有他人提出專利申請，亦因尚在審查過程或尚未早期公開而無法得知。就此

部分而言，除定期進行專利檢索、監控，以確保有已獲准及已公開專利之最新資訊外，即應思考對作為投資標的之技術的保護。

首先，可檢索相似技術領域的專利，以判斷投資標的之新技術與現有技術之異同。此外，可考慮就應採取何種法律設計的制度對該等技術加以保護，例如將其當作營業秘密加以保護，或為該技術申請專利加以保護等。

一般而言，若該技術之研發不易，且生命周期長，則以營業秘密加以保護堪稱適當，蓋在未揭露前，他人無法得知該等技術之內容及實施方法，營業秘密之所有人即擁有競爭上之優勢，只要能確保該等技術之秘密性，於秘密性存在時，保護即存在，且營業秘密之保護理論上可永久保護，不似專利權有存續期間的限制。相反地，若該等技術之研發不甚困難，他人亦有可能在短期內開發出相同之技術，則應立即考慮申請專利之可能，以期確保在該技術領域取得排除他人實施之權利。在進行patent due diligence的過程中，出資者可透過與專業團隊的溝通，取得上述事項的建議。

（三）決定專利佈局與策略

一旦決定以專利權對特定技術加以保護，則應考慮專利佈局及相關策略。針對同一技術，為尋求最大的保護，可從不同角度切入，分別申請多種、多個不同專利，以涵蓋該技術所能涉及的各個層面。若申請專利之內容可能為該技術領域的核心專利，更應多方面申請，以外圍專利對核心專利加以保護，以編織綿密的專利網，對該核心技術達成全面的防護[9]。此外，就該等技術未來若進行商品化，其目標產銷區域為何，應在可能的範圍內，在

---

[9] 以國外實務而言，擁有一核心專利的企業，其外圍專利可能有上百個。

全球重要市場提出專利申請，例如提出PCT[10]申請案等。惟PCT申請案若指定國家過多，其花費亦不可小覷，需視預算許可之情形審慎斟酌，否則縱使取得專利，日後亦可能無力繳費維護。

　　在決定專利佈局與日後之經營策略、競爭策略時，可一併考慮未來締結授權契約、技術合作、策略聯盟等可能，重點均在於對作為投資標的之專利或可專利之技術有充分的了解，對其有利與不利、範圍與影響力有正確的認識。在做成商業決策時，patent due diligence即不只是防禦性的程序，而可作為較為積極，甚至日後成為攻擊性之武器。對涉及專利權之企業而言，適當擁有足以自保及可成為競爭優勢之專利佈局，將在企業經營中取得絕佳之地位，此種現象在倚賴新興科技之產業更為明顯。若說智慧財產權是此等產業的基礎，亦不為過。

伍、結語

　　在智慧財產的重要性與日俱增的同時，針對無形資產的正當注意調查程序，與針對企業的有形資產進行調查同等重要。然而，由於智慧財產權無形的特性，其價值判斷及風險評估異於土地、廠房、設備等，而更需專業人士的協助與判斷。有鑑於IP due diligence將成為企業活動、特別是高科技產業所關注之對

---

[10] PCT係「專利合作條約」（Patent Cooperation Treaty）之縮寫。PCT於1978年正式生效，並由世界智慧財產權組織（WIPO）負責執行與推動，參與PCT的國家從最初的18國，至今已有152個會員（參見WIPO網站：https://www.wipo.int/pct/en/，最後瀏覽日：2019年3月1日）。PCT最大的特色在於，專利申請人可透過一個單一的申請案件與程序，用一種語言、向一個受理PCT申請案之單位提出一份國際申請案，便可於各個締約國指定一個至數個，甚至全部締約國為申請國。提出PCT申請與分別在各國提起專利申請案相較，於時間及費用上均有相當之節省，且手續較為方便，PCT案的申請程序甚至可全部在線上進行。

象，爰爲文介紹，希望在傳統的領域外，對於IP due diligence有需求者，均能依實際需要，量身定作最佳的解決方案。

12

物聯網專利及其相關實務介紹

萬國法律事務所專利經理　洪珮瑜

壹、萬物皆可連

「物聯網」（Internet of Things，簡稱IoT）一詞首先是在1998年代由美國麻省理工學院Auto-ID中心主任愛斯頓（Kevin Ashton）提出的概念，意指藉由全球化的網路基礎建設，透過資料擷取以及通訊能力，連結實體物件與虛擬數據，進行各類控制、偵測、識別及服務；亦即使設備與設備間透過互聯網傳遞訊息，使設備進行控制、偵測、識別，藉以直接或間接創造價值。物聯網會以建立的「平台」為基礎，以資料的蒐集、處理及利用作為手段，而達到服務的目的（創造價值）[1]。

在物聯網時代，手機、溫濕度計、冰箱、冷氣機、咖啡機、體重計、電燈等裝置，不再是死板的機器設備，而是會變得可溝通且善解人意。除了原本被認為的居家或辦公「裝置」外，近年來如狂潮般推出的穿戴式裝置（wearable device），更是物聯網中不可或缺的要角。這些裝置正扮演著物聯網中「蒐集」情報（資料數據）的關鍵角色，將所蒐集到的資料數據透過網路傳達到後台（雲端計算），之後再由業者提供反饋（服務）。

事實上，從上述說明可以瞭解，物聯網本身並非一種全新的科技或技術突破，而是由一連串的技術所組成。目前一般將物聯網的架構區分為感知層（device）、網路層（connection）及應用層（management）。感知層會針對不同場景環境進行感知與監控（使用的技術包括溫濕度、光、聲、壓力、波、氣體等各式感測器、影像處理等、定位等、標籤讀寫器等）；網路層則將感知層所蒐集到的資料傳輸至網際網路（使用的技術包括目前已有的通訊、網路、雲端等）；應用層則是各個業者大展身手的地

---

[1] 黃俊堯著，看懂，然後知輕重—「互聯網+」的10堂必修課，先覺出版股份有限公司，頁201-202（2015年5月）。

方，例如根據不同需求而開發出不同的應用軟體（例如，智慧溫控、節電器、給藥、防止打瞌睡、增加農畜產量等）。

　　在這種情況下，可想而知業者將無所不用其極地蒐集所有可能的資料數據（先不論這些資料數據目前有沒有辦法被處理或能有什麼應用）；這一方面會促進大數據、感測器相關業者的蓬勃發展（事實上目前的問題點並非在於資料或收集資料本身，而是在於如何整理消化這些數據），但另一方面令人隱憂的則是隱私的保護。所謂的「智慧生活」雖帶給人們便利，但必須以個人隱私（例如消費習慣、喜好、作息等）作爲交換，這是否終將造成使用者的反撲[2]，值得反思。

貳、物聯網專利

　　提到物聯網的應用，雖不能說以美國NEST Labs, Inc.（下稱耐斯特實驗公司）爲始祖，但很常以該公司的智慧溫控設備（房屋的加熱與冷卻系統）作爲說明。茲以耐斯特實驗公司之中華民國發明專利申請第201245653號「具整合感測系統的恆溫器」爲例[3]，該專利共有三個獨立項（請求項1、11、20）：

　　「1.一種恆溫器，其包含：一外殼，其包括一前向表面，一被動式紅外線（PIR）運動感測器，其安置於該外殼內部且用以感測在該恆溫器附近之居住率，該PIR運動感測器具有一輻射接收表面，且能夠偵測在該外殼之該前向表面前方的一居住者之橫向移動；及一護柵部件，其具有一或多個開口且係沿著該外殼之

---

[2]　類似電影「楚門的世界」（The Truman Show），記錄男主角楚門的生活，由實境秀節目建構出來，並播送給全球數十萬的觀眾的「現實生活」。

[3]　根據智慧財產局的審查公開資訊，該申請案已於2017年1月20日初審核准。參見：http://twpat7.tipo.gov.tw/tipotwoc/tipotwkm?@@381389476（最後瀏覽日：2017年3月5日）。

該前向表面而被包括並置放於該PIR運動感測器之該輻射接收表面之上，該護柵部件實質上隱蔽及保護安置於該外殼內部之該PIR運動感測器，藉以，藉由該護柵部件對該PIR運動感測器之該隱蔽促進該恆溫器之一視覺上合意品質，但准許該PIR運動感測器有效地偵測該居住者之該橫向移動。

　　11.一種將居住率感測能力整合於一恆溫器中之方法，其包含：提供用於該恆溫器之一外殼，該外殼包括一前向表面；提供一被動式紅外線（PIR）運動感測器，該PIR運動感測器安置於該外殼內部且用以感測在該恆溫器附近之居住率，該PIR運動感測器具有一輻射接收表面，且能夠偵測在該外殼之該前向表面前方的一居住者之橫向移動；及附接一護柵部件，該護柵部件係沿著該外殼之該前向表面且置放於該PIR運動感測器之該輻射接收表面之上，其中該護柵部件實質上隱蔽及保護安置於該外殼內部之該PIR運動感測器，從而促進該恆溫器之一視覺上合意品質，藉以，該護柵部件中之一或多個似隙縫開口使該PIR運動感測器能夠偵測在該恆溫器之該外殼之該前向表面前方的一居住者之橫向移動。

　　20.一種恆溫器，其包含：用於該恆溫器之一外殼，其包括一前向表面；一被動式紅外線（PIR）運動感測器，其係與該外殼之該前向表面共平面且用以感測在該恆溫器附近之居住率，該PIR運動感測器在該PIR運動感測器之一表面上具有菲涅耳透鏡，該菲涅耳透鏡引導紅外線輻射朝向在該PIR運動感測器之該表面下方的紅外線敏感感測器元件，其中該等紅外線敏感感測器元件偵測藉由在該外殼之該前向表面前方的一居住者之橫向移動朝向該前向表面所發射之該紅外線輻射，一溫度感測器，其安置於該外殼內部且進一步包括沿著實質上垂直於且鄰近於該PIR運動感測器之一平面而定位的一上部熱感測器及一下部熱感測器，其中該上部熱感測器傾向於收集與在該恆溫器外部之一區域相關聯的溫度資料，且該下部熱感測器傾向於收集與用於該恆溫器之

該外殼之一內部相關聯的溫度資料，且在判定一周圍溫度時鑒於來自該上部熱感測器之該溫度資料而考慮來自該下部熱感測器之該溫度資料；及一護柵部件，其係沿著該外殼之該前向表面而置放且置放於該PIR運動感測器之該表面之上，其中該護柵部件具有使該PIR運動感測器能夠偵測藉由該居住者之該橫向移動發射之紅外線輻射的複數個似隙縫開口，其中該護柵部件包含一導熱材料且亦經置放成極近接於該溫度感測器並充當與該溫度感測器相關聯之至少一熱感測器的一熱天線，藉此增強該溫度感測器搜集在該外殼外部之溫度資料且偵測一環境之一周圍溫度的能力。」

可以注意到，耐斯特實驗公司所申請的一系列專利，都有如下的圖。

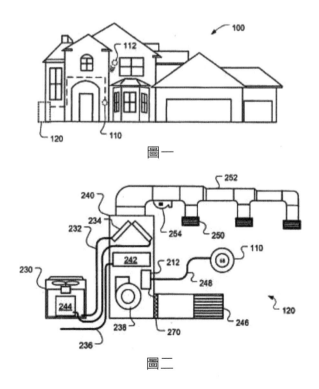

圖一

圖二

　　圖式中的主要元件符號說明如下：100（圍封體／單家庭住房）、110（恆溫器）、120（加熱通風空調（HVAC）系統）、212（控制電子器件）、230（外部壓縮機）、232（管線）、234（冷卻線圈）、238（風扇）、240（空氣處置器）、242（加熱線圈或元件）、244（熱交換器線圈）、246（返回空氣管道）、248（控制導線）、250（供應空氣暫存器）、252（供應空氣管道系統）、254（增濕器）、270（過濾器）。

　　上述專利中之「恆溫器」即相當於感知層，而每個家戶所裝設的恆溫器都可看成是感知器中的一個節點，透過網際網路（網路層）連結到雲端或資料中心，再將恆溫器所收集到的資訊（例如，偵測該居住者之該橫向移動）轉換成智能應用（應用層）。由於在典型的美國住房中，加熱及冷卻占能量使用的56%，而成為大多數住房的最大能量費用。因此，能量效率的實質增加可藉由住房加熱及冷卻設備之較好控制及調節而達成，藉由啓動用於明智選擇之時間間隔及仔細精選之操作等級的加熱通風及空調設備，可節省實質能量，而同時使生活空間對於其居住者保持合適地舒適，此即上述專利的應用層。

　　由上可知，在這類物聯網的專利中，感知層及網路層其實屬於先前技術，發明的核心應該是在於應用層的部分，在既有的收集資訊的技術下，開發出新的應用及其價值，這當然也是物聯網中最困難的部分。

參、專利侵權責任

一、誰會踩到專利地雷？

　　電子商務（商業方法）專利或物聯網專利的一個特徵就是實施請求項中各要件的行為人不一定會是同一個人，而且通常會包

括使用者（消費者）在內，基於專利權人通常不會對消費者提告的前提下，如何主張侵權責任，將是此類專利的一項重要課題。

　　以中華民國發明第I253835專利（名稱「數位防盜裝置」）為例，其請求項1係一種數位防盜裝置，包含：一行動電話，具有一識別門號；一行動通信系統，藉以將該行動電話所傳遞之訊息內容予以數位化後傳輸出；以及一無孔式門鎖單元，具有一門鎖、一能控制該門鎖開啟且能供資料儲存、辨識的辨識晶片，以及一與該辨識晶片連接的號碼輸入器，該辨識晶片具有一受訊門號，以及一由該號碼輸入器設定而成的記憶比對門號，以該行動電話撥打該受訊門號，利用該行動通信系統將該行動電話所傳遞之訊息內容傳輸至該辨識晶片，經該辨識晶片確認該識別門號與該記憶比對門號吻合後，隨即發出一解鎖訊號，以使該門鎖開啟[4]。

　　專利權人發現市面上有一公司販售請求項1中的「行動通信系統」，另於網頁上販售「外接式高電壓電磁閥」（標示為選配），以搭配客戶端之不同鎖具，此外，該公司所販售的行動通信系統並未包括行動電話（行動電話為使用者本身所具有）。

　　就此，智慧財產法院101年度民專上字第15號判決略謂：「上訴人雖主張被上訴人網站之宣傳網頁已顯示可選購配件外接式高電壓電磁閥，被上訴人將高電壓電磁閥列為系爭侵權物外接之選購配件，顯示並非系爭侵權物之內建零件，而是另外販售電子之一個主要構件，且為因應搭配客戶現有不同之鎖具，始會僅配售提供電子鎖中之重要零件電磁閥，提供給客戶選購，其中選購二字即代表被上訴人所販售之侵權產品，係包括該電磁閥在內，即該當販售整套、完整之侵權物品，亦有可能接受客戶委

---

[4]　資料來源，智慧財產局：http://twpat1.tipo.gov.tw/tipotwoc/tipotwkm?04B4BCF10004010100000000000100A00000003E000000000^CL（最後瀏覽日：2017年3月12日）。

託，代客安裝新鎖具、改裝舊鎖具，此行為構成販賣系爭侵權物之要約行為，手機亦為必要構件云云。然被上訴人未販售手機或行動電子通訊器材等設備，僅透過網頁或產品說明書，讓使用者知悉該產品另需使用手機或行動通訊器材。故被上訴人所販售被控侵權物可能包含系統主機、搭配系統之電子鎖等，而網頁或產品說明書有教示手機或行動電子通訊器材結合被控侵權物主機系統，其僅止於教示與說明，並未販售或提供手機或行動電子通訊器材等相關設備予相關消費者。準此，被上訴人未侵害系爭專利請求項1。」

在前開判決中，法院認為既然被告（被上訴人）未販售或提供手機或行動電子通訊器材等相關設備給消費者（使用者），而被告（被上訴人）網頁或產品說明書雖教示手機或行動電子通訊器材結合被控侵權物主機系統，但者僅止於教示與說明，因此不符合文義讀取[5]。

二、間接侵權或共同侵權？

同上述案例，假設被告並非實施全部請求項的要件，而僅一部實施時（可能是刻意規避、也可能是本質上必然），依事件本質，美國可用「間接侵權」加以處理，我國專利法雖無類此規定，但法院實務上曾以民法第185條共同侵權處理[6]，被告除須具備共同侵權行為之外，仍須具有造意、幫助的故意或過失[7]。

---

[5] 同此見解，台灣高等法院台中分院96年度智上字第18號判決、智慧財產法院97年度民專上字第20號判決，案情內容是被控侵權藥品（A）的仿單中教示並建議醫師或糖尿病患者搭配另一藥物（B），法院認為此非醫師或患者所能控制，因此不構成專利侵權。

[6] 實務上有成立共同侵權的案例，例如，智慧財產法院99年度民專訴字第59號判決。

[7] 黃惠敏，論專利間接侵權—以我國實務判決為核心，萬國法律，第206期，頁47-57（2016年4月）。

　　基此,前開智慧財產法院101年度民專上字第15號判決之原告或可主張共同侵權,即主張販賣「行動通信系統」的業者與使用者共同侵權,然因使用者(消費者)可能都不構成主觀上的過失[8],因此,結果而言應無不同(不構成侵權)。因此,在撰寫此類專利(物聯網、電子商務等)請求項時,應事先注意將來主張侵權時之對象,以避免產生取得專利卻無法主張侵權的窘境。

肆、相關專利實務

一、物聯網專利中之應用層為為判斷可專利性的關鍵

　　如前所述,物聯網專利中之感知層(感測器)及網路層通常是已知的元件,因此,整體而言要取得專利的關鍵應該在於其應用(應用層)。然而,雖然部分元件是屬於已知,但最高行政法院104年度判字第452號判決明揭:「進步性之審查不得以發明之說明所採用循序漸進、由淺入深的內容而產生的『後見之明』作成能輕易完成的判斷,逕予認定發明不具進步性;而應將系爭發明的整體與舉發證據進行比對,以該發明所屬技術領域中具有通常知識者參酌申請時的通常知識之觀點,作成客觀的判斷。次按技術特徵似未為舉發證據所揭露,而法院未予以詳查,卻以『其所屬技術領域中具有通常知識者,依申請前之先前技術所能輕易完成者』為由,遽為不利當事人之判決,亦未於判決中敘明所憑依據,則該判決即有理由不備之違誤。」可作為目前下級審法院有很高比例以進步性為由宣告專利無效之參考[9]。

---

[8]　同註5之理由。

[9]　事實上,智慧財產法院101年度行專訴字第121號判決也明文:「按先前技術之組合是否足以證明專利為所屬技術領域中具有通常知識者所能輕易完成之判斷

二、推翻已審查核准的專利應採清楚且足以令人信服之證據

　　對於已核准的專利，如事後要挑戰其可專利性，美國實務係採要達到「clear and convincing evidence」（清楚且足以令人信服）的證據，此證據程度應高於一般民事心證的證據優勢（preponderance of evidence）。最高行政法院於105年度判字第333號判決中首見以此作為論述：「就已取得核准之專利提出舉發，舉發人須提出『清楚且足以令人信服』（clear and convincing evidence）之證據以為證明，本件上訴人主張系爭專利不具進步性，自應就其所提出之證據如何『清楚』及『足以令人信服』地證明系爭專利不具進步性一節為說明」，實值贊同。

　　上述判決中所稱「已取得核准之專利」，對照美國實務，似應適用於已經專利專責機關「實體審查」為限，蓋該等專利既經權責機關審查並給予准予專利之行政處分，則嗣後欲推翻之，自應採取較高之標準。而對於我國採取形式審查之新型專利而言，既未經過智慧財產局審查，則嗣後舉發或民事有效性之爭論，似應以證據優勢（preponderance of evidence）即足。

三、職權調查

　　民國88年修正之行政訴訟法為達到保障人民權益、維護公

標準，不能僅將先前技術以機械式之拼湊比對為之，因為絕大多數之發明，均係結合先前之技術而賦予全新之技術特徵，且雖判斷發明是否具有可專利要件，應以發明申請時所屬技術領域中之通常知識者為標準，但無論於行政審定或司法判斷時，均與申請時有時間上之落差，在此時間差中，技術必然會有相當之進步，時間差距越長，技術進步越多，故不能僅以專利之技術特徵已為先前技術所揭露即當然認為申請時所屬技術領域中之通常知識者即可輕易思及並運用，始能排除技術之發展造成行政審查委員或司法審判者之後見之明。」亦可為適例。

益以及貫徹行政行為合法性之審查，改採職權調查主義，該規定之立法理由乃是為維護公益之故[10]。基此，行政訴訟法第133條規定：「行政法院於撤銷訴訟，應依職權調查證據；於其他訴訟，為維護公益者，亦同。」然專利審查及舉發實務，法院向來係限縮適用職權調查證據，而以智慧財產局或舉發人所提證據為審理比對之對象[11]。

然而，最高行政法院105年度判字第41號判決卻表示：「按行政法院於審理專利舉發事件時，固應僅就舉發人所主張之舉發理由及其所提之舉發證據加以審查，以判斷系爭專利應否撤銷，惟舉發證據之可信度尚有不足，致法院無法獲得明確之心證時，基於公益之考量，法院仍得依職權調查與舉發證據具有關連性之輔助證據。次按進步性判斷標準中關於『先前技術』，並非僅限於舉發人所提之引證文件，舉凡系爭專利申請前，所屬技術領域者所具有之通常知識，皆屬之。」似乎對於職權調查的範圍有放寬適用之空間。

四、有效性之判斷應待更正處分作成

在專利侵權的民事訴訟中，實務上如原告（專利權人）一審因專利有應撤銷事由而敗訴的情況，原告（專利權人）可能會進行更正，以先守住專利有效性。然因智慧採產局作成准予更正與否之處分通常會花較長的時間，因而民事二審法院可能就更正與否自為判斷。然而，最高行政法院105年度判字第337號判決

---

[10] 張文郁，行政訴訟法之職權調查主義，台灣本土法學雜誌，第160期，頁27-33（2010年9月15日）。另請參洪珮瑜，專利舉發及民事訴訟中專利有效性之職權審查，萬國法律雜誌，第188期，頁28-34（2013年4月）。

[11] 李秋峰，淺談行政訴訟職權調查主義於撤銷專利舉發訴訟之限縮適用，眾律國際法律事務所，參見：http://www.zoomlaw.net/files/16-1138-43609.php（最後瀏覽日：2017年3月12日）。

卻表示：「申請專利範圍更正與否關涉案專利技術特徵之解釋與確定，專利之申請專利範圍不確定，則無從進行進步性判斷；若專利權人已依法申請更正，自應待更正處分，並提示更正處分內容，使當事人得為事實上及法律上適當完全之辯論，及必要之聲明及陳述，始可謂已經當事人充分辯論，方得作成判決。」該判決雖為行政判決，但對於我國實務上的作法是否會產生影響，須要進一步觀察後續案例。

五、損害賠償

　　智慧財產法院103年度民專更（一）字第2號判決就損害賠償的計算表達了兩項重要原則：

（一）僅直接成本始得扣除

　　按「專利侵權損害賠償之計算，之所以允許專利權人將侵權人因販賣侵權產品之總銷售額或所得利益作為損害賠償金額，其立法目的係為減輕專利權人之舉證責任，並藉此對侵權人發揮若干制裁之效力。其意涵係擬制：當侵權人銷售一件侵權『物品』時，即已造成專利權人少銷售一件專利物品，因而將侵權人銷售該『物品』所得收益，作為其應給付專利權人之損害賠償。於解釋上，能自侵權人販賣侵權產品之銷售額扣除，以計算侵權人所得利益之『成本』及『必要費用』，應僅限於侵權行為人為銷售侵權產品所直接投入之製造成本及必要之費用，而不能一概將侵權行為人經營事業所花費之其他成本及費用，甚至所謂『研發成本』全部納入，否則將形成『倘若侵權行為人公司整體營運結果無利潤甚至負債，即可不用為侵權行為負責』之不合理情況」。依上開本院判決意旨，修正前專利法第85條第1項第2款後段雖採舉證責任倒置原則，由侵害人舉證其成本及必要費用，並以扣

除該成本及費用後之餘額作為損害賠償金額，但基於衡平，該成本及費用必須與製造侵害專利產品直接相關者為限，而非以侵害人其他之成本及費用等一併涵括在內而據以扣除。此由德國聯邦最高法院之相關判決可作為適用本規定之法理參考。按德國聯邦最高法院於西元2006年9月21日之連接器外殼案（Steckverbind-ergehae use）之判決要旨中表示：「a.本院之競爭法給付損害事件，於所謂侵害人所得利益之評估，亦適用本院一般成本分攤判斷原則（Gemeinkostenanteil-Entscheidung）（指德國聯邦最高法院適用設計專利法關於損害賠償規定，於2000年11月2日在Gemeinkostenanteil案表示，直接製造侵害標的所獲之利益為賠償範圍，間接成本部分應予扣除。）b.依上開原則，評價是項損害賠償時，生產侵害標的之支出可以直接歸類為此之成本，此包括生產與材料成本，及用於銷售仿製品所分銷之員工成本，並包含用於生產及銷售仿製品之固定資產中之機器與場所成本（依其使用期限按比例分攤）。c.與製造及為維持企業所產生之分銷無關部分，不屬於此類成本。此措施包括營銷成本、負責人報酬、行政費用及不能具體歸屬於侵害之固定資產成本。研發成本及不再供產品出售的成本，亦不屬於此之成本範圍。」

（二）考慮專利貢獻度

　　前揭判決亦指出：「該論文研究主要係利用專利檢索資料，探討台灣女性內衣產業的發展，台灣內衣研發方向主要著重於內衣結構的設計，而欲達到的功效為塑體功能、舒適性與美觀，透過內衣技術領域之特定了解，以提供內衣在發明上所遇到之問題一解決方案，其研究方法包括專利分析、導入TRIZ理論（發明與問題解決理論）及訪問面談調查中第四章就內衣在美國與台灣之申請專利為分析，台灣部分則參考中華民國專利資訊檢索系統（TWPAT），採取全部之內衣專利資料，作成技術功效

矩陣圖中，依據各專利內容，抽取專利中所使用之技術及功效字眼加以歸納，分為技術軸與功效軸，技術軸上有：成本考量、舒適性、穿著方式或連結方式，及鋼條或其他附加物4類，功效軸上有：成本考量、舒適性、便利性、美觀、姿態調整、塑體功能及醫學功能7類。其整理我國專利資料庫各專利後（另就美國部分參考美國專利商標局資料分析），就內衣結構設計部分分析如下：其成本考量（專利1件）技術0.5%、（專利21件）舒適性9.8%、便利性（專利1件）0.5%、美觀（專利16件）7.4%、姿態調整（專利8件）3.7%、塑體功能（專利34件）15.8%，合計（專利81件）37.7%，其餘則為布料（專利38件）17.7%、穿著方式（專利49件）22.8%、鋼條或其他附加物（專利47件）21.9%，合計100%；上述塑體功能包括：托胸、防副乳、塑腰等身體各部位雕塑，其自我國專利資料庫檢索分析得到上述各項數據，足為本件就女性內衣技術分析參考資料。參見系爭專利摘要，系爭專利提供一種胸罩背片結構，以支撐肋與支撐肋之間對應設有輔助抵撐肋條，可令使用者於穿戴胸罩而撐張拉扯背片時，該支撐肋間藉以輔助抵撐肋條兩端分散背片橫向拉扯之拉力，使其胸罩穿戴起來更為平整服貼等情，包含於上述技術結構的各項分析因素，因之，被上訴人主張系爭專利在系爭產品一貢獻度為37.7%，應有客觀依據而可為本件計算之基礎。」判決最終即以此比例計算損害賠償。此「貢獻度」如果能廣為其他判決所採，日後我國專利侵權訴訟也有可能出現類似美國專利訴訟之「損害賠償專家證人」，專門處理損害賠償之部分，亦屬可期。

　　承前所述，由於物聯網專利中之感知層及網路層應屬習知，而非專利貢獻所在，因此，日後如發生專利侵權爭議，於損害賠償的計算上，被告或許可主張上述判決所謂之貢獻度以減輕賠償責任。

第四部

授權實務

13

專利讓與及授權實務

萬國法律事務所專利經理　洪珮瑜

壹、前言

專利係一無體財產權，可為專利權人使用、收益或處分。除了專利權人自己實施之外，較常見的使用、收益、處分方式即讓與或授權。

專利權之讓與及授權的不同處在於，專利權之受讓人在其受讓範圍內為專利權人，而專利權之被授權人係僅得於專利權讓與之範圍實施專利權，專利權人仍為專利權之主體[1]。本文將就專利權之讓與及授權兩者在實務上的運作，作一簡要之比較及說明。

貳、專利權之讓與

按「專利申請權及專利權，均得讓與或繼承。」專利法第6條第1項定有明文，專利申請權雖僅為得申請專利之權利[2]，但仍屬可讓與之標的。至於專利權本身，因屬財產權之一種，自得自由讓與、信託、授權他人實施或設定質權[3]。

一、在讓與當事人之間不以登記為必要

雖然專利法第62條第1項規定「發明專利權人以其發明專利權讓與、信託、授權他人實施或設定質權，非經向專利專責機關登記，不得對抗第三人」，然在當事人之間，並不以登記為必要，此可參最高法院96年度台上字第1656號民事判決略謂：

---

[1] 智慧財產法院98年度民專訴字第95號民事判決參照。
[2] 此主要與專利法第5條第2項、第7條及第8條所訂之權利歸屬有關。
[3] 專利法第62條第1項參照。

「按發明專利權人以其發明專利權讓與他人或授權他人實施，非經向專利專責機關登記，不得對抗第三人，專利法第五十九條（作者按：此為修正前之專利法）定有明文。又專利權之讓與，依法固應由各當事人署名，附具契約申請換發證書，惟此並非讓與之生效要件，苟讓與人與受讓人互相表示意思一致者，其讓與契約即為成立，且因而發生讓與之效力，縱未向主管機關登記並取得新證書，亦不影響讓與之效力。」足見當讓與人與受讓人就讓與之意思表示一致時，即已發生讓與之效力，僅該讓與可否對抗第三人而已。

二、讓與不以有償為必要

此外，雖然名為「讓與」，然不以有償為必要，智慧財產法院102年度民著訴字第22號民事判決稱：「按法律並未規定著作財產權之讓與須有對價關係存在，無償讓與亦無不可，且著作人將著作財產權轉讓予他人之原因所在多有，而唱片市場中歌曲價值高低與受消費者歡迎程度息息相關，並非每首歌曲均有其市場價值，是創作人無償將相關權利移轉予唱片公司，藉由唱片公司之行銷廣告以提高歌曲能見度，亦不無可能，實難以唱片公司無法提出付款證明，即認其與創作人雙方間並無轉讓歌曲之著作財產權合意存在。」該案例雖涉及著作財產權，惟基於智慧財產權之共通概念[4]，專利權之讓與亦應無不同之解釋。

---

[4]　類此狀況請參見智慧財產法院97年度民專訴字第47號民事判決，法院係引用著作權法第37條第4項之規定以解釋在專利中，專屬授權之被授權人在被授權範圍內，得以專利權人之地位行使權利，專利權人不得再實施專利權。

三、登記

實務上，無論是專利申請權或專利權之讓與，均得由讓與人或受讓人單方提出申請，並附具讓與契約書或讓與證明文件[5]；如果專利權之讓與原因爲無償贈與時，尚須檢附稅捐稽徵機關核發之稅款繳清證明書、核定免稅證明書、不計入贈與總額證明書或同意移轉證明書[6]。辦理專利申請權或專利權之讓與，須繳納規費新台幣2千元[7]。

參、專利權之授權

如前所述，專利權爲財產之一種，自得爲授權之標的。就專利權人的角度而言，授權可分爲「專屬授權」（exclusively license）及「非專屬授權」（non-exclusively license）兩種[8]。如從被授權人的角度，另有再授權（sub-license）之規定[9]。

一、專屬授權與非專屬授權

在100年12月21日修法之前，專利法中並無「專屬授權」與「非專屬授權」之定義，惟智慧財產法院98年度民專訴字第66

---

[5] 然而，如果只是單純依專利法第7條之規定由僱用人或出資人依法或依契約規定而申請者，實務上僅以專利申請書之記載爲準，無須檢附讓與契約書或讓與證明文件。

[6] 參見「專利權讓與登記申請書」及其申請須知，可於智慧財產局網站下載：http://www.tipo.gov.tw/lp.asp?ctNode=7487&CtUnit=3633&BaseDSD=7&mp=1（最後瀏覽日：2014年1月31日）。

[7] 詳專利規費收費辦法第7條第1款。

[8] 專利法第62條第2項參照。

[9] 專利法第63條第1、2項參照。

號民事判決指出：「『專屬授權』於專利法雖無明文加以定義，而經濟部智慧財產局就授權實施登記亦僅『全部授權』或『部分授權』二種。惟基於私法自治原則，依授權契約所授予之『專屬授權』，在不牴觸法律規定且未違反公序良俗之前提下，授權契約當事人之約定自應予以尊重。倘被授權人已取得專利權人之專屬授權，於專利權受侵害時，即得依專利法第84條第2項規定提起訴訟請求損害賠償。」因此，倘無其他相反之事證，當契約文字與當事人一致均爲「專屬授權」的意思表示時，依私法自治原則，即應認定爲專屬授權。

　　爲解決實務上就「專屬」、「非專屬」之紛爭，在修法後引入兩者之定義，所謂專利權授權他人實施，係指將專利之實施權（即製造、爲販賣之要約、販賣、使用或爲上述目的而進口等權能[10]）授予他人實施而言。授權一般可分爲專屬授權或非專屬授權：「專屬授權」者，指專利權人於爲專屬授權後，在被授權人所取得之權利範圍內不得重爲授權第三人實施該發明，倘未特別約定，專利權人在授權之範圍內亦不得實施該發明[11]；而「非專屬授權」者，則指專利權人爲授權後，就相同之授權範圍內仍得再授權第三人實施該發明[12]。因此，就「專屬授權」契約中，原則上如無特別約定，則專利權人自己不得實施該發明，例外情況則需於契約中明文專利權人仍得自己實施該發明專利。

　　然在「專屬授權」及「非專屬授權」之外，於商標實務上尚有「獨家授權」（sole license）之分類，意義爲只對一人所爲之

---

[10] 專利法第58條第1至3項參照。

[11] 參見100年12月21日修正公布之專利法第62條立法理由，略謂本條「爰參考英國專利法第一百三十條第一項、日本特許法第六十八條及第七十七條第二項、韓國專利法第九十四條及第一百條第二項規定訂定專屬授權之效果，以利適用。專利權人如本身仍有實施發明之需求，應取得專屬被授權人之授權後，始能實施。」

[12] 同上註。

授權，商標權人不得另外授權第三人使用，但不排除商標權人自己使用[13]。此所謂之「獨家授權」即屬上述專屬授權有特別約定專利權人自己可實施該專利的例外情況，而此例外，必須明確載明於授權契約中，否則即屬專利權人自己不能實施該專利的「原則」。易言之，在專屬授權中如無特別約定專利權人可實施該專利，則專利權人即不能實施該專利，反之，如有特別約定專利權人可實施該專利，則屬「獨家授權」之範疇，專利權人例外地可實施該專利。

二、再授權

無論是專屬授權或非專屬授權，被授權人得否將授權標的之專利權再授予第三人實施，應依授權契約及專利法之規定判斷。

在專屬授權的情況，原則上專屬被授權人得將其被授予之權利再授權第三人實施，但如授權契約另有約定不得再授權時，從其約定[14]。反之，如果是非專屬授權的情況，原則上非專屬被授權人不得將其被授予之權利再授權第三人實施，例外的情況則是在授權契約中獲得專利權人或專屬被授權人之同意，非專屬被授權人始得將其被授予之權利再授權第三人實施[15]。

三、登記

專利授權（或再授權）登記應附具授權契約或證明文件，應

---

[13] 參見「淺談我國商標法之專屬授權」，台一國際專利商標事務所，http://www.taie.com.tw/tc/p4-publications-detail.asp?article_code=03&article_classify_sn=65&sn=546（最後瀏覽日：2013年1月31日）。

[14] 專利法第63條第1項。

[15] 專利法第63條第2項。

載明專利名稱、專利證書號及授權種類、內容、地域及期間[16]。具體而言，授權登記除勾選專屬授權或非專屬授權外，還要填寫授權期間（最長至專利權期間屆滿為止）、授權地域（中華民國全境或指明部分區域）。此外，由於每個申請專利範圍都是單獨的權利，因此，在進行授權登記時，更重要地是記載哪些請求項（全部或部分）是在授權範圍，如果勾選部分請求項，則須載明是授權第幾項。又專利之實施權包括製造、為販賣之要約、販賣、使用或為上述目的而進口等五種權能[17]，因此，在授權登記時還須勾選是五種權能全部授權，或僅將部分的權能授權他人實施。辦理專利授權（或再授權），須繳納規費新台幣2千元[18]。

四、專屬授權後誰可提起專利侵權訴訟？

　　甲公司將其專利專屬授權乙公司於中華民國實施後，乙公司發現第三人之產品侵害該專利，則究竟專利權人甲公司或專屬被授權人乙公司可對該第三人提起專利侵權訴訟？

（一）立法沿革

　　早在民國33年5月29日訂定之專利法第81條即規定：「專利權受侵害時，專利權人或實施權人或承租人，得請求停止侵害之行為，賠償損害或提起訴訟。」至民國83年1月21日修正專利法第88條第2項：「專屬被授權人亦得為前項請求。但以專利權人經通知後而不為前項請求且契約無相反約定者為限。」民國

---

[16] 參見「專利權授權（再授權）登記申請書」及其申請須知，可於智慧財產局網站下載：http://www.tipo.gov.tw/lp.asp?ctNode=7487&CtUnit=3633&BaseDSD=7&mp=1（最後瀏覽日：2014年1月31日）。

[17] 專利法第58條第1至3項參照。

[18] 詳專利規費收費辦法第7條第3款。

92年2月6日修正專利法第84條第2項:「專屬被授權人亦得為前項請求。但契約另有約定者,從其約定。」最後在民國100年12月21日修正專利法第96條第4項:「專屬被授權人在被授權範圍內,得為前三項之請求。但契約另有約定者,從其約定。」

檢視民國92年2月6日修正專利法第84條之立法理由略謂:「基於契約自由原則,在專屬授權性質無明確定性起見,現行規定專屬被授權人須於專利權人經通知不主張,始得為之,似嫌過苛。爰將第二項修正為『專屬被授權人亦得為前項請求。但契約另有約定者,從其約定。』使其回歸私法契約解決。」可知原則上專屬被授權人可以自己的名義對於侵權者提出損害賠償、排除侵害及防止侵害之民事訴訟,應無疑義,除非在專利權人授權契約中明文將訴訟實施權排除授予被授權人。

(二)侵權行為如橫跨專屬授權前後

智慧財產法院100年度民專訴字第125號民事判決略謂:「被告雖主張原告已將系爭專利專屬授權予○○○藥廠,並無實施本件訴訟之權能,當事人不適格等語。惟本件原告係100年11月11日提起本件訴訟,斯時原告既尚未將系爭專利專屬授權予○○○藥廠,自有實施本件訴訟之權能,為適格之當事人,起訴即屬合法,亦不因原告於起訴後之101年1月1日將系爭專利專屬授權予○○○藥廠,即喪失當事人適格,並使本件訴訟不合法,被告此部分所辯,尚無可採。」法理上應屬可採,因此,專利權人及專屬被授權人應可對於各自受侵害的部分(以時間區分),各自提起民事訴訟。

(三)專利權人如僅將部分權能專屬授予被授權人

舉例而言,甲公司為確保產品之品質,因此僅將「販售」之權能專屬授予乙公司,而由甲公司保有「製造」之實施態樣。在

此情況下，當市場上發現侵權產品時，甲公司及乙公司是否均可提告？

　　就此，智慧財產法院以下數則判決可供參考：

　　智慧財產法院100年度民專訴字第125號民事判決：「發明專利權受侵害時，專利權人得請求賠償損害，並得請求排除其侵害，有侵害之虞者，得請求防止之。專屬被授權人亦得為前項請求。但契約另有約定者，從其約定，修正前專利法第84條第1、2項定有明文。而依現行專利法第96條第4項規定，專屬被授權人在被授權範圍內，得為損害賠償、排除侵害、防止侵害之請求。但契約另有約定者，從其約定。至專利權人為專屬授權後，可否行使損害賠償請求權及排除侵害或防止侵害請求權，迭有爭議，修正前專利法即92年2月6日修正公布之專利法及現行專利法雖無明文規定，惟92年2月6日修正公布之專利法第84條立法理由記載：『基於契約自由原則，在專屬授權性質無明確性起見，現行規定專屬授權人須於專利權人經通知不主張，始得為之，似嫌過苛。爰將第2項修正為『專屬授權人亦得為前項請求。但契約另有約定者，從其約定。』使其回歸私法契約解決』。現行專利法第96條之立法理由亦載明：『至於專利權人為專屬授權後，得否行使損害賠償請求權以及侵害排除或防止請求權，經查各國（美、英、日、德、澳洲）立法例，並無此限制，且於專屬授權關係存續中，授權契約可能約定以被授權人之銷售數量或金額作為專利權人計收權利金之標準，於專屬授權關係消滅後，專利權人則仍得自行或授權他人實施發明，是以專利權人於專屬授權後，仍有保護其專利權不受侵害之法律上利益，不當然喪失其損害賠償請求權以及侵害排除或防止請求權』。蓋專利權人所受損害及排除或防止侵害之項目，與專屬被授權人未必相同，是專利權人為專屬授權後並不當然喪失損害賠償請求權及排除侵害或防止侵害請求權，仍得與專屬被授權人就其等各自所受之損害及侵害，分別請求損害賠償及排除侵害或防止侵害，

自無民事訴訟法第254條第1項：『訴訟繫屬中為訴訟標的之法律關係，雖移轉於第三人，於訴訟無影響。但第三人如經兩造同意，得聲請代當事人承當訴訟。』規定之適用，僅法院須依具體個案判斷專利權人所提損害賠償請求及排除侵害或防止侵害請求有無理由。」

　　智慧財產法院99年度民專上字第78號民事判決：「在專屬授權之場合，除授權契約另有約定外，專利權人與專屬被授權人各得向侵權行為人請求其所受之損害賠償（司法院98年度智慧財產法律座談會第15號決議參照）。」

　　智慧財產法院98年度民專訴字第62號民事判決：「專利法第84條第1項、第2項規定，明專利權受侵害時，專利權人得請求賠償損害；專屬被授權人亦得為前項請求。本件第三人現為原告總經理，其為系爭專利之權利人，並已將系爭專利全部授權予原告，使原告得製造、販賣、使用系爭專利之產品，有系爭專利證書、專利權授權實施登記書、98年2月14日簽訂之專利授權契約附卷可。依上揭專利授權契約之特別約款約定，契約簽訂後，第三人不得將系爭專利權再予任何第三人使用，是以本件原告經第三人之專屬授權，為系爭專利之專屬被授權人，堪以認定。另第三人已於98年2月14日將系爭專利權轉讓予原告，亦有權利轉讓書附卷可稽在卷可證。是以，原告基於專利權人或專屬被授權人之地位，自得請求賠償損害。」

　　雖然較早之實務也有認為「原告系爭專利已專屬授權他公司實施，其自己亦不得再行使系爭專利權。」之見解[19]，惟該判決似乎並未區分將專利權之「全部」或「部分」權能授予被授權人之情況，更何況，縱使全部授權，惟專利權人所受損害及排除或防止侵害之項目，與專屬被授權人未必相同，故專利權人為專屬授權後並不當然喪失損害賠償請求權及排除侵害或防止侵害請求

---

[19] 參見智慧財產法院97年度民專訴字第47號民事判決。

權，仍得與專屬被授權人就其等各自所受之損害及侵害，分別請求損害賠償及排除侵害或防止侵害。

　　然而，想像上就同一產品，專利權人及專屬被授權人要證明其各自有何損害，是否仍各自有排除侵害及防止侵害之必要性，恐非易事。以上述假設為例，專利權人甲公司負責「製造」電源供應器，專利期間自民國100年1月1日起；甲公司在民國102年1月1日發現市面上有丙公司所製造販賣的電源供應器為侵權產品，每個售價新台幣1千元；專利權人於民國103年1月1日起將「販售」之權能專屬授權予乙公司，專屬授權期間10年。至103年2月1日市面上仍隨處可見丙公司之侵權產品，甲公司及乙公司遂於103年2月10日向智慧財產法院提起專利侵權之民事訴訟。

　　就時間點之切割而言，應非困難：對於專利權人甲公司而言，自專利權期間開始日民國100年1月1日起至專屬授權之日即民國103年1月1日止，應可對於丙公司主張損害賠償（已發生之損害）及排除侵害（庫存之侵權電源供應器產品），乙公司則可主張自專屬授權之日即民國103年1月1日起至言詞辯論終結日止之損害賠償、排除侵害（庫存）及防止侵害（對於將來專屬授權期間內之侵害防免）。

　　然而，因為僅有「販賣」之權能專屬授權予乙公司，則專利權人甲公司可否主張縱使在專屬授權期間內，其「製造」之權能仍遭丙公司侵害，因而向丙公司主張權利？法理上應屬可行，惟針對同一產品，如何區分「製造」、「為販賣之要約」、「販賣」、「使用」、「為上述目的而進口」等遭侵害之損害額，恐非易事。如謂專利權人甲公司可針對侵權產品之售價1千元主張「製造」權能遭侵害之損害賠償，專屬被授權人乙公司也可針對侵權產品之售價1千元主張「販賣」權能遭侵害之損害賠償[20]，

---

[20]　專利法第97條第1項第2款。

則不啻就同一產品及同一專利,侵權人丙公司將遭受到兩次損害賠償的請求,似非合理。且如被授權人乙公司取得法院排除侵害、防止侵害之判決主文,則基於同一產品(除非可很清楚地以產品年份區別),專利權人甲公司似無再獲得排除侵害之實益。因此,在專利權人及專屬被授權人都請求損害賠償、排除侵害及防止侵害的案件中,法院確實須審慎依具體個案判斷專利權人及專屬被授權人所提損害賠償請求及排除侵害或防止侵害請求之理由。

五、專利權遭撤銷後不影響已履行授權契約之權利義務

　　另一種常見的情形是在授權期間,專利遭第三人舉發而無效,或因民事法院判決專利有無效之事由[21],被授權人可否主張解除契約返還授權金?

　　就此,智慧財產法院99年度民專訴字第191號民事判決表示:「若新型專利權未經撤銷確定前,被授權人已實施該新型專利權以製造與銷售產品,並取得營業利益,倘事後以專利權遭撤銷為由,請求專利權人返還授權金,該被授權人行使權利或履行義務,均不合誠信原則。故縱使專利嗣後經撤銷確定在案,若專利權人與被授權人事實上均已依約履行義務,因專利權人本於授權契約而請求被授權人給付授權金,被授權人確係因使用專利權人提供之技術而獲有利益,即不影響雙方授權契約之效力。」

　　根據上述法院判決意旨,應解釋為在專利經撤銷確定後始向後發生終止授權契約之效力,對於已發生、已履行之權利義務(專利權人提供專利技術、被授權人支付權利金),基於誠信原則,並不受影響。

---

[21] 智慧財產案件審理法第16條。

六、專利授權契約發生爭議時之管轄

　　在專利授權契約中通常雙方會約定因該授權契約產生爭議時之管轄法院，特別是跨國專利授權契約，當專利權人或被授權人有一方是我國自然人或法人時，我國法院能否取得或被排除管轄權？

　　就此，最高法院101年度台抗字第259號民事裁定略謂：「兩造當事人對於合意國際管轄爭議之解釋應採具體個案之契約解釋說，如以交易習慣、一般社會之理性客觀認知等情事為探求，該結果是否符合公平正義；若無法認定當事人有國際管轄之合意時，應回歸民事訴訟法管轄所採之並存原則。又當事人欲排除我國法院之管轄權時，必須另有專屬管轄之法院，或有排除我國管轄之合意，且其合意管轄之外國法院亦承認其合意時，方能排除我國法院之管轄。」因此，除非有明示專屬他國法院管轄或排除我國法院管轄之合意，否則，我國法院並未當然喪失管轄權[22]。

肆、登記對抗第三人之效力

　　在專利法中共出現三次之「對抗第三人之效力」，分別是專利法第14條第1項：「繼受專利申請權者，如在申請時非以繼受人名義申請專利，或未在申請後向專利專責機關申請變更名義者，不得以之對抗第三人。」同法第62條第1項：「發明專利權人以其發明專利權讓與、信託、授權他人實施或設定質權，非經向專利專責機關登記，不得對抗第三人。」及同法第63條第3項「再授權，非經向專利專責機關登記，不得對抗第三人。」

---

[22] 涉外民事法律適用法第20條參照。

　　就登記對抗第三人之效力，實務上似有不同見解，早期最高法院在96年度台上字第1658號民事判決中稱：「按專利法第五十九條（按即現行專利法第62條第1項）所稱之非經登記不得對抗第三人，係指於第三人侵害其專利權時，若未經登記，則專利受讓人不得對侵害者主張其權利；但在當事人間，由於登記並非契約之生效要件，因此，當事人間之專利權讓與仍發生其效力，對於當事人仍有拘束力，甚至對於權利之繼受者亦有其拘束力，亦即繼受人不得以未經登記為理由，對抗原受讓人，主張其未有效取得專利權之讓與。」似乎認為如專利讓與或授權未向專利專責機關登記時，受讓人或被授權人即不得對於侵權者主張權利。

　　然智慧財產法院98年度民專訴字第95號民事判決卻指出：「發明專利權人以其發明專利權讓與、信託、授權他人實施或設定質權，非經向專利專責機關登記，不得對抗第三人，專利法第59條定有明文。所稱非經登記不得對抗第三人，係指當事人間就有關專利權之讓與、信託、授權或設定質權之權益事項有所爭執時，始有其適用，而非不得對抗任何第三人。蓋專利權為無體財產權，具有準物權性，無法依動產物權交付，故依不動產物權採登記之公示方法，並採登記對抗主義。而所謂對抗者，係指各種不同權利間，因權利具體行使時發生衝突、矛盾或相互抗衡之現象，以登記為判斷權利歸屬之標準。就專利權而言，就權利重複讓與、讓與與信託、信託與設質、讓與與授權、信託與授權等不同法律行為與權利變動間，均可能發生對抗之問題，故專利法第59條規定旨在保護交易行為之第三人，而非侵權行為人。職是，被告為本件被控侵權行為人，並非就有關專利權之讓與、信託、授權或設定質權之權益事項有所爭執，即非屬交易行為第三人，自無專利法第59條所稱非經登記不得對抗第三人規定之適用。」因此，縱未辦理登記，但仍可對於侵權者主張權利，此應為目前實務上所採行之見解。

伍、結語

　　專利權之讓與及授權乃專利實務上常見之交易及活動[23]，然而，在訂定專利讓與或授權契約時，相關法律規定及實務見解均應留心，以避免發生付了授權金卻無法行使權利或漏未注意行政手續而損及權益之遺憾。

---

[23] 也可能與近年來專利蟑螂（patent troll）的盛行有關。

14

簡介藥品授權英文合約

萬國法律事務所資深合夥律師　黃帥升

隨著國內生物醫藥公司與國外大廠之合作日益頻繁,雙方之間必須簽訂之藥品授權合約(Pharmacheutical Product License Agreement)也越形重要,本文即介紹何謂藥品授權契約、其相關的內涵,以及重要的條文。

壹、概說

所謂藥品授權合約,即是由授權藥廠透過簽訂合約的方式,對被授權者依據約定之條件及內容提供製造與銷售特定藥品所需智慧財產權、其他權利、技術或相關資訊與服務,使被授權者得以合法從事製造與銷售該等藥品之行為,並由授權藥廠收取權利金以為對價之合約。在特定情形下,授權者僅授權銷售與行銷部分,但自為生產製造,而依被授權之訂單生產與出貨,但仍由被授權者給付對價。於上述兩種情形,均為藥品授權合約之常態。

由於藥品之生產與銷售牽涉多重環節,藥品授權合約之內容,亦常包含專利、商標、著作權、營業秘密等多項授權標的。尤以藥品在各國通常均受管制之情形下,主管機關之許可即成為銷售或廣告藥品時重要關卡,因此需要特別規定。另外,在特定商業考量下,或有授權藥廠為求拓廣業務,利用被授權者在其他地區之既有營業通路,以增加特定藥品之知名度與銷售範圍,亦有在藥品授權合約中搭配策略聯盟等合約條款之情形。在如此多重面向之目的下,藥品授權合約可說是集大成之混合型合約。

本文所例示之藥品授權合約,即以授權人授予被授權人銷售與行銷所需之權利,但自為製造之情形,其範例包括本段下方所列章節條款,而本文則擷取其中較為重要者,包括第2條「授與及實施」(Grant and Performance)、第4條「發展、商業化、行銷許可與執照」(Development, Commercialization, Marketing Authorization and Permits)、第5條「生產製造」(Manufacture）、第8條「專利申請與維持」（Patent Prosecution and Maintenance）、第12條「契約期間與終止條款」（Term and Termination）、第13條「聲明及保證、補償」（Representations and Warranties, Indemnification）及第17條「爭端解決及其他」（Dispute Resolution and Miscellaneous）之部分條文加以介紹。

Article 1　Definitions定義

Article 2　Grant and Performance授與及實施☆

Article 3　Right of First Refusal優先權

Article 4　Development, Commercialization, Marketing Authorization and Permits發展、商業化、行銷許可與執照☆

Article 5　Manufacture生產製造☆

Article 6　Milestone Payments and Royalties付款時程與權利金

Article 7　Reports and Records報告與紀錄

Article 8　Patent Prosecution and Maintenance專利申請與維持☆

Article 9　Intellectual Property Rights智慧財產權

Article 10　Third Parties Claims第三方請求

Article 11　Confidentiality保密條款

Article 12　Term and Termination契約期間與終止條款☆

Article 13　Representations and Warranties, Indemnification聲明及保證、補償☆

Article 14　Force Majeure不可抗力

Article 15　Assignment轉讓

Article 16　Use of Names and Publication名稱使用與公開

Article 17　Dispute Resolution and Miscellaneous爭端解決及其他☆

貳、授與及實施（Grant and Performance）

在授與及實施一節中，已將本合約最重要的精神點出，亦即授權人將藥品專利專屬授權予被授權人，以供被授權人於契約指定區域進行銷售與各類活動，授權人亦藉此獲取權利金；而在另一方面，授權人為確保權利金之收入，亦要求被授權人應保證達成一定之銷售額，若被授權人未達成此銷售額時，由於授權人實際取得之對價有失簽訂本合約時原有之預期，故授權人得再行授權其他第三人，或是終止本合約，以資因應。

Section 2.2

Licensor hereby grants Licensee and Subcontractors the rights, on a exclusive basis in the Territory in the Field of Use, to use all Licensor's Intellectual Property Rights, together with any goodwill attached thereto, for the purpose of exercising its exclusive rights, engaging in clinical trials, distributing, marketing, and/or selling the Products in the Field of Use.

第2.2條

授權人於此專屬授權被授權人及其分包商，得在契約指定區域使用授權人之智慧財產權以及附隨於該權利之任何商譽，以於契約指定區域行使專屬授權之權利、進行臨床試驗、散佈、行銷及／或銷售本件產品。

Section 2.4

Licensee agrees that, in consideration of the rights granted to it, the Net Sales shall achieve the annual guaranteed sales set forth in Annex A (the "Guaranteed Sales"), which may be updated from time to time by mutual agreement of the Parties in writing by substitution of a new Annex A duly signed by the Parities. In case that new scientific developments show evidence the Products is not as originally intended marketable, the Parties agree to adjust the Guaranteed Sales as set forth in Annex A in good faith.

第2.4條

　　被授權人同意，基於被授權人所獲得授與之權利，本件產品之淨銷售額應達到附件A所列之銷售年度保證銷售額（「保證銷售額」），該項保證銷售額得以雙方當事人簽署最新附件A之替換方式以書面同意隨時更新。若最新的的科技發展顯示本件產品不再具有最初所欲達成之銷售可能性，雙方當事人同意依善意調整附件A之保證銷售額。

參、發展、商業化、行銷許可與執照（Development, Commercialization, Marketing Authorization and Permits）

　　在藥品通常在各國均列為高度管制之商品，其銷售或廣告均有一定前置條件，其中尤以各國衛生或醫療主管機關之允准或許可為最常見之商業化要件之一，而主管機關在審核之過程中，又常需要當事人提供相關實驗結果或資料，並回答或澄清主管機關之詢問。因此，在藥品授權合約當中，對於促成允准或許可之類所需之臨床實驗及其資料之提供等相類程序，其權利義務之責任分配即為重要之一環。

Section 4.2

　　Licensor will be responsible to fund and perform (i) all pharmaceutical duties （including routine manufacturing）, (ii) preclinical (animal, in vitro) studies set forth in Annex B, (iii) Pharmacokinetic Study in the North America and/or in the Territory, and (iv) batch testing for clinical trials and market release in the Territory according to the test procedure and specifications of Licensor.

第4.2條

授權人應負責支出並執行(i)所有製藥責任（包括常規製藥）、(ii)依附件B進行（動物與體外）臨床實驗、(iii)於北美及／或授權領域內之藥物動力學實驗，並(iv)依授權人自身之測試程序及規格進行逐批檢驗，以利契約指定區域進行臨床測試及銷售。

Section 4.4

In case that the EMEA requests additional pharmaceutical or preclinical studies or testing, so long as they are related to Licensor's obligations (i) and (ii) under Section 4.2, Licensor will be responsible for performance of this testing and will carry all costs regarding this additional testing. Licensor agrees to closely cooperate with Licensee to answer questions and/or provide information required by Regulatory Authority within agreed time or time allowed.

第4.4條

若EMBA要求額外之製藥或臨床前研究或測試，凡該等測試與授權人依第4.2條(i)及(ii)所負義務有關者，應由授權人負責執行此等實驗，並應負擔此等額外試驗之成本。授權人同意與被授權人密切合作以於合意之時間或允許的時間內回答及／或提供主管機關所要求之資訊。

Section 4.5

In case that the EMEA requests the additional testing concerning the Pharmacokinetic Study while the FDA did not require; under such circumstances, Licensor is responsible for providing only the free testing material (Product and its placebo) to Licensee and Licensee will I perform the additional testing requested by the EMEA and carry all remaining costs.

第4.5條

若EMEA要求進行FDA未強制規定之藥物動力學實驗者，授權人應負責提供免費之測試原料（本件產品及安慰劑）給被授權人，被授權人將負責執行EMBA所要求進行之此等額外測試並負擔其餘成本。

Section 4.7

Licensee shall purchase from Licensor and Licensor shall sell to Licensee the Product reasonably required by Licensee to commence clinical development of the Product at a price set forth in the Payments Annex C.

第4.7條

授權人應依被授權人執行臨床發展所合理需要之數量，以附件C擬定之價格，出售本件產品予被授權人。

Section 4.8

Licensee shall file and hold all registrations of the Product in the Field of Use in the Territory and obtain Marketing Authorization for the Product in the Field of Use in the Territory. All registration fees and fees for maintenance of such registrations shall be borne by Licensee. In case of termination of this Agreement, Licensee shall, upon Licensor's written request, assign all such registrations and Marketing Authorizations to Licensor or any third party designated by Licensor at the price agreed to by the Parties in writing.

第4.8條

本合約經終止者，授權人得以書面請求被授權人依雙方書面

同意之價格,將所有行銷主管機關登記或行銷許可,轉讓予授權人或授權人指定之第三人。

Section 4.9

Licensor shall be responsible to develop the IMPD and investigator brochure to allow Licensee to start Phase II studies and to develop and provide Modules 3 and 4 of the Dossier for registration of the Product. Licensor shall fund and perform all pharmaceutical duites, including routine manufacturing, and precilincal studies to assist Licensee in obtaining Marketing Authorization in the Territory. Licensor guarantiees that all aspects of pharmaceutical development, preclinical and clinical tasks will be performed according GMP, GLP, GCP, and DGP and all respective ICH guidelines.

第4.9條

授權人應負責發展IMPD及主持人手冊,使被授權人得開始第二階段研究,並發展及提供文件內容之第3、第4模式,以進行本件產品之註冊。授權人應支付並執行所有製藥責任,包括常規生產及臨床前研究,以協助被授權人於契約指定區域內取得行銷許可。授權人並保證所有製藥發展、臨床前及臨床工作均符合GMP、GLP、GCP、DGP及所有相關之ICH方針。

肆、生產製造 (Manufacture)

生產製造條款為藥品授權合約之核心事項,也往往是被授權人之所以積極投入勞力、時間與費用所欲交換取得之對價內容。在本件範例合約當中,其契約條款之安排特點在於授權人負責生產製造系爭藥品,而授權人與被授權人之間則進一步成立指定區域內獨家供應之協議,亦即授權人所生產製造之系爭藥品,均獨

家供應予被授權人，使被授權人於指定區域內得以經銷、販賣與行銷系爭藥品。

一、獨家供應條款

在本件合約中，獨家供應條款中主要包括兩個部分，第一個部分即是授權人承諾獨家供應予被授權人，而第二個部分即是被授權人承諾向授權人獨家購買系爭藥品，並由授權人承諾獨家生產。獨家供應條款搭配獨家購買條款，始能平衡授權人與被授權人間之權益，若僅有其中一部分規定，則因僅有當事人之一方受到獨家之限制，故兩方權益容易有所失衡，此種情形，值得注意。

Section 5.1.1

Licensor shall manufacture the Product in the Field of Use exclusively for Licensee for (a) clinical trials (referred to in Annex C of the License Agreement) and for (b) commercial distribution, sale, arid marketing in the Territory.

第5.1.1條

授權人應製造本件產品並獨家供應予被授權人以符合下列要求：（a）授權合約附件C所規定之臨床試驗；（b）於合約指定區域內之商業經銷、販賣及行銷。

Section 5.1.2

During the term of this Agreement, Licensee shall purchase the Product exclusively from Licensor according to the provisions of this Agreement. Licensee shall not and shall procure that none of the Subcontractors shall (without the prior written consent of Licensor), directly or indirectly, purchase, license, or otherwise acquire the Product and any other product which is substantially similar to, or which performs functions substantially similar to, or competes with the Product, except from Licensor. Licensor shall not manufacture the Product in the Field of Use for any other person or entity than Licensee and the Subcontractors in the Territory for distribution, sale, use or marketing in the Territory.

第5.1.2條

　　於本合約有效期間內,被授權人應依本合約之條款向授權人獨家購買系爭藥品。被授權人不得且應促使所有分包商不得(在不具有授權人事先書面同意之情形下),除來自於授權者外,直接或間接購買、取得授權或取得本件產品或任何其他實質類似之產品,或其功能實質類似之產品,或與本件產品競爭。授權人不得為被授權人及其分包商以外之任何第三人及事業主體製造本件產品,以供其於合約指定區域內進行散布、銷售、使用或行銷。

二、依訂單製造

　　授權人與被授權人間既然安排由授權人負責生產製造,則生產製造之時點及數量由何人管控,自應順勢安排。在本件合約當中,除了被授權人乃實際上支付金錢給付,取得本件產品之人,又由於被授權人實際接觸消費市場,對於販賣與行銷本件產品之時點及數量,通常較能掌握,故於合約中由安排被授權人控制生產製造之時點及數量。其設計為由被授權人發出訂單(Firm Purchase Order),而授權人則依訂單內容生產、製造與出貨。

　　再者,為了保障授權人之產能平順,本件合約當事人尚約定了有效預測(Binding Forecast),使訂單所要求之數量控制在一定範圍內,以避免臨時要求大量出貨,以致產能不足,或是於實際訂購數量過低時,得依有效預測之數量補償授權人因產能過剩而生之虧損。

　　此外,除了交運日期及數量外,由於各國間民商事法規定有

所出入，且一般商業習慣或國貿條件亦未臻完整，包括運期調整機制、出貨前檢測方式及原料供應負責事項，亦應一併約定，以免掛一漏萬，衍生可能爭議。

Section 5.2.1

Licensor shall confirm the Firm Purchasing Order within 7 (seven) days following receipt thereof and shall not withhold such confirmation unreasonably. Licensor shalt unconditionally comply with Licensee's requested delivery date and quantities as long as the exact quantities to be manufactured do not deviate from the Binding Forecast by more than 10% (ten percent). If the quantity of the Product in the Field of Use that Licensee orders is less than that in the Binding Forecast, Licensee shall pay Licensor for the difference between the quantity in the Binding Forecast and the quantity that Licensee actually purchases by the end of the relevant three- month period.

第5.2.1條

授權人應於收受被授權人之訂單（Firm Purchasing Oder）7日內確認訂單，且不得不合理地拒絕確認。在實際要求數量並未偏離有效預測（Binding Forecast）超過百分之十之情形下，授權人應無條件地遵守被授權人所要求之交運日期、數量提供本件產品予被授權人。如果訂單要求之數量少於本件產品之有效預測，被授權人應支付授權人有效預測之數量及被授權人於3個月期間之末日前實際購買數量之差額。

Section 5.2.2

Licensor shall notify Licensee in writing as soon as Licensor for any reason anticipates any difficulty in complying with any agreed delivery date or other terms of this Agreement and shall advise Licensee the targeting new delivery date. Upon Licensee's request, Licensor shall without delay provide information in writing concerning the status of any order.

第5.2.2條

若授權人預期無法遵期交貨或無法履行合約其他條件時，應以書面儘速通知被授權人，並提出預期之新交期。於被授權人要求下，授權人並應儘速以書面提供訂單之相關處理狀況。

Section 5.2.3

Batch testing for Licensee's clinical trials and market release of the Product in the Field of Use will be conducted by Licensor in accordance with the authorized testing procedure and specifications of Licensor.

第5.2.3條

授權人應依據核准之測試程序及授權人之規格書執行逐批檢驗以提供本件產品予被授權人進行臨床試驗及行銷。

Section 5.2.4

Licensor is responsible for APIs, raw and auxiliary materials necessary for the manufacture and packaging of the Product as specified in Annex A and in this Agreement.

第5.2.4條

授權人應依授權合約附件A之規格，負責產品製造及包裝所需之原料藥（Active Pharmaceutical Ingredient）、原料及輔助性材料。

三、維持品質及效期

由於藥品亦有因時間經過或環境改變，而有衰變或品質損壞之可能，因此，關於藥品之生產、製造、行銷，其中甚為重要的

一環即是藥品品質之維持。對於藥品品質之要求,除了當事人間自行之約定外,由於藥品所受管制程度較高,因此就相關主管機關所要求之許可或其他文件等,應予備齊,且藥品之品質應符合主管機關之要求,以免品質未達主管機關之標準,而無從銷售之情形產生。因此,就主管機關之要求標準,應切實掌握,並明定於合約中較佳。

此外,由於藥品亦可能因時間經過具有衰變性,而大多數之藥品又非短期內大量消耗之商品,因此藥品有效期限是否足夠,即為重要事項。為避免生產製造而交運後之藥品效期過短,以致於一定期間經過後淪為無用之庫存商品,在藥品生產製造條項中,亦應就藥品效期事項設定一定之要求,以茲雙方共同遵守。

再者,由於藥品之品質是否符合約定,往往難以單純自外觀得知,因此需要特別鑑定。因此,若合約當事人預見對於藥品之品質可能有所爭議時,亦得約定由第三方之公正鑑定人,依一定程序進行鑑定,以確認責任歸屬,並簡化可能爭議。

Section 5.3.1

Each shipment of the Product in the Field of Use shall be accompanied by a quality control certificate provided by Licensor, showing the Product's compliance with the Specifications and by any other documents required by the Regulatory Authority for the importation of the Product in the Field of Use to the Territory. On import to the EU each batch has to be released by a contract research organization ("CRO") complying with and according to EU legislation.

第5.3.1條

授權人所交運之每批本件產品應附有授權人之品質管控證明(quality control certificate),表明該產品符合規格書要求,及其他進口管制單位所需之相關文件。如該批產品係進口至歐

盟，則應依歐盟法令，取得委託研究機構（CRO）同意後始得放行。

Section 5.3.2

If no evidence is demanded by Licensor or if the substantiated evidence demonstrates to Licensor's satisfaction that Licensor is responsible for such shortage, damage or discrepancy, Licensor shall promptly provide additional or substitute Product in the Field of Use to Licensee at Licensor's expense. Licensor shall be liable for all additional costs, expenses or damages incurred by Licensee, directly or indirectly, as a result of such shortage, damage or discrepancy in or to a shipment.

第5.3.2條

授權人未要求提出證據證明，或相關證據已證明授權人應對本件產品之短缺、瑕疵及毀損負責時，授權人應以自己之費用立即補足數量或換貨。就此直接或間接導致被授權人額外支出之成本、費用及損失，亦應由授權人負擔。

Section 5.3.3

If the shelf life of the Product in the Field of Use (other than the samples provided under Article 5 of this Agreement) that Licensor delivers to Licensee is less than 15 (fifteen) months from the delivery date, Licensor shad upon notification thereof promptly provide additional substitute Product in the Field of Use with a longer shelf life to Licensee at Licensor's expense. Licensor shall be liable for all additional costs, expenses or damages incurred by Licensee resulting hereof.

第5.3.3條

授權人提供之產品效期自交貨日起不及15個月者（除依本合約第5條所提供之樣品外），授權人應於接獲通知後，以自己

之費用立即補足數量或換貨予被授權人。就此直接或間接導致被
授權人額外支出之成本、費用及損失，應由授權人負擔。

Section 5.3.4

If Licensee becomes aware of any hidden defects in the
Product in the Field of Use which are not detectable by routine
analysis, Licensee shall, within three (3) days from its becoming
aware of such defects, notify Licensor thereof in writing and pro-
vide written evidence or other documentation that Licensor may
deem appropriate, if the substantiated evidence demonstrates sat-
isfaction that Licensor is responsible for such hidden defect, Li-
censor shall promptly provide additional or substitute Product in
the Field of Use to Licensee at Licensor's expense. Licensor shall
be liable for all additional costs, expenses or damages incurred by
Licensee, directly or indirectly, as a result of such defect in the
Product in the Field of Use.

第5.3.4條

若被授權人發現一般檢查程序無法察覺之產品潛在瑕疵，應
於3日內書面通知授權人，並交付授權人亦認為適當之書面證據
及文件。若證據顯示產品潛在瑕疵係屬授權人之責任，授權人應
立即以自己之費用立即補足數量或換貨予被授權人。就此直接或
間接導致被授權人額外支出之成本、費用及損失，應由授權人負
擔。

Section 5.3.5

If any dispute on the quality of Product in the Field of Use
cannot be solved amicably by the Parties within fifteen (15) days,
it shall be decided by an independent laboratory. This laboratory
shall be selected by Licensee and approved by Licensor, such ap-
proval not to be unreasonably withheld. The Party whose opinion
will be rejected shall bear all costs incurred by returning, destroy-

ing or replacing the Product and ail costs for examination of the Product by the independent laboratory.

第5.3.5條

任何有關本件產品瑕疵之爭議，雙方無法於15日內解決者，應由獨立之機關鑑定，該機關應由被授權人挑選並經授權人同意，惟授權人不得無理由拒絕同意。合約當事人之一方之意見不為鑑定機關所接受者，該方應負擔所有因退貨、銷燬、換貨及產品鑑定所支出之成本。

Section 5.3.6

Licensor shall allow Licensee to inspect the plant (s) and stock where the Product in the Field of Use is manufactured and stored, in order to verify Licensor and/ or its manufacturer's compliance with the provisions set forth in this Agreement. Licensee shall give Licensor a written notice at least five (5) working days in advance of the inspection.

第5.3.6條

授權人應允許被授權人視察本件產品生產工廠及存貨，以檢視授權人產製過程是否合於本合約之要求。被授權人應於檢查前至少5個工作日前給予授權人書面通知。

Section 5.3.7

After the Product in the Field of Use is launched for commercial sale distribution and marketing, Licensor shall provide batch samples of the Product in the Field of Use to Licensee according to the Specifications. The shelf life of the samples provided under this Agreement should be at least 12 (twelve) months from the delivery date.

第5.3.7條

本件產品上市販售行銷後，授權人應依規格書內容提供產品樣品予被授權人。依本合約提供之樣品於交運日時，應至少有12個月之效期。

四、生產報告

由於藥品之特殊性，因此其生產、製造、行銷往往受到一定程度之管制，並在相關程序中需要獲得許可、官方核准或其他文件使得繼續進行。在此類程序中，大多要求就藥品來源詳細報備，因此關於藥品之生產製造，即需生產報告以茲因應。

Section 5.4.1

Licensor shall Issue for each manufacturing batch a report (the "Manufacturing Report") for official documentation purpose (Certificate of Compliance).

第5.4.1條

授權人就每批產製貨物均應出具生產報告（Manufacturing Report）以配合取得官方文件之目的（符合證明書）。

Section 5.4.2

The batch sizes shall be determined by Licensee and Licensor by mutual agreement in accordance with the technical equipment of Licensor. Licensor shall keep a copy of the manufacturing documentation as well as samples of each batch for the term of this Agreement or as long as this is required by law and/or ICH-Guidelines.

第5.4.2條

每批產製貨物之尺寸應由被授權人及授權人依授權人之科

技設備合意定之。授權人應於本合約期間、法令及／或ICH-Guidelines所要求期間內，保存每批貨物生產報告影本及樣品。

Section 5.4.3

Licensor shall keep complete, true and accurate technical records and provide copies of these records to Licensee along with each delivery of the Product in the Field of Use. Licensor shall use reasonable efforts to optimize batch sizes according to the commercial needs.

第5.4.3條

授權人應保存完整、真實及正確之技術規格紀錄，並於交貨時一併提供予被授權人。授權人應盡其合理努力以達成符合商業需求之產品。

伍、專利申請與維持（Patent Prosecution and Maintenance）

與藥品生產行銷至為重要之點即為其後專利之申請與維持，由於一項藥品可能涉及多項專利，其後之維持成本與程序可能相形複雜。就此，於制訂藥品授權合約時，應就此等要點詳為約定，以避免後續爭議。

Section 8.1

Licensor shall, in mutual consent with Licensee, use reasonable efforts to conduct the prosecution and maintenance of the Patents. Licensee and the Subcontractor(s) shall severally and jointly bear 50% (fifty percent) of all costs and expenses connected with obtaining and maintaining the patent applied to Product in the Field of Use in the Territory. Licensor shall bear 50% (fifty percent) of all costs and expenses connected with obtaining and maintaining the patent applied to Product in the Field of Use in the Territory.

第8.1條

授權人應使用合理之努力進行專利之申請及維持。本件產品在契約指定區域內就使用項目取得及維持專利所花費之成本及費用，應由被授權人公司及分包商連帶負責50%，並由授權人負擔另外之50%。

Section 8.2

If, at any time during the term of this Agreement, Licensor no longer wishes to file, prosecute, or maintain the Patents in any country in the Territory, it shall notify Licensee in writing of such decision. Licensor shall provide such notice at least ninety (90) days prior to abandonment or lapse of such patent or patent application, to the extent practicable in light of the timing of any notice relating to such patent or patent application. Thereafter, Licensee shall have the right, but solely to the extent consistent with Licensor's relevant license agreements covering the applicable Patents, but not the obligation, to assume the sole and exclusive responsibility, at its discretion, for the filing, prosecution, and/or maintenance of such patent or patent application solely at its own expense. Such Patent or patent application shall remain a Patent.

第8.2條

於本契約有效期間，若授權人無意在任何領域內之國家提出、申請或維持專利，授權人應以書面通知被授權人。授權人應依據該專利或專利申請之時點，在可行範圍內，於放棄該專利或專利申請屆期前至少90日，為該通知。此後，於符合授權人有關授權合約所涵蓋之專利之範圍內，被授權人應享有其權利，但

並不負有承擔單獨與排他之責任之義務，依被授權人之裁量，以被授權人之費用申請、起訴或維持該專利或專利。上述專利或專利申請仍視爲本合約所稱之專利。

Section 8.3

Either Party shall indemnify and hold harmless the other Party from and against claims, losses, damages, liabilities, fees and expenses that result from the former Party's infringement of any third party's right(s) (including without limitation the Intellectual Property Rights) and/or violation of laws.

第8.3條

契約當事人之任何一方侵害第三人之權利（包括但不限於智慧財產權）及／或違反法律者，該方應補償他因此所受之損害，並維持他方不因上開侵害而受到任何請求、損失、損害、債務、費用及支出。

陸、契約期間與終止條款（Term and Termination）

由於藥品授權合約爲繼續性合約，其交易內容並非一次性之程序，相反地，其合約有關事項前後可能橫跨較長之時期，因而於外在環境變更、基於其他商業考量，或是履約狀況與議定合約之原有預期有所出入之情形下，當事人之任何一方均有可能具有終止合約之需求或事由。換言之，因本合約爲三十年期之繼續性契約，故雙方當事人於合約期間必然有長期性之往來，因此，若合約發生終止事由，其後續處理即形重要。就此種藥品授權契約終止時之要點，除其他類型契約亦有之金額找補等事宜，因本合約之特殊性質，尚包括生產產品之後續處理、許可或執照之轉讓、再授權之進行等等事宜。

　　此外，因本合約之授權人係依被授權人之訂單內容生產製造本件產品，在契約終止之時，可能具有被授權人已下訂單，但授權人尚未生產製造所有產品之情形，則授權人於此時是否繼續生產，即常為爭議之來源。蓋契約既然終止，則合約雙方之權利義務，原則上均自終止之時點起向後不再發生效力，故授權人本無繼續依訂單製造生產本件產品之義務，甚至被授權人亦無繼續履約之義務。然而，為避免上述情形產生，以致於最後一筆或數筆訂單衍生額外爭議，就終止或移轉契約後是否繼續履行本合約之特定部分，即另予約定。

Section 12.1

　　This Agreement will be in force and effect after signature by both Parties and will (unless earlier terminated as provided in this Article 12) terminate 30 (Thirty) years after signature of this Agreement. This Agreement will automatically be renewed for periods of 1 (one) year each if neither Party gives the other written notice of its desire not to renew this Agreement Such notice must be given at least 6 (six) months prior to the end of the then current term by registered mail.

第12.1條

　　本合約有效期間為雙方簽約後30年（但依第12條之規定提前終止除外），本合約屆期後，如契約任一方均未以書面通知他方不願更新之意思表示，本合約將自動更新1年，上開通知應於契約期限屆滿前至少6個月以掛號信送達於他造契約當事人。

Section 12.2

　　This Agreement will automatically be suspended if (i) Licensee cannot obtain any Marketing Authorization in any one major country of the Territory（i.e., Germany, France, UK, Italy, and Spain）by the end of 2019; or (ii) any Marketing Authorization will be declared invalid by the competent authorities, but will come into force again if the situation (i) or (ii) will be remedied within ninety (90) days; otherwise, Licensee shall be entitled to terminate this Agreement by serving to Licensor a registered letter having immediate effect.

第12.2條

如有下列情形者，本合約將自動暫停生效，被授權人無法於2019年前，在任何一個契約指定區域內之主要國家中（即德國、法國、英國、義大利及西班牙）取得行銷許可；或於任何一個行銷許可被主管機關宣告無效。但上述情形得於90日內治癒者，不在此限。未於90日內治癒者，被授權人得以掛號信通知授權人立刻終止合約。

Section 12.3

If Licensee fails to achieve the Guaranteed Sales for two consecutive years, Licensor may, by giving a written notice to Licensee, (i) turn Licensee's exclusive rights set forth in Section 2.1 to non-exclusive rights and appoint other licensee(s) in the Territory; or (ii) terminate this Agreement. Licensor agrees not to exercise its rights under this Section 12.3 if Licensee compensates Licensor for the loss of the royalties caused by the difference between the Guaranteed Sales and the Net Sales.

第12.3條

若被授權人連續二年未達成保證銷售額，授權人得以書面通知被授權人：(i)將授權人依第2.1條所為之專屬授權變更為非專屬授權，並授權契約約定區域內之第三人；或(ii)終止本合約，但被授權人補償授權人因淨銷售額未達保證銷售額所生之權利金損失者，授權人不得履行本12.3條上述之權利。

Section 12.4

In case of termination of this Agreement by Licensee due to any cause attributable to Licensor, Licensee may, within 6 months of the termination of this Agreement, sell any Product, already produced and delivered in the Territory, under the terms of this Agreement, including payment to Licensor.

第12.4條

若因可歸責於授權人之事由，致被授權人終止本合約者，被授權人得於終止合約後6個月內，依本合約，包括對授權人為給付之約定，銷售任何已生產並送達至合約指定區域之本件產品。

Section 12.5

If this Agreement is terminated due to a material breach by Licensor in accordance with Section 12.4, Licensor shall, upon Licensee's written request and full payment for the Products concerned, be obliged to deliver Products or parts of the Products that have already been ordered by Licensee according to Firm Purchasing Orders placed.

第12.5條

本合約因授權人重大違約而依第12.4條之規定終止時，被授權人如以書面要求並願全額支付貨款，授權人仍應將被授權人已以訂單下訂之貨物成品及半成品原件交付被授權人。

Section 12.6

This Agreement shall be terminated by either Party if the other Party shall become bankrupt or file a petition in bankruptcy or if the business of the other Party shall be placed in the hands of a receiver, assignee or trustee for the benefit of creditors, whether by the voluntary act of the other Party concerned or otherwise.

第12.6條

若本合約當事人之任何一方破產或申請破產或他方之營業交由接管人、受讓人、受託人爲債權人之利益所接收時，他方得終止契約。

Section 12.7

Upon any material breach or default of this Agreement by either Party that the extent that the other Party will be deprived of the benefit which it reasonably expected under this Agreement, the other Party shall have the right to terminate this Agreement by giving 30 (thirty) days prior written notice. Such termination shall become effective immediate/y upon expiration of the 30 (thirty) day period, unless the breaching Party shall have cured any such breach or default prior to the expiration of the 30 (thirty) day period referred to above and given the other Party written evidence thereof before expiration.

第12.7條

若本合約當事人之任何一方有重大違約或遲延致他方因本合約合理期待之利益被剝奪者，他方得經30日預告後終止本合約。此項終止應自30日屆滿後生效，但違約之一方於前揭30日預告期間內治癒違約或遲延，並提供他方當事人書面之證明者，不在此限。

Section 12.8

Upon the termination or expiration of this Agreement, irrespective of reason, all data and results and all duplicate copies thereof related to the development of the Product shall be handed over to Licensor by Licensee and the Subcontractors, including all data which has been made available to Licensee by Licensor.

第12.8條

本合約終止後，無論終止原因為何，被授權人及其分包商，應將所有與研發本件產品相關之資料、成果及複製品交還授權人，包括任何被授權人因授權人之故所取得之資料。

Section 12.9

Upon the termination or expiration of this Agreement, irrespective of reason, all Confidential Information shall be returned to the disclosing Party by the receiving Party and all copies thereof stored in any medium not transferable shall be destroyed or erased by the receiving Party. The Confidential Information shall under circumstances be subject to any right of retention.

第12.9條

本合約終止後，無論終止原因為何，所有機密資料均應交還予提供人，所有儲存於無法移轉媒體中之資料，均應由接受方銷毀或消除。

Section 12.10

In case of termination of this Agreement resulting from default of Licensor, Licensor shall compensate Licensee for its loss or damage arising from Licensor's default, which shall not exceed the amounts received according to Sections 7.2 and 7.3 of this Agreement. In case of termination of this Agreement resulting from default of Licensee, Licensee shall compensate Licensor for its loss or damage arising from Licensee's default which shall not exceed the amounts received according to Sections 7.2 and 7.3.

第12.10條

若本合約係因授權人遲延而終止，授權人應對被授權人因授權人遲延所生之損失或損害負賠償責任，但賠償範圍不應超過

授權人依本合約第7.2條及第7.3條所收取之金額。若本合約係因授權人遲延而終止，被授權人應對授權人因被授權人遲延所生之損失或損害負賠償責任，但賠償範圍不應超過授權人依本合約第7.2條及第7.3條所收取之金額。

Section 12.11

In case of termination of this Agreement resulting from default of one Party, the Party whose default caused the termination shall bear the costs of all actions due upon termination.

第12.11條

本合約因契約當事人之任何一方遲延而終止時，遲延之一方應負擔為終止本合約而生之成本。

Section 12.12

The provisions of Sections 7.1, 9.1 and 10.2, Article 11, Sections 12.8 to 12.12, Articles 16 and 17 shall survive the expiration or earlier termination of this Agreement.

第12.12條

本合約終止或屆期後，第7.1條、第9.1條、第10.2條、第11條、第12.8條至第12.12條、第16條及第17條仍繼續有效。

柒、聲明及保證、補償（Representations and Warranties, Indemnification）

聲明及保證條款大多為合約當事人所特意要求他造應予遵守之事項，於本件合約當中，雙方當事人各自向要求對方應聲明及保證諸多事項，包括生產製造之標準、受第三人請求之補償、應特別遵守之規範及標準、產品保險、損害賠償及其範圍、危機管

理、產品回收、損失補償及製造與出口許可之取得等事項如下。

Section 13.1

Pursuant to the terms and conditions of this Agreement, Licensor warrants that the Product shall be manufactured in accordance with the Specifications, all current GMP guidelines and international ethical standards applicable.

第13.1條

依本合約之條款與條件，授權人擔保其產品係依本合約規格書、現行GMP規則以及國際倫理標準而製造。

Section 13.2

Licensor shall Indemnify and keep Licensee indemnified from and against any and all costs, claim or other liabilities arising from any deviation of the delivered Product from the Specifications for which Licensee becomes liable to any third party. Licensor shall in such case supply Licensee with documents relating to any third party claim resulting from any defect In the formulation, manufacture or production of the Product.

第13.2條

授權人聲明並保證被授權人不會因依照規格書製作之產品所生誤差致遭受任何第三人之損害賠償責任之請求。如被授權人因本產品量產及製造所生瑕疵，致遭受任何第三人索賠請求，授權人應提供被授權人相關文件。

Section 13.3

Licensor warrants that it will comply with all applicable (inter)governmental regulations and all applicable national and international standards in the production, packaging and storage of medical products (e.g. ICH guidelines), as well as with all applicable national and International standards of business ethics prevailing in the industry, in particular those relating to child or prison labor (e.g. ILO Declaration 1998) and all applicable (intergovernmental regulations and national and international standards concerning the protection of animals used for experimental and other scientific purposes (e.g. directive 86/609/EEC), as well as with all intergovernmental regulations; provided, however, that Licensee shall inform Licensor in writing of such regulations and standards upon the execution of this Agreement and any changes thereof and new regulations and standards from time to time during the term of this Agreement.

第13.3條

授權人擔保本產品製造、包裝及庫存均符合所有政府（間）法令及國內外標準（ICH-Guidelines），且符合產業國家及國際事業道德標準，尤其是兒童及監禁勞工（ILO Declaration 1998）、所有關於動物實驗及其他科學目的利用之國內政府法令及國家及國際標準（Directive 86/609/EEC），以及所有國內政府法令。然而，被授權人於簽署本合約時，於本合約之有效期間內任何有變更時，應以書面通知授權人上述規範與標準及其變更。

Section 13.4

Licensor warrants that only premises with audited and valid FDA or EMEA certificates are used for manufacturing.

第13.4條

授權人應擔保本件產品之製造係基於有效且經審核之FDA及FMEA執照。

Section 13.5

Licensor shall comply with and hereby irrevocably submit to

any and all provisions of the Council Directive 85/374/EEC concerning liability for defective products in its respective current version as well as to any and all applicable national implementation thereof.

第13.5條

授權人聲明並保證符合Council Directive 85/374/EEC關於產品瑕疵責任之現行法令規定，以及所有履行之相關規定。

Section 13.6

Licensor warrants that it will maintain the product liability insurance in the amount of EUR 2 [two] Million in respect of all Products supplied to Licensee under this Agreement in respect to manufacturing of the Product according to the Specifications.

第13.6條

授權人擔保其會就所有依本合約規格書製作供應予授權人之產品，投保並維持2百萬歐元之產品責任保險。

Section 13.7

Unless otherwise expressively stated in this Agreement, either Party shall be liable for damages, fosses and costs of expenses, including reasonable attorney's fees, caused by or arising out of or relating to its intentional or negligent non-compliance with the contractual obligations under this Agreement. In no event shall either Party be liable for any special, indirect, incidental or consequential damages arising under or as a result of this Agreement (or termination thereof), including but not limited to the loss of (prospective) profits, production or anticipated sales, or on account of expenses, investments or commitments in connection with the business or goodwill or otherwise. To the extent permitted by law, Licensee's liability to the other Party shall be limited to an amount that does not exceed the gross value of the respective order.

第13.7條

除本合約其他明示規定之外，合約雙方當事人之損害賠償責任範圍，及於任何因故意過失未履行本合約義務所生損失、請求、費用支出，包含合理律師費用。惟本合約之任何一方當事人並不負擔任何因本合約（或因終止合約）而生之特別、間接、意外及繼續性損失，包括但不限於（預期）利益、生產或預期銷售，或為事業、商譽或其他事項所投入之費用、投資及承諾義務等之損失。在法律所許可之程度內，被授權人對於他方所負之責任應受限制而不得超過相應訂單之總價。

Section 13.8

Either Party shall comply with and assist the other Party in compliance with all product recall and crisis management policies regarding the Product In the event of a possible product recall, the Party who is aware of the reason for the recall shall promptly advise the other Party and both Parties shall take all appropriate corrective actions.

第13.8條

合約任一方當事人應遵守並協助他方產品回收及危機管理策略之執行。於存有產品回收可能性情形下，瞭解回收原因之一方應立即通知他方並由雙方進行適當處理。

Section 13.9

In the event that either Party determines that a Product recall or withdrawal in the Territory is necessary then the other Party shall take all actions appropriate in order to assist the former Party in recalling or withdrawing the Product. Either Party shall reimburse the other Party for all expenses associated with any such recall or withdrawal if caused in whole or in part by wilful misconduct or negligence of the former Party. If such recall or withdrawal results from default of both Parties, the direct out-of-pocket expenses shall be borne by Licensor and Licensee according to their rates of default.

第13.9條

合約當事人之任何一方於決定回收產品為必要時，他方應授權所有適當措施，以協助前者回收產品。如該回收係全部或部分係因合約一方之故意或過失之錯誤處置行為而導致者，其應賠償他方所有回收費用損失。如此等回收係導因於雙方責任，所支出之費用應依授權人與被授權人之過失比例分擔。

Section 13.10

Licensor shall indemnify Licensee and hold Licensee harmless from any and all claims, demands, liabilities, suits or reasonable expenses of any kind arising out of

(a) any and all damages to or defects in the Product except defects resulting from wrong handling or storage of the Product by Licensee. Licensor shall be under the obligation of furnishing proof for such defects, as applicable; but Licensee shall be under the obligation of furnishing proof for proper delivery and storage conditions,

(b) Licensor's actions or inactions as manufacturer of the Product in breach of this Agreement or other regulations,

(c) infringement claims confirmed by a final and irrevocable court judgment against Licensor's trademarks, trade names or trade dress, or

(d) Licensor's negligent acts and/or omissions in its duties or breach of the warranties provided under this Agreement.

第13.10條

授權人應補償被授權人因下列原因而遭受任何損失、請求、責任、訴訟或費用：

1. 任何產品瑕疵或損害，但該產品瑕疵係因被授權人不當處理及貯藏所造成者，不在此限。如雙方對產品是否具有瑕疵有所爭議，授權人應就此等瑕疵仍屬合理之範圍內負舉證義務，如雙方瑕疵是否由被授權人不當處理及貯藏所造成有所爭議，被授權人就其適當處理及貯藏條件負舉證義務。

2. 授權人基於本產品製造人之地位之行為或不行為，致違反本合約或其他法令。

3. 授權人之商標侵害他人權利，業經法院最終不可撤回之判決確定。

4. 授權人過失行為及／或忽略不履行其義務或違反本合約下之擔保責任。

Section 13.11

Licensor shall be responsible for (i) fulfilling any formalities required by current law regarding manufacture and export of the Product; and (ii) providing the information required in order for Licensee to fulfil its duties according to Sections 8.1 and 9.1.

第13.11條

授權人應負責：(i)完成所有與本產品製造及出口相關之法令要求手續；以及(ii)提供被授權人完成本合約第8.1條及第9.1條義務所需任何資訊。

Section 13.12

Each Party represents and warrants to the other Party that there is no reason that prevents the Party from entering into this Agreement and that the signatory hereto is duly authorized to execute and deliver this Agreement.

第13.12條

授權人未經被授權人書面同意下，不得移轉本合約及本合約所生任何相關權利及義務。任何未經被授權人書面同意之轉讓，均屬無效。

Section 13.13

Subject to all applicable laws and except as permitted under this Agreement, during the term of this Agreement, either Party shall not, without the other Party's prior written consent, directly or indirectly, sell, market, distribute or promote within the Territory, any product (other than the Product) for use in connection with any indication in the Field of Use where at the time the Product is subject to a current Marketing Authorization in that country for that indication.

第13.13條

除本契約另有規定外，在本契約有效期間，契約任一方未經他方事前書面同意者，不得在契約指定區域內直接或間接銷售、行銷、散布或推廣任何本件產品以外，用於與使用範圍有關適應症之產品，所謂與使用範圍有關適應症，應以本件產品受該當行銷主管機關認定之適應症者為限。

Section 13.14

Either Party agrees to defend, indemnify and hold the other Party and its Affiliates, employees, directors and agents, harmless from and against all liability, demands, damages, including without limitation, expenses or losses including death, personal injury, y, illness, property damage, claims or suits (including legal fees), arising directly or indirectly out of any breach by the former Party of any representation or warranty given in this Agreement; or any other breach of this Agreement by the former Party.

第13.14條

　　契約任一方應補償他方及他方關係企業、受僱人、董事、代理人因下列原因而遭受之所有債務、請求、損害,包括但不限於直接或間接發生之費用或死亡、傷害、疾病、財產損失、請求或訴訟(含訴訟費)等損失:一、違反本合約中聲明與保證事項;二、違反本契約條款。

捌、爭端解決及其他(Dispute Resolution and Miscellaneous)

　　雖然商業交易之當事人希望簽約至履約過程均能平和進行以互蒙其利,但由於環境變更或條件更迭等因素,各類合約仍有產生爭端之可能。於爭端產生時,若未事先約定爭端解決機制,但於爭議發生後,常有無法決定爭端解決方式(例如選擇仲裁或是法院)、爭端解決地(例如起訴地或提付仲裁地),甚至合約之準據法均有可能無法確定。在此情形下,極有可能在費時於討論、協商或爭執上述條件下,使得請求權罹於時效,或是重覆周旋於不同爭端解決機制之間,而仍然無法獲得圓滿之處理結果。因此,在本合約中即明確約定因本合約而生之爭議,其爭端解決機制應以國際商會仲裁程序為主,並約定準據法、仲裁地與仲裁程序,以維護合約當事人間之權利。

　　然而,尚有值得注意者,亦即仲裁約定不必然以國際商會為唯一機制,例如亞洲各地亦有不同仲裁協會亦提供仲裁服務,若有約定之需求,亦可依各個仲裁協會所建議之仲裁約定範本,於合約中明定之。

Section 18.1

This Agreement shall be construed, governed, interpreted and applied in accordance with the laws of Germany without regard to principles of conflicts of laws. All documents will be drafted in English. Any disputes between the Parties arising out of or in connection with this Agreement including - without limitation - disputes over the validity and termination of this Agreement shall first be attempted by Licensor and Licensee to be settled through consultation and negotiation in good faith and a spirit of mutual cooperation. All disputes that are not so settled within a period of thirty (30) days from the date the relevant dispute first arose shall be finally settled under the Rules of Arbitration of the International Chamber of Commerce by three arbitrators appointed in accordance with the said Rules. The place of arbitration shall be in Frankfurt. The arbitration proceedings shall be conducted in English.

第18.1條

本合約準據法為德國法。所有文件均以英語起草。當事人間任何因本合約所生爭議，包括但不限於本合約有有效性與終止事宜，均應由授權人及被授權人以善意協商和解為先，如爭議無法自爭議起始30日內以和解方式解決，應依國際商會仲裁規則並指定三位仲裁人循仲裁程序解決。仲裁地於法蘭克福，仲裁程序及所有文件應以英語進行及撰寫。

以上為跨國之藥品授權合約所應具有的內涵，以及重要的條文，相信讀者於閱讀之後，對藥品授權合約能有一定程度之瞭解，於未來洽訂或理解藥品授權合約時，也必然能進一步掌握其精隨。

15

智慧財產授權實務問題研究：智慧財產法院近來判決評析

萬國法律事務所合夥律師　謝祥揚

壹、前言

智慧財產為無體財產，權利人除可依法排除他人未經其同意之侵害行為，並請求損害賠償外，亦可透過處分權利的方式，發揮無體財產的使用價值。權利人對於智慧財產的處分，不外乎轉讓他人、授權他人使用、設定擔保、交付信託等。以專利法為例，專利法第61條第1項規定：「發明專利權人以其發明專利權讓與、信託、授權他人實施或設定質權，非經向專利專責機關登記，不得對抗第三人。」

其中，關於本文主題即智慧財產權的「授權」，專利法第61條第2項進一步規定：所謂「授權」，「得為專屬授權或非專屬授權」。自此可知，專利授權可按其授權態樣分為「專屬授權」（exclusive license）、「非專屬授權」（nonexclusive license）。就「專屬授權」情形，依專利法第61條第3項規定：「專屬被授權人在被授權範圍內，排除發明專利權人及第三人實施該發明。」是則，專屬被授權人本身即可獨占該授權標的專利權的實施權，甚可排除專利權人實施該發明。此外，專屬被授權人依專利法第96條第4項規定，可在被授權的範圍內，對於侵害授權標的專利之人，主張排除侵害、損害賠償暨銷毀侵權物品及原料器具。

授權登記雖非授權生效之要件，但在專屬被授權人對於他人主張侵權而提起訴訟時，如其授權未經登記，則該被控侵權之人可否主張該專屬授權不存在而不得依該授權標的專利提起侵權訴訟。亦即，關於現行專利法第62條第1項規定：「發明專利權人以其發明專利權讓與、信託、授權他人實施或設定質權，非經向專利專責機關登記，不得對抗第三人。」此所謂「不得對抗第三人」，是否包括被控侵權之人，時有爭議。

就此，智慧財產法院99年度民專上更（一）字第10號民事

判決曾以：「所謂登記對抗，係指各種不同權利間，因權利具體行使時會發生衝突、矛盾或相互抗衡之現象，而以登記為判斷權利歸屬之標準。就專利權而言，就權利重複讓與、讓與與信託、信託與設質、讓與與授權、信託與授權等不同法律行為與權利變動間，均可能發生對抗之問題，故專利法第59條（按：現行條文第62條）規定旨在保護交易行為之第三人，而非侵權行為人。故條文中所稱非經登記不得對抗第三人，應係指當事人間就有關專利權之讓與、信託、授權或設定質權之權益事項有所爭執時，始有其適用，而非不得對抗任何第三人。且按專利法第84條第2項本文規定，專屬被授權人得以自己名義為專利權人所得提起之民事救濟訴訟。」因此，縱使專屬授權未經登記，該專屬被授權人仍可於其專屬授權的範圍內對於侵害該授權標的專利之人提起訴訟。

又按專利法第62條第1項規定：「專屬被授權人得將其被授予之權利再授權第三人實施。但契約另有約定者，從其約定。」因此，專屬被授權人除契約另有約定之情形者外，原則上可將其獲授權之專利，再授權他人並收取權利金。相較於此，非專屬授權人則按專利法第62條第2項規定：「非專屬被授權人非經發明專利權人或專屬被授權人同意，不得將其被授予之權利再授權第三人實施。」

除專利授權之外，商標法、著作權法、營業秘密法亦針對各該智慧財產權的授權事項有所規定。其中，商標法關於商標授權之規定，見於商標法第39條以下。其中，商標法第39條第1項規定：「商標權人得就其註冊商標指定使用商品或服務之全部或一部指定地區為專屬或非專屬授權。」第5、6項進一步規定：「專屬被授權人在被授權範圍內，排除商標權人及第三人使用註冊商標。」「商標權受侵害時，於專屬授權範圍內，專屬被授權人得以自己名義行使權利。但契約另有約定者，從其約定。」

又，商標權與專利權同樣需經權利人向專責機關申請核准後

才能取得權利。但關於專利、商標之授權，則雖不以登記爲生效要件，但以登記爲對抗第三人的要件。此可見於專利法、商標法關於授權經登記後可對抗第三人之規定（專利法第62條第1項、第63條第3項規定、商標法第39條第2項、第3項、第4項、第40條第3項規定）。

　　至於著作權法關於授權之規定，則見於該法第37條第1項至第4項分別規定：「著作財產權人得授權他人利用著作，其授權利用之地域、時間、內容、利用方法或其他事項，依當事人之約定；其約定不明之部分，推定爲未授權。」、「前項授權不因著作財產權人嗣後將其著作財產權讓與或再爲授權而受影響。」、「非專屬授權之被授權人非經著作財產權人同意，不得將其被授與之權利再授權第三人利用。」、「專屬授權之被授權人在被授權範圍內，得以著作財產權人之地位行使權利，並得以自己名義爲訴訟上之行爲。著作財產權人在專屬授權範圍內，不得行使權利。」

　　營業秘密法就授權部分則規定於該法第7條第1項、第2項：「營業秘密所有人得授權他人使用其營業秘密。其授權使用之地域、時間、內容、使用方法或其他事項，依當事人之約定。」、「前項被授權人非經營業秘密所有人同意，不得將其被授權使用之營業秘密再授權第三人使用。」

　　自上可知，基於授權客體、授權態樣的不同，被授權人可以享有的權利範圍亦有所不同。也因此，授權契約內容的記載，攸關授權契約雙方的權利義務關係。一般而言，智財授權契約的規範事項，主要包括：「授權客體」、「專屬或非專屬」、「授權期間」、「被授權的使用範圍（使用行爲態樣、使用地點）」、「授權金及計算、給付條件」、「被授權人有無對於授權人報告使用情形之義務」、「被授權人如基於授權標的從事進一步研發時，其研發成果歸屬」等。爲免授權契約兩造將來對於授權事項發生爭議，即有詳加檢視授權契約規範內容的必要。

　　另一方面，授權契約除了與各該智慧財產權利的本法（如專利法、商標法、著作權法、營業秘密法）有關外，另一方面亦受契約法的規制。尤其，在履約爭議當中，契約法中關於債務不履行、契約解除等事項之規定，亦會與各該智慧財產權本法相互交錯適用，故亦需一併檢討。

　　本此問題意識，本文檢視近年來智慧財產法院關於智慧財產權授權爭議的相關判決，並提出其中值得注意之處，藉此理解智財授權實務運作情形，另檢討智財授權契約規範內容對於授權運作情形的影響。

　　又，在本文討論的法院判決中，部分判決目前仍未確定。因此，本文是以各該判決所涉及的事實為基礎，並就其中涉及的智財授權爭議問題，提出討論。至於所涉及的法律爭議，仍應以最終確定判決所持之意見為準。併此指明。

貳、智慧財產法院106年度民專上字第40號第二審民事判決：依專利授權契約本旨，專利權人不得於授權契約有效期間主張被授權人產品涉及侵權

一、事實概述及兩造主張

　　本件為專利授權契約爭議。依智慧財產法院106年度民專上字第40號第二審民事判決所載事實顯示，專利權人A與被授權人B訂有授權契約。專利權人A於授權契約所載授權期間屆滿之前，寄發警告函予被授權人B之客戶，表示專利授權契約業經終止，要求被授權人B之客戶勿購買被授權人B之產品。被授權人B因此主張：專利權人A逕自片面終止合約並寄發警告函予其客戶之行為，屬債務不履行或侵權行為，據此請求專利權人A賠償

損害。

二、法院判決

智慧財產法院106年度民專上字第40號第二審民事判決就此認定：被授權人B雖曾以他人名義對於專利權人A所有之專利提起舉發，但因該被舉發之專利案並非本件系爭專利授權契約之授權標的專利，因此被授權人B前開行為並未違反授權契約，專利權人A自不得主張被授權人B有違約行為而得以合法終止兩造間之授權契約（又，關於兩造間授權契約關係是否存在乙節，另經台灣台中地方法院102年度智字第9號、台灣高等法院台中分院103年度智上字第1號、最高法院105年度台上字第2135號確定判決確認該合約為有效）。

在此前提之上，本件判決進一步認定：「依系爭合約之約定，上訴人（按：即專利權人A）應於合約期限內授權被上訴人（按：即被授權人B）使用合約專利並販售使用該等專利之產品。惟上訴人卻於系爭合約仍有效存在時，發函被上訴人之客戶……等要求勿購買被上訴人提供之產品，顯與系爭合約債之本旨相違，應構成不完全給付。」換言之，本件判決認定，專利權人應使被授權人得以使用授權標的專利，並販賣使用該授權標的專利的產品，此為專利授權契約的本旨。專利權人如對此有所妨礙，即有違反「債之本旨」之情形，而屬民法第227條規定所稱之「不完全給付」，應被授權人因此所生之損害負擔賠償責任。

值得注意的是，本件兩造另一爭執點為：本件被授權人B以他人之名義，對於專利權人A所有之專利提出舉發，並申請與本件授權標的專利類似的專利，經專利權人A查知後發函被授權人B，表明有因本件專利授權合約衍生之爭議，需依該合約第6條規定解決爭議。就此，本件判決認為：「雖被上訴人（按：被授權人B）申請或舉發專利並未違反系爭合約，然其於上訴人

（按：專利權人A）詢問或寄發警告信時，可釐清以避免後續損害之情，然竟未即為之，而任上訴人逕行揣測，實有違契約之善意及誠信原則。倘被上訴人於上訴人第一次發函詢問時予以說明並釐清誤會，上訴人應不致逕行臆測並寄發警告信予被上訴人之客戶並因此造成被上訴人之損害，是被上訴人就避免損害擴大方面，確有未盡注意義務之疏失，為與有過失。」因此，該判決認定：被授權人B就其自身之損害與有過失，應自行負擔其中四成之損害。

　　依本件判決記載，本件不得上訴第三審，故為確定判決。嗣後本件當事人雖向原法院訴請再審，然仍經原法院以107年度民專上再易字第2號民事判決駁回再審之訴。

三、評析討論

　　自本件判決所載事實及法院判決理由均可知，授權契約是否經一方合法終止，常為授權履約階段發生爭執之所在。因此，智財授權契約宜明確規範契約關係終止之事由。專利權人如認被授權人有違約情形而擬終止授權，該終止合法與否不僅攸關被授權人有無繼續合法使用授權標的專利之權利，亦同時牽連被授權人有無繼續支付授權金之義務，為免後續履約過程中發生爭議，自應明確界定。

　　此外，專利授權契約亦常見有「被授權人不得對於授權標的專利提出舉發或無效訴訟」之約定（以下稱「不得舉發條款」）。此類條款在雙方前因專利侵權爭議達成和解而簽署之專利授權合約，最屬常見。蓋原被控侵權之一方或許為求紛爭儘速解決，而與專利權人達成和解。此時專利權人為恐被控侵權人於達成和解後又另循其他途徑挑戰涉訟專利的有效性，即有可能於和解或授權契約中約定被控侵權人（即和解後的被授權人）不得以任何方式對於專利權人的專利提出舉發或其他無效之主張。被

授權人如有違反該約定者,即有可能產生違約責任,甚至需依約定賠償違約金之情形。然而,在授權契約中訂有「不得舉發條款」之約定,此類條款是否因不當限制被授權人訴訟權而有無效的疑問,尚有待研究。

　　就此,按最高法院87年度台上字第2000號民事判決:「按權利之拋棄,不得違背法律之強制或禁止規定或公序良俗,否則其拋棄行爲無效。又憲法第十六條規定,人民有訴訟之權,旨在確保人民有依法定程序提起訴訟及受公平審判之權利。查系爭協議書第四條雖約定兩造『不得再以任何方式追究他方刑責』,其眞意倘係拋棄刑事訴訟權,似有違憲法第十六條保障訴訟權之意旨,難謂有效。」因此,如當事人間以契約約定限制剝奪一方當事人的訴訟權,依最高法院之見解,該約定似爲無效。但此處討論的「不可舉發條款」,與最高法院判決所指的「預先拋棄刑事訴訟權」之情形,是否完全相同而可一併引用,仍有待深究。

參、智慧財產法院105年度民專上字第15號第二審民事判決:被授權人於授權及合作契約之下,應履行其產銷契約產品之主要契約義務

一、事實概述及兩造主張

　　本件判決同樣涉及專利授權契約,但前述「貳、」案例中的專利授權契約僅涉及專利使用權之授權,本件判決則另涉及契約雙方的「合作關係」。依智慧財產法院105年度民專上字第15號第二審民事判決所載,專利權人C與被授權人D簽訂「合作及授權契約」,依該契約之約定,專利權人C除授權專利權予被授權人D外,亦與被授權人D合作販售該契約所訂授權機器產品。

　　本案主要爭點在於：被授權人D於取得專利授權之後，有無違反其契約義務，進而專利權人C得合法終止該合作及授權契約。依該判決所載之事實，專利權人C主張：被授權人D於簽訂該合作及授權契約後，不僅並未全額支付授權金頭期款，且僅生產四台系爭機器產品，且均未出售，因而經三次電子郵件通知改善後，再以信函通知終止該合作及授權契約。被授權人D則抗辯：專利權人C先前所為的三次改善通知是以電子郵件寄送，並未遵照合約約定之通知方式（應以信函寄送），故依約仍不得終止契約；又，本件授權及合作契約並未明確約定被授權人D所應達成的最低銷售數量，亦未約定被授權人D至遲應於何時銷售機器，則被授權人D縱未銷售系爭機器產品，亦無違約之情形。

二、法院判決

　　就此，本件判決則認為：專利權人C所為之通知合於契約約定的通知方式。再者，「對上訴人（按：被授權人D）而言，簽定前開契約之目的應係在於取得相關技術知識，並同時負有銷售義務以支付權利金予被上訴人（按：專利權人C），並為自己賺取利潤；而對於被上訴人而言，其將技術授權予上訴人，並賦予上訴人銷售之權利，其主要目的係在取得上訴人銷售授權機器產品之權利金。被上訴人簽定系爭授權契約之目的，絕非僅係取得……頭期款。……故系爭授權契約雖未明定上訴人應至少銷售多少授權機器產品，但探求雙方對於系爭授權契約所欲發生之法律效果，應即係在使上訴人能藉由獲得技術授權後銷售授權機器產品而獲利，並使被上訴人因上訴人銷售授權機器產品而取得授權金，然上訴人於簽約三年期間，完全未銷售任何授權機器產品，自屬未履行契約之主要義務，而違反系爭授權契約第18.4條之約定。」、「上訴人（按：被授權人D）既未履行系爭授權契約之主要給付義務即製造銷售系爭授權機器產品，亦未依約完全

給付應付之權利金頭期款,則被上訴人(按:專利權人C)辯稱得依系爭授權契約第18.4條約定終止契約,爲有理由。」亦即,本件判決認爲系爭授權及合作契約雖然並未載明被授權人D所應達到的最低銷售數量,但考量被授權人D於契約三年期間均未售出任何授權標的產品,仍可認定被授權人D已違反該契約的主要義務。

三、後續爭訟情形

案經上訴,最高法院以107年度台上字第1968號民事判決廢棄上述第二審判決。其發回意旨略以:「按法律行爲之方式,當事人如以特約約定其方式者,則該法律行爲之成立生效,即應依該方式爲之,否則不生該法律行爲之效果。經查系爭授權契約第20.2條約定:Correspondence:(前段)Any correspondence relating to the Agreement shall be in English and sent to the other side by airmail.(後段)The correspondence can be sent to in advance by e-mail or fax if relevant. 原判決將前段解爲:與系爭授權契約有關之聯繫應以英文並以航空郵件寄至對方;後段文字則解爲:相關事項之聯繫也可預以(in advance by)電子郵件或傳眞爲之,故認前後兩段爲獨立並存之兩種聯繫方式,被上訴人以電子郵件爲三次之催告,再以信函通知終止,已符合上開約定之方式。惟查兩造簽約於100年間,斯時電子郵件已廣爲運用,兩造既約定應以英文並以航空郵件寄達,作爲通知他方之正式方式,而於後段另約定『也可以預以電子郵件爲之』,則該段所稱之『預以』,雙方之眞意是否僅係正式通知之前置作業,意思表示之正式生效仍應以前段文字方式爲之,否則何須於簡速又可確認之電子郵件方式外,另以航空郵件方式爲主要聯繫方式?至兩造間之聯繫縱有未以航空郵件方式爲之之實情,惟倘雙方無爭執,自無不可,然尚難據此即認上訴人就重要之聯繫事項,不得

行使契約約定方式之權利。是上開爭點涉及被上訴人上開三次以電子郵件之三次通知，是否合於系爭授權契約約定，及攸關被上訴人解除契約之合法性，此重要攻擊防禦方法，即有曉諭兩造再予補充說明辯論必要。原審遽認合於上開條款規定等語，為上訴人不利之判斷，尚嫌速斷。」

四、評析討論

自本案可知，專利授權之目的，未必僅限於專利技術之使用及權利金之收取，尚可能兼及專利權人、被授權人間之合作關係。於此情形，被授權人除應給付授權金之外，即有可能同時需負擔生產銷售授權標的產品之義務。此與單純基於授權而可自行決定是否使用專利技術之情形，尚有不同。因此，就該「生產、銷售標的產品」義務之履行，實應明確界定履約之標準（例如，最低銷售數量、期限），以便明確理解被授權人是否已完成其依約應盡的契約義務。另外，關於契約重要事項的通知方式，亦應明確定之，以免後續爭議。

肆、智慧財產法院105年度民商上字第11號第二審民事判決：加盟合約中禁止競爭條款是否有效？

一、事實概述及兩造主張

本件判決涉及連鎖咖啡店加盟合約所生之爭議。依智慧財產法院105年度民商上字第11號第二審民事判決所載之事實，本件涉及訴訟爭議的主體甚多。但為便於討論，謹將本件爭議事實簡化如下：

　　商標權人E與被授權人F間簽訂「甲」連鎖咖啡店加盟合約，合約中約定：1.在合約有效期間內，被授權人F不得於商標權人E及其他「甲」連鎖咖啡店方圓五百公尺內之商圈，自行、合夥加盟或透過他人以其他直接間接方式開設與該連鎖咖啡店加盟事業體有相同或近似性質之競爭同業，該合約終止或期滿後三年內亦同。2.在合約有效期間或合約終止、解除後，被授權人F均不得於與「甲」連鎖咖啡店事業體「相同或類似之營業模式以招攬加盟或自行經營」。

　　商標權人E主張：被授權人F於加盟合約有效期間，與其妻共同經營其他品牌的「乙」連鎖咖啡店，其中一家「乙」連鎖咖啡店之加盟店與商標權人「甲」連鎖咖啡店中的一家加盟店距離僅425.97公尺。商標權人E主張被授權人F違反合約前開規定，終止合約，並訴請被授權人F給付合約約定的懲罰性賠償金，並就被授權人F於合約終止後仍繼續使用「甲」連鎖咖啡店商標之行為，請求被授權人F依合約約定賠償損害。

　　被授權人F在本件訴訟中抗辯：本件系爭「甲」連鎖咖啡店加盟合約是由商標權人預先擬定，兩造締約地位並不平等，該契約應屬定型化契約，且契約內容約定被授權人於契約終止或解除後均不得經營與「甲」連鎖咖啡店競爭之事業，過度限制被授權人的營業自由及生存權，對於被授權人F顯失公平，應屬無效。

二、法院判決

（一）一審判決

　　就此抗辯，本件一審判決即台灣台北地院104年度智字第12號民事判決認同被授權人F的主張，認為本件系爭加盟合約關於競爭行為禁止之約定為無效。理由略以：

1. 系爭契約為定型化契約

　　關於系爭契約是否為定型化契約，一審判決認為：「觀其格式，僅有被授權人（按：被授權人F）姓名、授權保證金及權利金金額、營業店址、合約有效期間等處，係以空格留待手寫或打字方式填入，其餘條款內容均已先行印製……，堪認系爭合約應為原告（按：商標權人E）預先擬就以供加盟者簽署之定型化約款。」

2. 系爭競爭行為禁止之約定為無效

　　關於系爭契約中禁止被授權人F從事競爭行為之約定，其是否對於被授權人顯失公平，一審法院認為：「系爭合約第6條第3項係約定：『本合約有效期間內或合約終止、解除後，乙方（即被告）（按：被授權人F）均不得使用與甲方（即原告）（按：商標權人E）……加盟事業體（按：「甲」連鎖咖啡店）相同或類似之營業模式以招攬加盟或自行經營。』，增補條款亦有相同之競業禁止約定……。上開約定非僅未限定競業禁止之期間、地區，且限制競業之範圍包含與原告『類似』之營業模式，等同於要求加盟者一旦與原告締約加盟……咖啡（按：「甲」連鎖咖啡店），而終止或解除契約後，即需無限期、不得於任何地區經營與原告相同或類似模式之事業，對於加盟者之生存權、工作權實有重大妨害。是被告抗辯上開約定係以定型化契約條款限制被告行使權利，對於被告有重大不利益，顯失公平，依民法第247條之1規定為無效，應屬可採。」

（二）二審判決

　　案經上訴，智慧財產法院第二審民事判決則採不同見解。智慧財產法院105年度民商上字第11號第二審民事判決認為：

1. 系爭契約不是定型化契約

　　二審判決認為系爭契約並非定型化契約。其理由主要在於：商標權人E在與被授權人F簽訂本件系爭合約之前，曾於約一年前與被授權人F簽訂另一家咖啡店加盟店的授權使用合約。在該合約書中，被授權人F以手寫方式修改條文內容，並刪除部分字樣，由此足見被授權人F有一定議約能力。本件系爭契約為前述契約簽約相隔約一年才簽訂，被授權人對於加盟系爭「甲」連鎖咖啡店之「利弊得失，應更有清楚之瞭解，衡情已經過充分之評估及考慮後，始決定再加盟」，「其對於系爭合約條款之認識及議約能力衡情應更為加強」。又，商標權人E主張，被授權人F於簽訂系爭合約時，曾以該合約是被授權人F在「甲」連鎖咖啡店的第二家加盟店，向商標權人E表示希望可降低加盟權利金。商標權人E因此同意降低加盟權利金，但為此也要求增列競業禁止約定，並約定調高懲罰性違約金數額為500萬元。二審判決基於前述情形，認為本件系爭合約雖由商標權人E預先擬就，但被授權人E仍具有相當議約能力，並非毫無磋商變更契約條款內容的餘地，因而認定系爭合約並非定型化契約。

2. 系爭競爭行為禁止之約定為有效

　　關於系爭合約中約定被授權人F於合約期間內、合約終止、解除後不得從事競爭營業行為，二審判決認為該約定有效。其理由略以：「本件被上訴人（按：被授權人F）為加盟店主，手中握有相當之資金，本可自行衡量加盟體系之優劣後，再決定是否加入加盟體系，以快速取得加盟品牌之知名度以及經營之相關專業知識，或不加入加盟體系而自行開店經營。此與一般消費者和企業間締結契約時，一般消費者並無空間與企業就契約內容進行協商之狀況，並不相同。且被上訴人（被授權人F）因加盟上訴人（按：商標權人）……咖啡連鎖店體系（「甲」連鎖咖啡店），接受上訴人提供之完整培訓課程……，而知悉上訴人有關

咖啡豆烘焙、研磨、萃取及行銷、經營咖啡店之專門知識及商業上秘密，上訴人為保障其營業秘密及商業上利益，於授權合約中訂立競業禁止條款，如未逾越合理之範圍（例如在合約有效期間內，或合約關係消滅後一段合理時間內），難謂有妨害被上訴人之生存權或工作權而有顯失公平之情形。……系爭合約第6條第3項約定：『本合約有效期間內或合約終止、解除後，乙方（即被上訴人）（按：被授權人F）均不得使用與甲方（即上訴人）（商標權人E）……加盟事業體相同或類似之營業模式以招攬加盟或自行經營』。就合約關係消滅後之競業禁止義務，未限定一定之期間及地域，範圍過廣，固有不當限制被上訴人之生存權及工作權之顯失公平之情形，至於在系爭合約有效期間內約定之競業禁止義務，乃為保護上訴人之營業秘密及商業上利益之合理手段，具有正當性，並無顯失公平。」

　　二審判決於以上判決基礎之上，進一步認定被授權人F於加盟合約有效期間另行開設「乙」連鎖咖啡店，其中一家「乙」連鎖咖啡店之加盟店與「甲」連鎖咖啡店之加盟店距離不到500公尺，顯已違反系爭加盟合約關於競爭營業行為禁止之約定，而應依合約約定給付懲罰性違約金。

　　依司法院法學資料檢索系統顯示，本件經法院作成第二審判決後，當事人對該第二審判決提起上訴，由最高法院審理。截至本文截稿日期，尚未查得最高法院判決結果。

三、評析討論

　　經比較以上一審、二審判決爭點及理由可知，在「加盟合約」之情形，多半是商標權人授權他人使用商標，並授權他人以該商標經營該「加盟事業」的特定事業（例如，開設加盟店），此時該加盟合約書如是加盟業主預先擬就，提供加盟店主審閱，則該加盟合約書是否構成「定型化契約」，時有爭議。除「加盟

合約」之外，智財授權契約多半是由授權人預先擬定合約條款，供被授權人審閱確認後簽訂。則授權契約於此情形是否會被認爲定型化契約，即有待研究。

在本件情形，二審法院以被授權人F簽訂本件系爭合約之前，曾另與商標權人E簽訂另一加盟合約，被授權人F於該合約中曾修改合約內容；被授權人F於簽訂本件系爭合約時，亦曾要求修改合約內容等情，認定系爭合約並非定型化契約，實係按當事人締約磋商之實際情形，所爲之論斷。換言之，加盟契約或其他授權契約是否爲定型化契約，仍應按實際締約情形而定，不能一概而論。

事實上，在加盟經銷特定事業之情形，除該加盟合約書是否爲「定型化契約」外，尙時常涉及加盟業主於加盟店家簽署加盟合約之前，是否提供加盟店家完整資訊，以供加盟店家權衡判斷是否應加入該加盟店，成爲加盟店家。如有加盟條件資訊揭露不全之情形，將另涉及公平交易法的問題。就此，公平交易法主管機關公平交易委員會訂有「公平交易委員會對於加盟業主經營行爲案件之處理原則」，以資規範。

另關於加盟合約是否可以附加「禁止從事競爭營業行爲」之約定，本件一、二審判決之認定也有不同。二審判決著重於加盟業主於開放加盟的過程中，除同意加盟店家使用加盟店的商標之外，亦一併提供加盟店家與所營事業有關的專門知識，甚至營業秘密，並傳授經營、管理策略方面的特殊知識。基此考量，二審判決認爲於此情形，加盟業主確有正當理由限制加盟店家不可從事競爭營業的行爲，以保護加盟業主的正當利益。因此，商標權人如欲於附有商標授權的加盟合約中增列禁止競爭營業行爲的條款，自應思及有無受該條款保護的正當利益，尤應考慮商標權人在經銷營運關係中，是否將提供與該加盟事業營運有關之專門知識、營業秘密予加盟店家。

伍、智慧財產法院105年度民商上字第3號第二審民事判決：產品經銷合約寓有「默示商標授權」之意

一、事實概述及兩造主張

本件涉及產品經銷合約及商標授權。本件事實涉及國內知名糕餅業者的商標授權爭議。依智慧財產法院105年度民商上字第3號第二審民事判決所載之事實，本件涉及訴訟爭議的主體甚多。但為便於討論，謹將本件爭議事實簡化如下：

G為「丙」糕餅店之「本店」店主，除以「丙」為其商號名稱外，並以「丙」申請註冊商標。「本店」店主G曾於特定期間之內，與同樣以「丙」為商號名稱之「分店」店主H間存有「經銷合約」關係，由該「分店」以「丙」商標銷售糕餅；且「本店」店主G亦曾致贈「分店」店主H載有「丙」商標字樣的匾額，供其懸掛於「分店」店內。嗣後，該「丙」商標輾轉讓與他人，現「丙」商標之商標權人為I。「分店」店主H主張「本店」店主G曾授權「分店」店主H使用「丙」商標之意，且該授權並無期限，則嗣後受讓「丙」商標之商標權人I亦應承擔原商標權人即「本店」店主G所為之商標授權契約關係，因而訴請法院確定「分店」店主H與「丙」商標目前的商標權人I間有商標授權使用關係存在，商標權人I並應偕同辦理商標授權登記，另備位請求商標權人I應容忍「分店」店主H繼續使用「丙」商標。

二、法院判決

就此爭議，智慧財產法院105年度民商上字第3號第二審民

事判決認為「分店」店主H的請求並無理由。

法院首先釐清「商標授權」與「經銷合約」間的關係。判決意旨略以：「所謂商標授權他人使用，係商標權人將其專屬使用商標的權利依授權契約約定的條件授予他人使用，商標權人仍擁有商標權。商標之授權有其自律性，無需公權力干預，只要商標授權人與被授權人合意，即生授權之效果，其方式不以書面為限，口頭合意亦屬之（最高行政法院100年度判字第191號判決參照）。又經銷商或零售商係就附有商標之既成品為銷售，其銷售附有商標商品之行為及在此目地範圍內將商標使用於廣告之行為，均係為販售商標商品所必須，是縱使商標權人並未與經銷商或零售商有授權之合意，然為達經銷或零售之目的，應認此時應係已得到商標權人之默示授權，惟經銷或零售關係終止後，商標授權之契約目地已終了，應認雙方之授權關係已終止。」

依此可知，智財法院二審判決認為，在商品經銷合約之情形，商標權人縱使未曾在經銷合約中明文約定授權經銷商或零售商使用商標，但經銷商、零售商於經銷附有商標之產品時，勢必伴隨使用該商標之行為，為達經銷或零售之目的，此時應認為商標權人已有「默示授權」之行為。但此「默示授權」僅於「經銷合約」關係存在時有效。一旦「經銷合約」關係不復存在，該「默示授權」亦隨之終止。

在本件情形，智財法院二審判決即認定：本件商標權人G雖於特定期間內，與「分店」店主H成立存在商品經銷合約，由「分店」以「丙」之商標，銷售販賣糕餅產品，則於此段「經銷合約」關係期間，應認商標權人有「默示授權」H使用「丙」商標之意。但該「經銷合約」嗣後已告終結，則此「默示授權」亦隨之終止。故而，「分店」店主H於該「經銷合約」關係結束之後，即無從主張「丙」商標之授權關係仍繼續存在。

至於「分店」店主H另主張：「本店」店主G曾致贈載有「丙」商標字樣之匾額，供其懸掛於「分店」內，此已寓有商標

授權之意。但智財法院二審判決認為：單純致贈匾額一事，實無從推導出商標授權之意。此外，「分店」店主H另主張：「本店」店主G曾指示本店糕餅師傅教導「分店」店主H製作糕餅，此亦寓有商標授權之意。然此主張最終亦未獲得法院採納。也因此，智財法院二審判決認為「分店」店主H主張與商標權人G間之商標授權關係，應由輾轉受讓「丙」商標之商標權人繼受，並無理由。此外，智財法院二審判決亦認為：縱使「分店」店主H主張之不定期商標授權關係存在，該授權關係亦已經合法終止；又，縱使未經合法終止，該授權關係對於目前持有「丙」商標之商標權人I，亦不生效力。

就二審判決認定：「縱使未經合法終止，該授權關係對於目前持有『丙』商標之商標權人，亦不生效力」乙節，其判決理由略以：「按『商標專用權人得就其所註冊之商品之全部或一部授權他人使用其商標。前項授權應向商標主管機關登記；未經登記者不得對抗第三人。授權使用人經商標專用權人同意，再授權他人使用者，亦同。』82年商標法第26條定有明文，因此商標授權關係若未登記，不得以之向第三人主張，復參酌92年5月28日修正之商標法（下稱92年商標法）第33條增訂第3項『授權登記後，商標權移轉者，其授權契約對受讓人仍繼續存在。』嗣於100年6月29日修正公布、101年7月1日施行之商標法第39條第1至3項規定：『商標權人得就其註冊商標指定使用商品或服務之全部或一部指定地區為專屬或非專屬授權。』、『前項授權，非經商標專責機關登記者，不得對抗第三人。』、『授權登記後，商標權移轉者，其授權契約對受讓人仍繼續存在。』……，依上開修法歷程可知，應解為只有在商標授權經登記之場合，商標移轉後該授權關係對受讓人才繼續存在，若根本未為商標授權登記，則商標移轉後基於債之相對性原則，受讓人自無受授權契約拘束之可能。本件上訴人（即『分店』店主H）所主張之商標授權關係並未有任何登記公示等情，為兩造所不爭執，是縱使上訴

人（『分店』店主H）與……（即『丙』商標目前商標權人之前手）間商標授權關係仍存在，該商標現已移轉登記為被上訴人（按：即『丙』商標目前的商標權人）所有，揆諸上開說明，上訴人自不得以其與……（即『丙』商標目前商標權人之前手）間之授權關係對抗第三人即被上訴人（按：即『丙』商標目前的商標權人）。」

前開判決理由已清楚闡明，商標授權關係縱使存在，仍應就該授權關係予以登記，否則無法以該商標授權關係對抗該商標的受讓人。因此，在未經辦理授權登記之情形，商標授權關係對於商標之受讓人即不生拘束，被授權人不得以該商標授權關係，主張該商標之受讓人仍應繼續受到商標授權關係的拘束。

三、評析討論

從本件判決的爭議以及本件判決的理由可知，商標授權與商品經銷關係實密不可分。在未約明商標授權之情形，將出現「默示授權」之推定。此係自「商品經銷」契約關係之本旨，推得之判斷。蓋如商標權人同意由被授權人代為經銷附有商標之產品，則如商標權人未將商標使用之權利一併授與被授權人，被授權人自無從履行其經銷產品之契約責任。然而，於此情形，仍將產生該授權「範圍」為何？該「默示授權」於何時終止？等爭議。因此，在擬定商品經銷合約時，自應於契約中載明商標授權之範圍。

又，依現行商標法第39條第3項規定：「授權登記後，商標權移轉者，其授權契約對受讓人仍繼續存在。」此授權效力追及商標受讓人之效力，僅發生於該「授權」辦理登記之情形，亦應一併注意。

陸、智慧財產法院104年度民著上字第10號第二審民事判決：電視節目公開播送權授權期間爭議

一、事實概述及兩造主張

　　本件涉及著作權授權問題。依智慧財產法院104年度民著上字第10號第二審民事判決所載之事實，電視台J與製作公司K於88年間簽訂系爭合約，約定由電視台J委託製作公司K製作電視連續劇節目，其中包含改編自武俠漫畫之「丁」電視連續劇節目，該漫畫之原著作權人為L。

　　其中，系爭合約第16條約定：「本節目……所使用各類著作……應由乙方……（按：製作公司K）於製作節目前取得原著作權人之同意或授權。乙方並應同時取得各該著作權人同意或授權甲方（即上訴人；下同）（按：電視台J）有對其著作物隨同本節目在國內公開播送、國外公開播送、衛星播送、有線播送、網際網路播送、影音光碟播送、多次重播及重製發行家庭錄影帶及影音光碟之權。乙方保證日後如因前項權利發生糾紛，致甲方（或代表人）遭受民刑事追訴或其他請求時，乙方應負全部責任，並應依本約前條規定給付違約金及賠償甲方（或代表人）財產上或非財產上損害及支出費用。如致甲方無法播出時，乙方並應退還其所領取之全數製作費」；系爭合約第18條則規定：「乙方同意因製作本節目而完成之任何受中華民國著作權法保護之著作，均應以甲方為著作人，並享有著作人格權及著作財產權。甲方擁有台灣地區無線、有線、衛星電視、網際網路、影音光碟之永久公開播送權及家庭錄影帶、影音光碟發行權。甲方授予乙方擁有中國大陸地區之公開播送權，及其他各項權利。其他地區之所有權益，屬甲、乙雙方共有。」

嗣電視公司J與電視頻道M就「丁」電視連續劇節目簽訂合約，授權由電視頻道M公開播送「丁」電視連續劇。但於該「丁」電視連續劇於電視頻道M播送前，製作公司K通知電視公司J，略以：製作公司K僅向「丁」漫畫著作之原著作權人L取得10年之播送權授權，該「10年」播送權授權期間業已屆滿，如電視公司J仍授權電視頻道M播送「丁」電視連續劇，即有著作權侵害問題。電視公司J乃因此終止與電視頻道M之授權關係。

電視公司J起訴主張：製作公司K僅向「丁」著作之原著作權人L取得「10年」之播送權授權，未取得「永久」之播送權授權，與系爭合約第16條、第18條之約定意旨不符，致使電視公司J無法擁有永久播送「丁」電視節目之權利，製作公司K已違反前開約定。

製作公司K則抗辯：製作公司K已依約完成「丁」電視節目之拍攝，並由電視公司J取得該節目之著作權。系爭合約第16條僅要求製作公司K應取得權利人授權多次重播，並未限制要取得「永久」之授權，故其雖僅取得10年之播送權，仍無電視公司J主張之違約情形。

二、法院判決

智慧財產法院104年度民著上字第10號第二審民事判決則認為：「依系爭合約第16條之文義記載，約定被上訴人（按：製作公司K）應取得各該著作權人同意或授權上訴人（按：電視公司J）對其著作物隨同系爭節目有公開播送等權利，雖未約定該公開播送等權利之期間，惟不得因系爭合約第18條上訴人擁有系爭節目之公開播送等權利，即明文規定『永久』等字互照以觀，而認定兩造就系爭合約第16條部分，既未記載『永久』字句，顯無約定永久之真意。故被上訴人辯稱當事人真意如係在被上訴人應取得各該著作權人同意或授權原告對其著作物隨同系爭

節目有永久公開播送等權利者，自當於系爭合約第16條加註記載『永久』字句云云，並非可採。」

又，法院依「合約目的」認定：「系爭合約第16條前段文字，雖就被上訴人應取得之改作授權未明確約定為永久、無限期授權，然依據系爭合約第16條中段約定被上訴人所取得之改作授權、應使上訴人取得系爭節目之多次重播權以及系爭合約第18條約定上訴人所取得之著作權利包含永久公開播送權，故為達到此等多次重播、永久播送之契約目的，則應依據契約目的解釋原則，應認為系爭第16條之改作授權為無限期、永久授權。」因此，法院二審判決認為製作公司K依約有義務取得「丁」著作之原著作權人L永久播送權之授權，否則即無法達成電視公司J與製作公司K簽訂本合約之目的－擁有隨時播送系爭節目之權利。

三、後續爭訟

案經上訴，最高法院以107年度台上字第776號民事判決，將上開第二審判決關於命製作公司K給付違約金之部分廢棄，並發回智慧財產法院審理；至於其他部分則維持前述第二審判決之論斷。就發回部分，其發回意旨主要在處理違約金金額之認定問題，與本文主要討論的主題較無直接關聯。

四、評析討論

在委託他人完成著作之情形，按著作權法第12條第1項規定：「出資聘請他人完成之著作，除前條情形外，以該受聘人為著作人。但契約約定以出資人為著作人者，從其約定。」在本件情形，電視公司J出資聘請製作公司K製作完成「丁」電視節目，約定由出資人即電視公司J為「丁」電視節目之著作人。因

此，電視公司J本得基於「著作人」之地位，行使著作權法上關於「著作人」之權利。

但如前述，「丁」電視節目是依據漫畫改編。又，按著作權法第3條第1項第11款規定：「改作：指以翻譯、編曲、改寫、拍攝影片或其他方法就原著作另為創作。」同法第28條規定前段：「著作人專有將其著作改作成衍生著作或編輯成編輯著作之權利。」依此，將漫畫「改拍」為電視節目之行為，屬著作權法所稱之「改作」，該「改作」之權仍應歸原著作之著作權人L所有。也因此，縱使電視公司J為「丁」電視節目之著作人，仍無礙於其改作行為應先取得漫畫原著作人L之授權，否則電視公司J仍無法依其意志自由使用「丁」電視節目之著作內容。

自本件爭議及判決理由可知，在洽商著作權改作及電視節目授權協議之時，自應明確界定該授權之範圍。於本件情形，契約約定製作公司K於製作節目前應取得原著作權人L之同意或授權，並應同時取得原著作權人L同意或授權電視台J有對其著作物隨同「丁」電視節目在國內公開播送、國外公開播送、衛星播送、有線播送、網際網路播送、影音光碟播送、多次重播及重製發行家庭錄影帶及影音光碟之權。本件爭議源自於製作公司K承諾取得授權之範圍是否應包括「永久」的公開播送權。就此，當然涉及電視公司J與製作公司K就該事項約定之真意為何。契約條文中雖未明確載明「永久」，二審判決是依照「契約目的」作為論斷的依據，「為達到此等多次重播、永久播送之契約目的，則應依據契約目的解釋原則，應認為系爭第16條之改作授權為無限期、永久授權」。

至於電視公司J就製作公司K僅取得10年授權之事，事前是否知悉，抑或者同意，則屬事實認定之問題。為免爭議，自宜在契約中載明契約當事人所應取得之授權範圍，並應於明確約定應於特定時點將其已獲取完整授權之證明提交予他方，以便於此授權基礎之上繼續完成著作。

柒、智慧財產法院103年度民著上字第24號第二審民事判決：出版契約版稅結算義務及著作權授權關係存在與否

一、事實概述及兩造主張

　　本件涉及圖書著作的授權及履約爭議。著作人N與出版公司O間就N之圖書著作「戊」簽訂出版合約，契約期間為5年，並約定於契約期間屆滿前三個月雙方均未通知不欲續約，則契約期間自動延展5年。系爭契約因契約期間屆滿前均無人通知不欲續約，故依前開約定自動延展5年。著作人N認為：出版公司O並未依據出版合約之約定，每3個月結算版稅並給付版稅，已陷給付遲延之狀態，乃發函催告出版公司O給付版稅，並以該通知為終止出版合約之表示。

　　著作人N於本件訴訟主張：出版公司O於出版合約經著作人N發函終止後，仍繼續於市面網路銷售平台出版、銷售「戊」圖書著作，已侵害其著作權，且出版公司O仍有積欠版稅。著作人N因此訴請法院判決確認兩造間著作權授權關係不存在，並訴請出版公司O賠償損害，並返還其積欠之版稅。

二、法院判決

　　智慧財產法院103年度民著上字第24號第二審民事判決：除出版公司O應返還著作人N所應給付之版稅餘額新台幣6千餘元外，著作人N其餘請求則無理由。

　　首先，二審判決認為系爭出版合約並未經著作人N合法終止。就此，二審判決首先說明，系爭出版合約雖僅約定出版公司O可於特定情形下終止合約，而無關於著作人N得以終止合約之

約定,但著作人N仍可按照民法關於契約解除權之規定,於出版公司O有債務不履行之情形下終止合約。雖然如此,二審法院最終仍認為,著作人N沒有可以合法終止合約之事由。

就終止合約之事由,著作人N雖主張出版公司O並未依約定期「結算」版稅。但法院則認為依雙方真意,出版公司O僅於須給付版稅時才有結算義務,若無書籍出售,所應支付的版稅為零,出版公司O即無結算之義務。此外,法院另依調查證據之結果,認定出版公司O除「戊」圖書著作首刷版外,並未出售其他版次的書籍,自無「結算」之義務。再者,法院亦認為著作人N於寄發予出版公司O之通知中,僅催告出版公司O「給付」所欠之版稅,並未催告出版公司O應「結算」版稅,因此認定出版公司O縱有按期「結算」版稅之義務(且無銷售亦應結算),亦未經著作人N定期催告,著作人N自不得以出版公司O未定期「結算」版稅為由,終止系爭出版合約。

最後,法院雖經結算認為出版公司O就「戊」圖書著作首刷版仍有部分版稅尚未給付,但著作人N催告時係請求出版公司O給付「首刷版」以後之版稅,就「首刷版」之版稅欠款則未經合法催告,亦不得以「首刷版」之版稅仍有欠款為由,合法終止與出版公司O間之出版合約。

三、評析討論

自本件爭議事實及法院判決理由可知,本件爭議圍繞著到底出版公司O有無定期「結算」版稅的義務,以及著作人N與出版公司O間之著作權授權關係是否繼續存在。按「出版」為民法債編當中的有名契約。依民法第515條第1項規定:「稱出版者,謂當事人約定,一方以文學、科學、藝術或其他之著作,為出版而交付於他方,他方擔任印刷或以其他方法重製及發行之契約。」而關於出版之報酬,亦即所謂的「版稅」,民法第524條

第2項則規定：「報酬之全部或一部，依銷行之多寡而定者，出版人應依習慣計算，支付報酬，並應提出銷行之證明。」又，出版涉及到出版著作的著作權授權關係。民法第516條第1項亦規定：「著作財產權人之權利，於合法授權實行之必要範圍內，由出版人行使之。」

　　關於出版人版稅結算之義務，本件案例中的著作人認為出版人縱未銷售書籍，仍應依合約之約定定期「結算」，出版人則認為僅於出版人需支付版稅時始有與著作人結算版稅之義務。此類爭議情形不僅常發生於出版契約，在專利授權、商標授權（尤其經銷合約），亦屬常見。亦即，如授權契約內約定被授權人需按實際銷售數量支付權利人授權金或版稅，則被授權人應如何向權利人證明銷售數額，乃至於應否定期依實際銷售數額結算授權金或版稅，即需予明確約定。尤其，當實際上並無銷售時，被授權人是否仍需定期結算，亦宜明確約定。

　　此外，關於授權產品的實際銷售數額應如何確定，亦時常發生爭議。就此，亦有授權契約約定得由「第三人」（例如受雙方共同選任的會計師）至被授權人進行稽核，由該第三人至被授權人營業處所檢視被授權人販售授權產品的相關財務資料後，提出稽核報告予授權契約之兩造，以作為授權產品銷售數額的判斷基礎。就此類約定方法，仍應明訂選任該「第三人」的方式，並就兩造就選任人選發生爭執或無法達成共識時應如何處理等項，一併明確規範。

捌、結語

　　自本文以上討論的判決案例中，實不難發現，智財授權爭議的發生，往往發生在契約履約階段，並圍繞著契約當事人對於彼此依契約所應履行的義務，以及該義務的範圍。法院於判斷此類

爭議時，多半需透過各該案件的客觀情狀，去探求推敲當事人間的真意為何。也因此，在簽訂授權契約之前，預先完整思考各類情境，設想各種可能發生的爭議，並於契約中予以明確約定，自可減少爭議發生。當然，當事人之間的約定，在遇有法律強制規定時，仍應以法律規範的內容為準，此時即應注意法律就各該事項是否有強制規定，以免約定內容因違反法律強制規定而無法發生預期的效力。

16

專利授權合約是否可涵蓋失效之專利？
——歐美司法實務見解於我國的借鏡

萬國法律事務所資深律師　蔡孟眞

壹、前言

　　專利授權為積極實施專利權的重要方式之一，對於專利權人而言，可以增加收益、擴大市場；對於被授權人而言，則可引進新技術、避免侵權訴訟。「專利授權」係專利權人將其專利權之全部或一部授權予被授權人，被授權人得於授權範圍內使用、實施該專利權。專利授權契約通常約定被授權人應給付權利金，於此情形該專利授權契約為有償契約。此外，由於專利權有其存續期間，是智慧財產法院100年度民專訴字第12號民事判決曾指出：「專利授權契約可區分定期與不定期等類型，衡諸常理，當事人在授權契約中，未記載明確之授權期間，係以專利存續期限為其授權期間，或當事人得隨時終止授權關係。……」然而，在專利授權契約履約期間，若授權標的之專利權發生變化，例如被舉發而失效，則授權契約是否仍然有效？被授權人給付授權金之對待給付義務，是否仍繼續存在？若授權契約約定即使專利遭舉發而無效，被授權人仍須繼續支付授權金，則此一條款之效力為何？歐美實務近年來對於相關議題皆有表示意見，本文將首先介紹歐美實務之見解，再探討我國實務就此些議題之立場。

貳、歐盟案例：Genentech Inc. v. Hoechst GmbH（2016）

一、法院決定

　　歐盟法院（Court of Justice of the European Union, CJEU）

於2016年7月7日對於Genentech Inc. v. Hoechst GmbH一案[1]作出判決，認為在專利授權契約之中，只要被授權人可以藉由合理通知而得自由地終止此一契約關係，則不論該契約標的之專利權是否被撤銷、或被授權人是否有侵權情事等，被授權人皆須對於專利技術之使用支付權利金之約定，並未反歐盟運作條約第101（1）條[2]（Article 101(1) of Treaty on the Functioning of the European Union, TFEU，即歐盟競爭法）之規定。

二、本案背景介紹

1992年8月6日，Behringwerke AG公司以「全球非專屬授權」之方式，將「使用人類巨細胞病毒強化子（the HCMV enhancer）」之技術（以下簡稱「HCMV技術」），授權給Genentech公司。

「HCMV技術」涵蓋以下專利：

1. 1992年4月22日核准之歐洲專利（專利號：EP

---

[1]　Genentech Inc. v. Hoechst GmbH, E.C.J., No. 567/14, 7/7/16.

[2]　Article 101 (1) of Treaty on the Functioning of the European Union, TFEU:

1. The following shall be prohibited as incompatible with the internal market: all agreements between undertakings, decisions by associations of undertakings and concerted practices which may affect trade between Member States and which have as their object or effect the prevention, restriction or distortion of competition within the internal market, and in particular those which:

(a) directly or indirectly fix purchase or selling prices or any other trading conditions;

(b) limit or control production, markets, technical development, or investment;

(c) share markets or sources of supply;

(d) apply dissimilar conditions to equivalent transactions with other trading parties, thereby placing them at a competitive disadvantage;

(e) make the conclusion of contracts subject to acceptance by the other parties of supplementary obligations which, by their nature or according to commercial usage, have no connection with the subject of such contracts.

017317753），該專利於1999年1月12日被撤銷；

2. 分別於1998年12月15日、以及2001年4月17日核准之兩個美國專利（專利號：US 5,849,522、以及US 6,218,140）。

Genentech將HCMV技術運用於製造含有活性成分—rituximab之生物醫藥產品，並在歐美銷售，其在美國之商品名為「Rituxan」，而在歐盟的商品名則為「MabThera」。

為取得使用HCMV技術之權利，雙方在授權契約之第3.1條約定，Genentech公司須對Behringwerke公司進行一次性地支付（one-off fee）、年度性地支付（fixed annual research fee）、以及計量權利金（running royalty）—最終產品淨銷售額的0.5%，作為對價。

然而，Genentech公司只有對Behringwerke公司進行一次性地支付以及年度性地支付，從未支付計量權利金的部分。爾後，Hoechst公司繼受Behringwerke公司之權利義務，Hoechst公司之子公司Sanofi-Aventis Deutschland（以下簡稱「Sanofi公司」）遂於2008年6月30日要求Genentech公司依約支付授權之計量權利金，Genentech公司則於同年8月28日要求終止契約。其後，Sanofi公司在美起訴Genentech公司專利侵權，Genentech公司亦向法院提起專利無效之訴，經法院審理後，判定Genentech公司並無侵權。

Hoechst公司亦對Genentech公司提出仲裁，仲裁判斷認為Genentech公司應該依約向Hoechst公司支付計量權利金以及相關之損害賠償，Genentech公司訴請法院審理。

承審本案之巴黎上訴法院（cour d'appel de Paris, Court of Appeal, Paris）認為，依據雙方授權契約之約定，即使標的專利被撤銷而自始無效，被授權人Genentech公司仍有給付對價之義務。但此一授權契約條款是否與歐盟競爭法Article 101(1) TFEU之規定有所衝突，則不無疑問。因此巴黎上訴法院決定停止程序，要求歐盟法院就此一前提問題，進行先行裁決（preliminary rulings）。

三、爭點與論理

　　本案之爭點在於：授權契約中如約定，在授權契約有效期間內，不論標的專利是否被撤銷、抑或被授權人之使用並不侵權，被授權人均有支付授權金的義務，則此一約定是否有違反歐盟競爭法Article 101(1)TFEU之規定？

　　關於此一爭點，Genentech公司和西班牙政府認為如專利被撤銷、或不侵權，被授權人即沒有給付權利金之義務；而Hoechst公司、法國、荷蘭政府與歐盟法院等，則皆持相反見解。

　　Genentech公司主張，如契約條款要求被授權人為其未侵權之專利技術支付權利金，則相較於其競爭者，Genentech公司將有大約1億6,900萬歐元之額外支出，從而構成歐盟競爭法Article 101(1)TFEU所述之妨礙競爭。

　　然而，歐盟法院依據先前Ottung一案[3]之法理，認為只要被授權人可以在合理通知後自由地終止授權契約（the licensee may freely terminate the agreement by giving reasonable notice），則即使契約約定無論專利狀態為何被授權人仍應持續支付權利金，亦不會違反Article 101(1)TFEU之規定。

　　在Ottung一案中，法院認為權利金反映的是對於該專利技術之商業評估（commercial assessment），尤其是在該技術尚未獲得專利權之前。被授權人之所以給付權利金，是為了交換授權人保證不對其主張智慧財產權。意即，權利金是被授權人得以商業運用該授權技術之價格。因此，只要授權契約有效、且可以自由地由被授權人終止，則即使標的專利權屆期而無法再用來向被授

---

[3]　Ottung v. Klee & Weilbach, E.C.J., No. C-320/87, 5/12/89.

權人主張權利，授權金之支付仍為正當。換言之，只要被授權人可以任意終止授權契約，權利金支付之約定就不至於對於被授權人加諸不當限制，而有害自由競爭，或造成市場封閉效果。

　　基於前述Ottung一案之法理，本案歐盟法院認為在授權契約有效期間，即使專利權屆至，被授權人仍有支付授權金的義務，更何況是專利權未屆至的狀況。基此，Genentech公司是否有專利侵權之情事，即與授權契約終止前之權利金給付義務無關。既然Genentech公司可以隨時終止契約，則在授權契約有效之期間內，就存有權利金之支付義務，並不會構成Article 101(1)TFEU之違反。

參、美國案例：Kimble v. Marvel（2015）

一、法院決定

　　美國聯邦最高法院（Supreme Court of the United States）於2015年6月22日對於Kimble v. Marvel案[4]作出判決，該判決維持該法院1964年於Brulotte v. Thys Co.一案[5]所確立之原則（以下簡稱「Brulotte原則」），認為若授權契約中載有專利屆期後仍需給付授權金之條款，則該等條款「當然違法」（unlawful per se），蓋其在超過專利權期間仍繼續其市場之獨占地位（the patent monopoly beyond the [patent] period），違反專利法專利屆期後申請專利之發明即進入公共領域（public domain）之政策。

---

[4] Kimble v. Marvel Entm't, LLC, 135 S. Ct. 2401, 2405-06 (2015).
[5] Brulotte v. Thys Co., 379 U.S. 29 (1964).

二、案件背景介紹

原告Stephen Kimble（以下簡稱「Kimble」）是美國第5,072,856號專利專利權人，其係於1990年5月25日申請一可由從手掌上射出蛛網而扮演蜘蛛人之專利。被告Marvel Entertainment公司（以下簡稱「Marvel公司」）並未取得Kimble之授權，即銷售與Kimble專利十分相似、可以噴出絲狀泡沫而扮演蜘蛛人之「Web Blaster」玩具產品。Kimble於1997年控告Marvel公司之「Web Blaster」玩具產品專利侵權，最後雙方達成和解，協議由Marvel公司以約50萬美元之一次性支付（lump sum）以及「Web Blaster」玩具產品銷售額3%之權利金（royalty）為對價，向Kimble購買該專利，由Kimble「移轉」該專利予Marvel公司。然而，由於雙方並未約定收取權利金之終期，Marvel公司遂至聯邦地方法院要求確認該權利金之終期，應為Kimble專利屆期之2010年。對此，地方法院、上訴法院、以及最高法院之審理結論，均依循Brulotte一案揭示之原則，認為Marvel公司於專利屆期之後，即無須再支付Kimble權利金。

三、爭點與論理

本案之爭點在於：是否要繼續維持Brulotte原則？

在1964年之Brulottev. Thys Co.一案中，專利權人將具有其專利之作物收取機（hop-picking machine）授權給農人使用，並以農人收成之作物為權利金，且不論其專利權是否屆期皆然。於該案中，最高法院以8比1之比數，認為於專利屆期後仍要求收取權利金之部分「當然違法」，而無從執行（unenforceable）。

法院認為，一旦專利屆期，申請專利之發明即成為公共財，任何對於被授權人於專利屆期後使用該發明之限制，皆會違反專利法之立法目的與政策。換言之，法院認為不論專利權是否

屆期均可收取權利金之約定，儘管只有被授權人會受到影響，但此即與專利權人僅得於專利期間內獨占市場之立場相違，且此一約定亦與專利權屆期之後，申請專利之發明即進入公眾領域、任何人均可自由使用之專利政策相互衝突。

法院在這個議題上維持Brulotte一案之見解（即Brulotte原則），並指出除非有「超級特別的理由」（superspecial justification）才足以推翻之，僅是認為Brulotte原則有誤是不足夠的。法院進一步指出，Brulotte原則影響授權契約實務已超過半世紀之久，在此期間國會雖多次修正專利法，甚至是Brulotte原則所依據之條款，但卻未曾修改Brulotte原則，即相當已進一步肯認該原則的適用。

此外，法院指出，由於Brulotte原則涉及財產法領域之專利權、以及與契約法領域之授權契約，是而更應尊重判決先例所揭示的原則或法理，因為契約之雙方當事人將會信賴判決先例的結論，進行其相關事務之安排。

對此，Kimble提出經濟分析反駁Brulotte原則。Kimble認為延長支付期間通常伴隨著較低的授權金費率，而較低的授權金費率將導致較低的終端銷售價格，使得該等專利技術更具競爭力；此外，較低的授權金費率亦使得更多人可負擔授權之費用，進而促進專利使用者之間的競爭；再者，在專利屆期之後，因市場的進入障礙已不復存在，然被授權人仍有持續支付授權金的義務，此即會鼓勵新的競爭者開始製造產品、加入競爭，因為新的競爭者無須支付授權金，將擁有吸引消費者之價格優勢。換言之，Kimble以經濟分析說明，約定專利權屆期後權利金之支付，並不會限制競爭，反而有助於競爭。

法院雖然認同Kimble之經濟分析，但並不認為此足以推翻Brulotte原則。法院指出，Brulotte案是一個專利案件而不是反托拉斯案件，如果Brulotte原則確實涉及錯誤的經濟判斷，亦應由國會修法進行修正。因此，法院認為若Kimble認為專利法忽視

專利屆期後權利金支付約定之促進競爭效果，應著力的是專利政策，而專利政策係取決於國會。

最後，法院在有許多維持Brulotte原則之理由、且沒有足以推翻先例之「超級特別的理由」（superspecial justification）的前提下，法院決定遵循判決先例拘謹地進行裁決，針對Kimble v. Marvel案中就能否約定於專利屆期後繼續收取權利金之議題，做出否定見解，維持其於Brulotte一案之決定。

肆、歐美司法實務見解於我國的借鏡

由前述案例介紹，可以了解歐盟與美國司法實務對於當授權契約之標的專利失效時（包含被撤銷而無效、或專利期間屆滿等），是否仍需繼續給付權利金之問題，做出完全相反之結論。

歐盟法院認為，只要授權契約有效存在，且被授權人可以自由地終止契約，則即使標的專利被撤銷而無效，被授權人支付權利金之義務仍然存在；而如被授權人認為契約不公平，自可隨時終止契約而不再負有給付義務。故在契約有效的情況下，被授權人當應繼續依約給付權利金，作為其使用技術的對價。亦即，既然被授權人繼續使用技術且契約有效，即應支付權利金，且此和被授權人是否侵害授權人之專利無關。

反之，美國最高法院認為，專利法之政策目的是希望專利屆期後，該申請專利之發明成為公共財，讓公眾可以自由運用，故若認可專利屆期後繼續給付權利金之約定，即與專利法之政策目的相衝突。然而，如果考量到專利屆期後繼續給付權利金之優點，而應放寬此一限制，此亦應由國會進行修法，否則目前該等約定仍處於當然違法的狀態。

然無論歐盟或美國，對於相關議題之決定與論理過程，皆是奠基於先前的法律案件建立起的法律原則，故其在個案中所呈現

的想法其實已是運行多年的既定實務見解，而非最近之變革，僅是再藉由個案重申立場。是以可知，針對歐盟與美國所撰寫之授權契約，必須特別注意其相異點而擬定，避免違反先例而致無效或無從主張權利之後果。

再就我國而言，我國公平交易委員對於專利與營業秘密之授權，訂定有「公平交易委員會對於技術授權協議案件之處理原則」（下稱「處理原則」）。該「處理原則」第6點「技術授權協議禁制事項例示」第2項第5款規定，技術授權協議不得有「授權之專利消滅後，或專門技術因非可歸責被授權人之事由被公開後，授權人限制被授權人自由使用系爭技術或要求被授權人支付授權實施費用」之內容，否則，依照該「處理原則」第7點「法律效果」之規定，即可能構成公平交易法第20條第5款[6]之違反。此係因專利消滅或專門技術被公開後，任意第三人均得自由利用該等技術，授權人不得以協議方式限制被授權人或要求繼續支付授權實施費用[7]。

由此可見，前述「處理原則」之立場較近似於美國，認為專利權消滅後，該申請專利之發明或技術即應成為公共財而可供大眾使用，故不能預先要求在專利權屆期後繼續給付權利金。

然如專利權人將專利授權他人後，專利權始遭舉發撤銷而視為自始不存在時（我國專利法第82條第3項參照），再依民法第246條第1項前段：「以不能之給付為契約標的者，其契約為無效。」第179條：「無法律上之原因而受利益，致他人受損害者，應返還其利益。雖有法律上之原因，而其後已不存在者，亦同。」之規定，則專利授權契約是否即因該專利「視為自始不存

---

[6] 公平交易法第20條：「有下列各款行為之一，而有限制競爭之虞者，事業不得為之：……五、以不正當限制交易相對人之事業活動為條件，而與其交易之行為。」

[7] 李素華，專利及專門技術授權與公平法規範，智慧財產權，頁19（2001年7月）。

在」而爲「無效」？已收取之授權金或權利金是否即成爲不當得利？

如延續「處理原則」之立場，由於專利已被舉發撤銷而視爲自始不存在，則該專利技術自始即應爲公共財，被授權人自無須爲使用公共財而支付權利金，曾經付出的權利金，亦應依不當得利要求返還，方屬合理。惟司法院曾針對此一問題進行討論－司法院101年度「智慧財產法律座談會」「民事訴訟類相關議題」提案及研討結果第6號法律問題：「系爭發明專利權人甲授權乙實施專利，渠等依據專利授權契約之規定，甲有將系爭專利授權予乙實施之義務，作爲乙製造與銷售產品之技術，而乙依據銷售之物品數量，有按件給付權利金予甲之義務。嗣後系爭專利經第三人提起舉發，經濟部智慧財產局審定結果，認爲爭專利不具進步性要件，作成審定書撤銷系爭專利確定在案。試問甲於系爭專利撤銷確定前，收受乙所交付之授權金，是否成立不當得利？」並作成研討結果，認爲「不成立不當得利」（以下簡稱「該座談會結論」）。基此，專利授權契約亦非因此而「無效」。

該座談會結論理由爲：

第一，授權與讓與性質不同：授權契約中專利權人並沒有移轉專利權予被授權人之義務，只要於授權期間本於契約本旨，使被授權人得依實施專利權，縱使專利權嗣後經舉發撤銷確定，亦非以自始不能之給付爲契約標，自應依約給付授權金。

第二，專利授權契約爲雙務有償契約：給付權利金與系爭專利權之授予，兩者有對價關係，在專利權未經撤銷確定前，被授權人已實施該專利權以製造與銷售產品，並取得營業利益，倘事後以專利權遭撤銷爲由，請求專利權人返還授權金，等同無償使用專利權人所提供之技術，則被授權人行使權利或履行義務，不合誠信原則甚明。

第三，專利權人依據授權契約有受領授權金之權利：專利授權爲雙務契約，專利之實施與授權金之給付有對價關係，被授

權人給付授權金與專利權人提供製造技術，兩者依其經濟上交換目的，構成授權契約之整體，不可分離。故縱使系爭專利嗣後經撤銷確定在案，然當事人事實上均已依約履行義務，則給付與對待給付應一併觀察計算。倘所支付之授權金與技術相當，符合系爭專利授權契約之本旨，自難謂專利權人受領授權金獲有不當得利。

是而，該座談會結論認為專利之實施與授權金之給付有對價關係，被授權人於交付授權金予授權人時，授權人係將當時有效之專利技術及專利權授予被授權人使用完畢，而完成對待給付。縱系爭專利事後遭舉發撤銷，惟不影響當事人間授權契約之效力，故無不當得利可言。

司法實務上，智慧財產法院99年度民專訴字第191號民事判決之見解，亦與該座談會結論相同。相較於公平交易委員會「處理原則」，此一見解並未論及專利技術供公共使用之政策目的，而應較近似於歐盟法院之論理，即較著重契約角度之授權金與技術使用之對價關係。智慧財產法院104年度民專上字第32號民事判決，亦採取近似立場。

然而，最高法院104年度台上字第2016號民事判決卻認為：「按當事人主張或抗辯智慧財產權有應撤銷、廢止之原因者，法院應就其主張或抗辯有無理由自為判斷。法院認有撤銷、廢止之原因時，智慧財產權人於該民事訴訟中不得對於他造主張權利。此觀智慧財產案件審理法第十六條規定自明。系爭我國專利雖未經專責機關即經濟部智慧財產局撤銷確定，但被上訴人就該專利之有效性為爭執，原審亦合法認定該專利不具新穎性、進步性，有應撤銷之原因，則於兩造間，被上訴人自得主張該專利權不存在，構成給付不能，而本於民法第三百四十七條準用同法第三百五十條、第三百五十三條規定，依關於債務不履行之規定，行使其權利。又不具新穎性、進步性之專利，即為社會公眾得使用之屬於公共領域之技術，自應許被授權人就其有效性為抗辯。

原審認被上訴人得以系爭專利有應撤銷之原因為由，解除系爭契約，合於民法第三百五十三條、第二百五十六條之規定，自無違背法令可言。上訴人謂該專利未經撤銷確定，仍具排他效力，權利未有瑕疵，被上訴人不得據以解除契約云云，尚非可採。至於被上訴人前有無利用系爭專利內容，獲有利益，則屬雙方如何依民法第二百五十九條規定回復原狀之問題，尚不影響被上訴人解除權之行使。」主張不具專利要件者，即屬於公共領域之技術，並非私人得以獨占，其立場似與該座談會結論不盡相同。後續之再審判決（最高法院105年台再字第30號民事判決），維持最高法院104年度台上字第2016號民事判決，指出：「審理智慧財產事件之民事法院，就權利有效性之爭執，得自為判斷，倘經判斷認定智慧財產權確有應予撤銷或廢止之原因時，縱智慧財產權人之權利尚未經智慧財產專責機關予以撤銷或廢止，就該訴訟仍不得對他造主張權利，此不因該訴訟爭議係請求排除侵害或給付授權金，而有不同。」智慧財產法院105年度民專上更（二）字第2號民事判決，亦同此立場。

　　此外，針對此一議題，智慧財產法院104年度民專上字第20號民事判決、及其上訴審最高法院107年度台上字第755號民事判決，更是從授權契約「簽約時」被授權人是否「預見系爭專利嗣後無效」的觀點出發，予以區分思考，討論個案中是否有援用民法第227條之2「情事變更原則」調整契約雙方權益（是否得請求減少權利金）的空間。似可解讀為採取較近似「不成立不當得利」的立場，惟再嘗試借由適用民法第227條之2之「情事變更原則」，在個案中予以衡平。

　　由此可知，我國在不同的法規與實務中，可以分別看到美國與歐盟的兩種思考，而導致截然不同的結果。此外，該座談會結論雖首先區分「授權」與「讓與」之性質不同，然而卻沒有就專利「讓與」後始發生無效事由應如何處理進行討論，筆者目前亦未查詢到處理該等情形之相關個案。再者，我國是否肯認在專利

權屆期之後仍須給付授權金之約定的合法性？我國對於此些議題
應採如何之立場，未來或許在專利法之實踐上，可以再進一步討
論及修正。

第五部

智慧財產權侵權實務
之探討

17

台灣商標法之實例解說
——商標遭人搶註及其因應對策

萬國法律事務所資深合夥律師　鍾文岳

壹、前言

　　先前日本之地名「讚岐」遭人在台灣搶註為商標之問題，在台日間引起廣泛討論。因為地名有使消費者對商品之性質、品質或產地產生混淆誤認之虞，一般認知並無法註冊為商標。然因當時主管機關之一時不察或專業認知不足等原因，讓許多地名因而取得商標之註冊。此外，又因為地方之利害關係人（如地方自治團體、地方業界團體或其他地方上具有影響力之企業等）對其地名之註冊並未作全面性之監視，使得使用該地名之關係人反而受到搶先註冊之商標權人的侵權警告。在此等狀況下，主管機關智慧財產局今後就此所做之判斷將更受到注目。

　　首先就2000年以來各國企業在台灣之商標註冊申請狀況

年度	2001	2002	2003	2004	2005	2006	2007	2008	2009
合計	59,158	61,729	65,943	61,667	63,580	65,101	61,454	60,120	59,686
台灣	41,299	45,403	48,878	48,613	50,263	51,107	47,371	45,876	47,009
日本	4,272	4,084	3,974	2,820	2,868	2,980	2,810	3,223	2,874
美國	5,296	4,569	4,958	3,919	3,709	3,912	4,112	3,596	2,833
歐盟各國	5,906	4,959	5,101	3,757	3,876	3,788	4,175	4,139	3,373
其他	2,385	2,714	2,996	2,558	2,864	2,774	2,686	3,286	3,579

年度	2010	2011	2012	2013	2014	2015	2016	2017	2018
合計	66,496	67,620	74,357	74,171	76,062	88,683	79,485	83,802	84,816
台灣	50,998	50,895	55,696	55,338	56,217	57,356	57,548	61,215	59,840
日本	3,886	3,542	4,270	3,593	3,452	3,484	3,669	3,892	4,728
美國	3,378	3,737	3,841	3,694	3,799	3,835	3,735	3,684	4,187
中國	1,603	1,968	2,544	2,830	3,286	13,919	4,281	4,830	5,770
歐洲	3,026	3,338	3,529	4,473	4,365	4,513	4,236	4,049	4,114

　　由上表可知，自2009年金融海嘯以後台灣商標申請件數持續微幅成長，其中日本、美國、歐盟主要國家申請件數也多固定維持一定比例成長，但中國近年因經濟大幅擴張，註冊申請件數

有大幅增加，目前外國企業在台灣註冊申請件數比例仍約維持在
七比三的比例。

貳、商標制度簡介

　　本文擬先對台灣之商標法作簡略之說明，其次介紹關於商標
遭搶先註冊之幾則實例，最後進一步提出其可能之因應對策。
　　「商標之使用，指為行銷之目的，而有下列情形之一，並足
以使相關消費者認識其為商標：
　　一、將商標用於商品或其包裝容器。
　　二、持有、陳列、販賣、輸出或輸入前款之商品。
　　三、將商標用於與提供服務有關之物品。
　　四、將商標用於與商品或服務有關之商業文書或廣告。
　　前項各款情形，以數位影音、電子媒體、網路或其他媒介物
方式為之者，亦同。」

一、商標之使用

　　現行商標法，將商標之使用定義為「為行銷之目的，將商標
用於商品、服務或其有關之物品（例如其包裝、容器、價目表或
使用說明書等有關之商業文書或廣告），而利用平片圖像、數位
影音、電子媒體、網路或其他媒介物足以使相關消費者認識其為
商標」之行為（商標法第5條）。而在實務上最易引起爭議之案
件，乃是其究竟屬商品之裝飾，抑或屬商標使用之問題。在此類
型的案例中，消費者之認識通常即為影響判斷結果之重要因素之
一。亦即，關於是否該當於商標之使用而侵害他人商標，在實際
的判斷上，例如標示是否符合一般社會通念及商業交易習慣、是
否為業界之通常標示方式、是否具有辨識商品來源之功能、客觀

上所標示之符號是否使消費者認識其為商標，此外，該標示是否會使消費者誤認其表彰之商品來源為商標權人等皆為判斷要素。

實 例

標示之文字或記號之大小（是否較自己之商標為大）、標示之地方（是否顯著）、是否與其他之文字或記號共同使用、是否為已經存在之物（如是否為人類或其他自然界之動物或植物之形狀等）

台灣之電腦顯示器、液晶螢幕之製造商Veiwsonic，其商標為三隻胡錦鳥的圖形，而日本某大製造商為了強調其商品內容之色彩，而將一隻具有五種色彩的胡錦鳥裝飾於其商品上。此時是否屬商標之使用，除應視其圖樣或文字標示之大小，標示位置是否顯著及其識別性外，更應檢視該文字或圖樣使用之目的，時間（是否只是系列裝飾圖樣而經常變換），及其本身品牌之知名度，否則恐有誤判情形發生。

二、商標及商品之近似

上述類型之案例是否構成近似，其判斷基準其實正是商標法上的主要爭議，主管機關就此亦數度修改審查基準，希望在判斷上提供較明確之參考。惟，因該等判斷基準為抽象之規定，即使基於同一基準，在實際的案例中常因人之不同或判斷時期之不同而有歧異之判斷結果。因此判斷基準，常在累積多數之實際案例，整理其共通之點後，又出現出新的判斷基準。以下的判斷基準即是以目前為止累積之案例為基礎整理而成。

（一）商標之近似與否判斷

商標之近似判斷乃「以具有普通知識經驗之商品購買者，

於購買時即使施以普通所用之注意，有無引起混淆誤認之虞」為斷。在此之判斷主體為「具有普通知識經驗之商品購買者」。而所謂之商品購買者，在一般日常用品之情形，即為普通之消費者，但如果在機械零件之情形，則為機械之使用者、修理者或機械工廠之採買負責人。

另外，關於判斷之要素，如果商標在外觀、讀音或觀念上有一近似，即構成商標近似。亦即，外觀（形狀）、讀音（發音）或觀念（其所代表之意思）中只要有一個要素相似，即會被認定構成近似。

又，關於判斷之方法，法條上規定應就商標整體進行隔離觀察，認定有無引起混淆誤認之虞為斷，亦即，不可僅以商標之一部分相類似即認定其構成近似，應就商標之整體為異時異地之隔離觀察。例如，將兩商標並列觀察時，雖可立即發現其相異之處，但如進行異時異地之隔離觀察，因為僅可記得其整體之印象或特徵，較不易察覺其相異之處，因此應以此種比較方式作為判斷方式。

（二）商品之類似與否判斷

商品是否構成類似之判斷基準，常會隨實際市場之變化而改變。例如，在過去藥品多在藥局販售，化粧品必須於百貨公司或專賣店等才有販售。惟近來在台灣出現了許多類似日本藥妝店之店家，將藥品、化粧品及日常用品等集合在同一店家販賣，出現了新型的販售型態。此種新型事業之興起，對於商品是否構成類似即產生了影響。

商品是否類似之判斷基準為商品之製造與販售（服務之提供）是否來自同一事業。例如雖然皆同樣以小麥做為材料，但麵包與麵條即非類似之商品。

至於其判斷之要素，在商品之情形，應綜合考量其生產、販

賣、用途、原料、品質、需求者之範圍、完成品與零件之關係等
進行判斷；在服務的情形，則應就其提供之方法、目的、場所、
與服務提供相關之物品、需求者之範圍、業別、法律規範等綜合
考量而為判斷。舉例而言，在台灣，中藥究竟是藥品還是食品？
決明子屬於中藥之藥材固屬無疑，惟如將決明子磨成粉末狀後加
入茶包中，製成決明子茶，則為食品。然而，其間之界線如何明
確劃分，實非易事。就此，實務曾做出與認定基準不同之判斷。
法院曾在案例中認為因為在現在的台灣社會中，有強調以食品作
為療養疾病之觀念存在，因此判斷中藥品與食品應是類似之商
品。

三、商標權之限制

　　商標權在下列情形時，其權利之行使將受到限制：

（一）合理使用

　　關於合理使用，一般較常見者乃消耗零件上常標記之「USE
FOR ○○○」，例如汽車消耗品之「USE FOR TOYOTA」，
印表機墨水匣上記載之「USE FOR EPSON」或「USE FOR
CONON」等，如果只是單純的用以說明商品之規格或適用之機
種等，並不會構成對商標權的侵害；但如果其中「USE FOR」
是以較小之文字表示，而將「EPSON」或「CONON」放大標
示，甚至遠大過自己之商標時，可能就無法被認定為有合理使用
之情形。

（二）先使用

　　即先使用事實之存在。關於先使用，要符合先使用之要
件，必須是基於善意，亦即不知為他人之商標，且在他人商標申

請註冊之日前已經有先使用之事實方可。先使用事實之存在，乃
是當他人對自己主張權利侵害時，得作爲抗辯的事由之一，如果
他人未對自己主張任何權利受侵害，自己卻自行以有先使用之事
實，向法院提起訴訟請求確認商標權侵害之不存在，此種確認之
訴之提起在實務上並未被肯認。

（三）權利耗盡

「權利耗盡原則」是指如果貼有商標之商品乃是自商標權人
之手合法取得者，則不論是其自身對該商品之使用，抑或是讓與
第三人，皆不會構成對商標權之侵害。亦即，雖非獲得正式授權
之轉售店或零售店，如果其販售之商品爲眞品，則該販售行爲即
不會構成商標權之侵害。該眞品一旦被售出後，對於同一商品之
再販售行爲並無法主張商標權。此外，如果國內外之商標權人爲
同一人，則有所謂「國際耗盡原則」之適用，亦即，如果在日本
與台灣同一商標權乃由同一權利人所有時，對於從日本平行輸入
之眞品，商標權人即不得以其商標權受侵害而爲侵害防止或損害
賠償之請求。總而言之，在台灣原則上眞品之平行輸入爲合法之
行爲。

四、商標權之廢止與撤銷

商標一經登錄，即可得取得商標權，登錄後如果發現有商
標無效之事由或欠缺登錄之要件時，主管機關之智慧財產局得依
職權或依申請，評定商標爲無效以撤銷其註冊。商標評定乃是使
已經取得之權利歸於無效之制度，對於權利者而言，會使其權利
處於不安定之狀態，在商品之廣告宣傳及製造販賣上因而有所顧
慮。然而，另一方面，對於同業者或消費者而言，日常生活中經
常使用之名稱或地名如果一旦被註冊爲商標，在未取得商標權人

之同意下將無法繼續使用該名稱或地名,亦即該名稱或地名由商標權人取得使用之排他權,此種結果並無法符合一般社會通念及商業習慣之期待。在此種情形下,應容許利害關係人等得備齊資料,向主管機關申請商標之評定。惟因為商標評定會使曾經被賦予之商標權失其效力,對於權利人之影響極大,因此在程序上有得聲明不服之機會。

關於我國法在不服救濟之程序上,採取三級三審制度。與民事訴訟制度不同者,其聲明不服之對造並非商標權人或商標評定之申請人,而是主管機關智慧財產局。因為是對智慧財產局所做之審查結果有所不服,因此應以其為不服程序之對造。

一般而言,在訴願程序中乃是以書面審查為原則,而過去在高等行政法院或是2008年7月1日成立之智慧財產法院則是採取言辭辯論程序以進行審理,至於最高行政法院亦是以書面審理為原則。

現行之智慧財產案件審理法及智慧財產法院組織法,賦予法院得以就商標的無效性進行審理之權限,因此商標侵權訴訟之審理若涉及商標無效之爭議,目前約從修法前的數年(加計智慧財產局評定程序及訴願行政訴訟程序)縮短成數個月。

五、商標權侵害之救濟

在商標權受到侵害之情形,對於一般侵權人多以發送警告信函之方式解決,而對於惡質之仿冒品的製造販賣則多透過警察進行搜索,其後方與侵權人達成和解或基於確定判決取得損害賠償。其可採行之法律手段有三個,其中最具有效果之手段應為刑事告訴,特別是對於高度抄襲或完全一致之仿冒者,可透過保二總隊刑事警察大隊(原保護智慧財產警察大隊)執行取締並提出刑事告訴,藉此除去侵害或取得損害賠償,此應為權利救濟最有效率之手段。

　　又，如果受侵害的是外國著名商標但尚未在台灣註冊登記者，則也得以事業違反公平交易法第22或25條之規定向公平交易委員會進行舉發，由公平會命違法之事業停止其侵害行為，其違法情況嚴重者並得處以罰鍰。一般而言，公平交易委員會之審理期間為半年至1年，就侵害防止或除去之效果或許較刑事訴訟為慢，但相較於後述之民事訴訟程序，應較為迅速。

　　在實務上，單獨提起民事侵害排除請求或損害賠償請求訴訟的情況較為少見，幾乎都以刑事訴訟附帶民事訴訟的型態提起。而關於民事損害賠償金額之計算，權利人得選擇依民法第216條所定之所受損害及所失利益，或侵害商標權行為所獲得之利益，或就查獲侵害商標權商品之價值，擇一計算之。實務上多以查獲商品之數量（1,500件以下，參照商標法第71條第1項第3款）乘以侵害商品之零售單價計算，在未執行取締之情形，則以侵權人所販賣的商品數量乘以零售單價計算賠償額。

　　從2008年7月1日智慧財產法院開始運作後，侵害商標案件之刑事訴訟第二審及民事訴訟之第一、二審為其主要管轄事件。刑事訴訟的第一審則仍由一般法院管轄，附帶民事訴訟則規定亦必須由審理該刑事訴訟之法院自為裁判。

　　除了簡易判決之案件外，商標之侵害案件的刑事事件及民事事件均由智慧財產法院進行審理與裁判。對於商標是否構成近似之判斷基準，因商標評定程序最終仍需經智慧財產法院之行政訴訟程序解決，而智慧財產法院透過相關案件之分案機制，降低上揭見解歧異之情形發生。

六、團體商標、團體標章、證明標章

（一）團體商標

　　團體商標之申請必須是具有法人資格之公會、協會或其他

團體方得爲之。而其申請註冊之目的必須是爲了表彰該團體之成員所提供之商品或服務，並得藉以與他人所提供之商品或服務相區別。例如農會之成員於其所生產之農產品或商品上貼上團體商標，即可以此與非屬該團體之成員所生產之商品作區別。

（二）團體標章

團體標章乃是具有法人資格之公會、協會或其他團體，爲了表彰其組織或會籍，欲專用標章時，即得爲之申請。此種團體標章其實嚴格來說並非所謂之商標，而僅是爲了表彰會員身份之標章而已。

（三）證明標章

證明標章之申請必須以具有證明他人商品或服務能力之法人、團體或政府機關方得爲之。其主要是爲了用以證明商品或服務之特性、品質、精密度、產地或其他事項。例如，在日常生活中CAS之食品衛生安全標章、對電器、通信產品之認證標章等皆屬於此所謂之證明標章。

以上爲台灣商標制度之簡介，後半部將提出幾點外國企業在台灣較常遭遇到之實際問題，並嘗試提出其解決對策及可能之問題點。

參、實例解說

案例一

日本的A公司在1973年在台灣註冊商標「KINKI」，但因為於1985年時終止其與台灣代理店之代理契約關係，於是自行申請撤銷商標之註冊。「KINKI」並因為在日本的長期使用而取得

了所謂之「次要意義」（secondary meaning），於1990年在日本被允許註冊為商標。2001年間，A公司又與台灣之C公司簽訂台灣之代理店契約，並於2005年終止該契約。在代理店契約存續期間，C公司在未經A公司允許下，在台灣將「KINKI」註冊為商標。

　　與C公司終止代理店契約後，A公司即在台灣尋求其他新的代理店，2006年B公司成為代理店開始進口、販賣A公司之商品。C公司於2006年發現B公司從A公司進口販賣KINK之商品，因此對其提起商標權侵害之刑事告訴，並請求民事損害賠償。其後，A公司迫於無奈，於是對C公司提起商標評定。

　　關於本案的另一個爭點，在商標評定程序中，C公司曾主張其申請註冊商標「KINKI」之契機乃是因與馬來西亞之KINKI KIGYU MARKETING （M） SDM.BHD.公司間具有密切之業務往來，而以其在馬來西亞已獲准註冊之「KINKI」商標在台灣申請註冊，以確保在台灣使用「KINKI」商標權益，並非模仿A公司之商標。惟經A公之調查，馬來西亞之KINKI KIGYU MARKETING（M）SDM.BHD.公司在過去亦為A公司在馬來西亞之代理店，在代理店契約終止後更名為KINKI KIGYU MARKETING （M） SDM.BHD.，並註冊「KINKI」商標。針對此爭點，法院認為A公司在該業界以繼續使用系爭商標超過30年，C公司既為該業界之一員，自應從其他相關之業者聽聞過A公司之商標，據此認定C公司在申請註冊系爭商標前對該商標應早有認識，而拒絕採用C公司之主張。

案例二

　　本事例與前述之事例一不同之處，乃在於日本之A公司在與台灣之C公司有業務往來之前並未對就「SHIBUYA」提出商標註冊之申請，而是於2003年商品開發全部完成之後，方提出申請並獲准註冊。另一方面，C公司在2000年開始進口A公司之商

品時，立即在台灣申請註冊「SHIBUYA」為商標，並於2002年完成商標註冊程序。亦即C公司商標註冊之時點早於A公司在日本提出商標註冊申請之時點。其後2003年A公司與B公司簽訂代理店契約，B公司開始進口並販賣「SHIBUYA」之系列商品。就B公司自日本A公司進口販賣「SHIBUYA」系列商品之行為，C公司於2003年對其提起侵害商標權之刑事告訴，並請求損害賠償。就此案件，B公司之承辦律師除了提起商標評定之外，並另主張就系爭商標主張有先使用之事實，亦即A公司之販賣行為非C公司之「SHIBUYA」商標權之效力所及範圍，因此B公司之進口販賣行為亦當然無商標權侵害之問題。其實本案中，B公司亦瞭解當時先使用事實之存在只有A公司得以主張，其所以於法院訴訟進行中對此加以爭執，乃是為了希望能在訴訟上爭取更多時間。而C公司之經營者為了證明其販賣行為早於A公司之販賣行為，竟偽造過去之交易收據並提出於法院。最終結果A公司在商標評定上獲得勝訴，B公司亦於刑事訴訟獲判無罪確定，C公司則因為偽造私文書受到刑事有罪判決。

案例三

本事例乃是有關在日本無法註冊為商標之地名或業界檢驗合格標誌等（如前所述之證明標章及團體商標）卻在台灣被搶先註冊為商標並加以使用之案例。

此等地名或業界檢驗合格標誌被註冊為商標後，如日本業者或台灣的經銷商輸入該日本之地方名產或該業界之相關商品並於台灣販賣，將可能受到台灣的商標權人以侵害商標為由提起訴訟。最近較受到注目者有「讚岐」烏龍麵及在中國註冊之『越光』米。另外，富士山、熊本以及上野等地名亦已在台灣註冊為商標，例如富士山商標被註冊指定使用於冰淇淋、剉冰等，且商標權人為富士山食品株式會社，連公司名稱都登記為日本之地名。而熊本商標亦被註冊指定使用於許多商品類別，如食品（糖

果、海苔）、日用品（皮包、眼鏡）等。商標權人之所以申請註冊此等商標，其實各有不同之考量，有為協商取得獨家經銷權而註冊者，亦有為能在平行輸入業者之競爭中打擊其他競爭業者以取得獨占使用權而註冊者。

　　在進入上述事例之解說前，本文擬先說明在台灣商標權人對於商標侵害所得採取之法律手段以及其對抗方式：

一、商標權人得採取之手段

（一）刑事告訴

　　一般而言，商標權人得對警察或檢察官提出告訴，檢察官會視商標權受侵害之狀況判斷是否向法院聲請搜索票執行搜索扣押，以開始後續之調查。檢察官認為商標權受有侵害之可能性高時，便會對被告提起公訴並將案件移轉於法院，由法院為有罪與否及量刑之判斷後做出判決。對於法院之判決，檢察官或被告有不服之情形，得上訴二審。商標權侵害之刑事案件原則上不得上訴至最高法院，二審判決即為確定。

（二）民事排除侵害請求權及損害賠償請求權（包含假扣押及假處分）

　　如前所述，對於仿冒品之商標權侵害，一般多會於刑事訴訟中提起附帶民事訴訟，單獨提起民事訴訟之情形較為少見，惟違反授權契約而為之商標不當使用，因為不該當刑事法上故意要件而無法提起刑事訴訟，因此多單獨以民事訴訟主張排除侵害及損害賠償。而依之智慧財產案件審理法第27條規定，刑事庭對刑事附帶民事訴訟應自為判決，不得再以案情繁雜為由移送民事庭。

（三）公平交易法違反之檢舉（在外國著名且在我國未經註冊登記之情形）

公平交易法第22條之規定不限於外國商標，外觀形狀（例如：Coca Cola）、顏色（例如：Tiffany）、商號等，只要是著名者且非屬我國註冊商標者，即為其保護之對象。

二、對抗方式

（一）提出異議或商標評定

以商標之註冊具有無效之事由，向智慧財產局提出商標評定或廢止。依智慧財產案件審理法第16條及第30條準用規定，當事人主張或抗辯智慧財產權有應撤銷、廢止之原因者，法院應就其主張或抗辯有無理由自為判斷。亦即商標若有應撤銷、廢止事由，亦得直接在民刑事訴訟中提出，請法院直接判斷，無需再向智慧財產局提出評定或廢止程序。

（二）主張先使用

主張系爭商標申請註冊前業已有使用之事實，非商標權效力範圍所及。

（三）主張非為商標之使用或合理使用

主張其就該圖樣之使用並不該當商標之使用。

（四）主張未使用申請廢止商標

主張商標權人有3年連續不使用之情形，申請廢止商標之註冊。

（五）主張無侵害之故意（刑事訴訟之情形）

刑事上之有罪要件原則上以惡意為必要。

事例解說：（從日本A公司及台灣B公司之觀點出發）

案例一之解說

日本A公司得基於商標法第30條第1項第12款（因與該他人間具有契約、地緣、業務往來或其他關係，知悉他人商標存在，意圖仿襲而申請註冊者），持日本之商標註冊證書及代理店契約書提出異議或商標評定。在商標評定之程序確定前，如販賣貼有「KINKI」商標之商品，將被認為有侵害商標權之虞。此外，A公司以「KINKI」在台灣申請商標註冊案，在C公司之商標權無效確定前，將無法註冊。而其中最為困擾者應為台灣之B公司，因在使用商標前未調查相關之權利，受到商標權人C公司提起刑事告訴，而必須經歷警察機關長時間之調查、製作筆錄及移送檢方等程序，並有可能遭到收押、必須於期日到案說明等，實承受極大之壓力。

案例二之解說

解釋上因為商標法第30條第1項第12款之適用並不限於已註冊之他人商標，因此日本A公司仍得持可證明其商標使用早於台灣C公司之商標註冊時點之證據以及代理店契約書，向智慧財產局提出商標異議或商標評定。

案例三之解說

台灣B公司得依商標法第30條第1項第8款（使公眾誤認誤信其商品或服務之性質、品質或產地之虞者）提出商標異議或商標評定。惟C公司必須證明在C公司申請商標註冊之時點已有使公眾誤認誤信其商品或服務之性質、品質或產地之虞者的事實。亦

即必須提出在C公司提出商標註冊申請之時點，該當地名或業界檢驗合格標誌在台灣業經公眾認識為地名或業界檢驗合格標誌之證據資料方可。此種證明或證據資料之提出，在實際案例上其實需耗費相當人力物力並非容易。

因為由於時間之經過相關之證據資料可能遭到毀損滅失而難於取得，因此商標註冊之時間越長，遭到撤銷之可能性即越低。此外，因為商標權人對該商標之長期且頻繁使用，會使商標具有識別性（亦即使人不誤認其為產地、原料等來源、品質之識別力），對該商標註冊之撤銷就更為困難。

在上述之案例中，本文認為因為其實A公司不論在法律上或道義上皆有為B公司解決商標問題之義務，結果A公司因為C公司搶先註冊商標之行為，在問題解決之前並無法進入市場，使其失去市場上之影響力，導致市場占有率遭其他競爭對手侵奪。另一方面，B公司在商標問題解決之前如未能變更其商標，亦會因無法進口販賣該商品而錯失進入市場之良機，因此承受不利之結果。

其實A公司或B公司各有其得以防範發生上述不利結果之方法：

A公司之觀點：應確實將保密條款及關於商標、著作、專利等智慧財產條款納入代理店契約中。於契約終止後，新的代理店進入市場前，應該加強市場之監視，因為此時期乃是問題最容易發生之時期。

B公司之觀點：在新產品發售前，應對已經存在與新產品相關之專利、商標等智慧財產權作完整之調查後，始擬定相關之因應對策及行銷計畫，較可節省不必要之費用支出，且此調查不應侷限於同一業界或類似產品。

關於著名商標之保護，在2003年商標法修正時已加以明文化，在此之前則是透過法院判決及行政命令為之。至於著名商標保護之要件，首先即為著名性之證明。依據主管機關之規定

（「商標法第30條第1項第11款著名商標保護審查基準第30條第1項第11款有消極防止他人註冊之規定外，第70條第1款及第2款亦有積極阻止他人使用之規定），其應考量之判斷要素包括商標識別性之強度、相關事業或消費者對該商標之認識程度、商標之使用期間、範圍及地域、是否註冊、註冊之時間、範圍及地方、商標成功執行其權利的紀錄（特別是經行政或司法機關認定為著名之情形）以及商標之價值等。著名商標之權利人，如要證明其商標具有著名性，一般認為其應準備包括廣告宣傳之數量、市場占有率、消費者與同業者之評價、在全球對該商標之使用、關於註冊之期間、範圍及地域之資料、銷售通路之資料、網路搜尋之結果、商標之市場排名、具公信力之調查機關所出具之調查報告等證據資料。

關於著名商標之認定以及是否構成近似之判斷，台灣智慧財產局在2007年11月公告著名商標之保護審查基準2012年修正實施，作為商標異議及商標評定之判斷基準。

著名商標之保護，一般而言，其保護之範圍依著名商標識別性之強度以及知名度之高低決定。亦即因著名性越高，商標本身之識別性也越強，對於商標是否構成近似及商品是否類似之判斷即應採較寬鬆之認定，保護的範圍也因此較大。

在實務上，某名牌手錶之商標為著名商標，遭其他業者註冊指定使用於與手錶全然無關之布類、衣類及衣服飾品類等，該手錶商標之權利人對此註冊提出異議，並經智財局認定異議有理由。由此案例可知註冊指定使用於手錶類商品之著名商標，其商標之權利範圍可及於與手錶無關之布類、衣類及衣服飾品類之商品。

近來因為業界間公司併購之盛行，或者是為了革新公司政策或整體形象，使得公司在計畫使用一個新的商標時，常常必須注意之前舊商標之管理。例如，製藥大廠藤沢與山之內合併後，雖然變更公司名稱為astellas（アステラス）製藥，但為了防止

他人使用其舊的公司名稱及商標，仍應暫時繼續維持舊商標之管理。

　　關於著名商標之保護範圍及要件，只要是將著名商標中之文字作為公司名稱、商號名稱、網域名稱或其他得表彰營業主體及來源之行為，皆該當於侵害該著名商標之使用行為。

　　實務上因為對於著名商標之侵害並無法提起刑事告訴，而且因為2015年公平交易法大幅修改後，排除對商標權之保護，因此只有外國著名商標且在我國未經註冊者才受公平交易法之保護。最常見之情形，乃是在台灣未經註冊之外國著名商標遭受他人在台灣搶先註冊，外國之商標權人有取回該被搶先註冊商標權之必要時。此外，對於網域名稱遭他人冒用並加以註冊之情形，因得透過網域名稱爭議處理機制取回網域名稱，因此現行之實務上利用商標法規定之情形並不多見。

　　舉具體實例而言，日本之麵包超人在台灣遭他人冒名註冊，且其仿冒品被販賣至日本並遭日本之權利人發現，日本權利人於是在台灣聲請假處分並提起商標評定及民事訴訟，花費約4年的時間才順利將在台灣及中國之商標權取回。

案例四

　　1967年日本之A公司以其所開發之商品的名稱「出美」申請商標註冊，經長年的使用及廣告宣傳，在2000年被認定為著名商標。因為A公司並無經營海外市場之經驗，於是先與台灣之C公司在2002年簽訂代理店契約，開啓其初步海外事業。然而因為C公司始終無法有效提昇業績，A公司於是在2005年終止了與C公司之代理店契約，並重新檢討是否應尋找其他新的代理店或是直接在台灣設立分公司。台灣C公司在2005年遭到解約後，隨即以出美在台灣申請商標註冊，並開始販賣自己之商品，該出美商標之註冊申請並於2006年完成註冊。同年，A公司認為在台灣設立分公司或成立新公司有相當之風險，且需花費相當之費用與

時間，因此決定繼續以代理店之方式經營台灣市場，並另覓得B
公司為其新的代理店，在經過1年與B公司之交涉後，雙方簽訂
了代理店契約，B公司並於代理店契約簽訂後開始輸入販賣出美
之商品。2008年C公司發現市場上有B公司由A公司所輸入販賣
之出美商品，便以B公司侵害其商標權提起刑事告訴，並同時請
求民事損害賠償。

案例五

　　日本A公司於1967年以其所開發之商品的名稱「尚品」申
請商標註冊，並於1970年透過友人之介紹認識了台灣C公司之
社長，其後，並在C公司社長之勸誘下將其商品輸入台灣，並與
C公司簽訂獨家代理店契約。然而，因為1975年石油危機之爆
發，中斷了商品之輸出，代理店契約也因此終止。C公司在代理
店契約存續的5年期間努力將A公司之商品銷售市場擴張至台灣
各地，如果商品供應中斷，其事業將無法維持，因此在1975年
與A公司之代理店契約終止後，便以其自行開發之商品取代A公
司之商品繼續販賣，並在台灣將A公司之「尚品」註冊為商標。
另一方面，日本之A公司自1978年開始將瀕臨破產之公司重新整
頓，在日本國內市場經過10年之努力，於1980年尚品商標被刊
登於日本之著名商標集內，成為著名商標。而在台灣，C公司亦
利用自A公司習得之技術及市場行銷技巧，公司規模逐漸龐大，
並在2000年被認定為著名商標。其後，因為A公司及C公司之原
本經營者對逐漸退位，後繼之經營者並不知悉兩公司間之過往關
係。2007年A公司再度開啟海外市場，與台灣之代理店B公司交
涉後雙方簽訂代理店契約，B公司並於代理店契約簽訂後立即開
始進口尚品之商品。2008年C公司發現市場上有B公司所進口之
A公司的尚品商品，便對其提起商標權侵害之刑事告訴，並請求
民事損害賠償。

　　著名商標侵害之判斷標準，如前所述，除了商標之近似性外，是否有使相關之消費者產生混淆誤認之虞，以及是否有減損其識別功能或業務上之信譽等，亦為重要之判斷要素。實務上曾經有兩商標被認定為近似，但系爭商標在註冊後之使用，於商標評定被提起時已無所謂有產生混淆誤認之情形，因此最終被認定為不構成近似之案例。亦即，實務見解認為商標註冊後，或因長時間之繼續使用而累積之信譽，或是基於情事變更原則或既得利益保護之原則，撤銷該商標之註冊反而顯得不妥當，因此認為不應撤銷註冊。

　　據此，其後在商標法第60條，規定「評定案件經評定成立者，應撤銷其註冊。但不得註冊之情形已不存在者，經斟酌公益及當事人利益之衡平，得為不成立之評定。」

　　地名若有使人對商品的產地、性質或品質產生誤認之虞者，原則上不得註冊為商標，只有例外在該商標已因經長期之使用而能夠發揮一定的識別功能時，始承認其商標之可註冊性。例如，札幌啤酒（サッポロビール）已經具有商標之識別功能，消費者並不會認為札幌啤酒即是指札幌出產的啤酒，因此可註冊為商標。

　　對於地名無法註冊為商標之禁止規定，可透過註冊地名之團體商標或團體標章以為因應。而如地名被註冊為商標時，則得依商標法規定提起商標評定。

　　此外，在台灣計畫從事新事業前，務必確實徹底調查該事業領域之相關智慧財產權，並妥善保存該調查報告，以防將來被訴時，得作為證明自己無侵害故意或過失的重要證據。如發現有其他事業不當使用地名作為商標之情形時，應及早進行處理，否則轉眼間，該地名商標將可能因為使用行為而產生識別之功能，其被承認註冊之可能性也將隨之提高。

　　事業對於自身商標之保護措施，謹提供下列幾點供參考：

　　（一）平常公司之廣告宣傳或其他關於商標使用之資料應妥

善保存。該等資料在將來商標被主張有未使用之事實而被請求廢止之情形，或公司欲主張自己之商標為著名商標或有先使用之事實時，得作為商標使用之證據。特別是在發生訴訟時，必須在極短時間內提出10年前，甚至20年前之使用資料，因此對該等資料不應僅為單純之保存，而應為得立即利用之管理。

（二）透過事務所等，對於類似商標之註冊進行監視，有發現不當之註冊時，應立即提起異議或商標評定。對於商標之搶先註冊最有效的因應對策，乃是在相同或近似商標註冊之時，立即提起商標異議或商標評定，使其無法成功註冊。此種對策之實行必須要有對相關的商標進行定期調查之作業程序。多加利用智慧財產局的網站查詢，或透過當地的事務所進行搜尋等皆可以進行此類商標的定期調查。

（三）建議申請商標之註冊，並透過分店或代理店販賣商品。因為即使商標完成註冊，但只要有3年有未使用之情形，仍有被撤銷之可能，因此建議仍應透過分店或代理店等正規行銷管道進行商品之宣傳與銷售，避免採用平行輸入之方式。實務上曾有認為平行輸入之行銷方式並不該當商標之使用行為，因為平行輸入業者之商品販賣行為並非基於商標權人之委任或授權而為之，因此不能認為商標權人有使用商標之意思。

（四）一旦發現商標有被侵害之情形時，應積極且及早採取對應措施，因為即使現在未發生立即之損害，但在諸多情形下，將來的權利行使將比現在立即採取對應措施耗費更多金錢與時間。筆者過去曾經受當事人諮詢關於商標侵害之法律意見，惟後來該公司經過內部檢討後，決定放棄立即對侵害行為採取對應措施，僅以繼續觀察結案。惟，2年過後，該公司再度求助筆者時，該類似之商標及公司名稱皆已被註冊，市場上之仿冒品也較真品為多，仿冒程度幾乎已到了不可收拾之地步。最終，該公司花費了數年的時間及龐大的費用後，才將該侵害之狀況解決。

（五）與法律事務所（徵信公司）合作：要停止侵害行為最

有效、最根本之作法雖爲法律之手段，惟在經營上或廣告行銷上施以適當之對策，經常也可以發揮相當之效果。關於具體實際之方法或時機等，建議與律師商量討論。

（六）善加活用海關及警察查緝仿冒品：台灣之海關與警察對於仿冒品之查緝有相當良好的成績，其等之經驗及設備等，對於商標權人而言無疑是最佳的幫手，建議應該多加運用。

（七）運用警告函之寄送、起訴及和解等手段，節省時間及費用之花費。對於商標權侵害之案件，應該就其侵害之狀況、侵害者之經營情形以及得以採取之手段進行綜合之檢討，如果能在適當之時機運用警告函、起訴及和解之手段，應該會節省相當之費用及時間的支出。

本文在此另強調以下幾點：

對於商標權人而言，商標之異議及商標評定之申請，有其提出時間上的限制，且隨時間之經過，有用之資料亦容易遺失，因此建議對商標之侵害者應儘早處理爲宜（實際案例：高岡屋海苔事件）。

關於過去之商標使用事實、代理店關係、廣告宣傳以及註冊之記錄等相關資料應該妥善保管（資料之保存必須注意其作成日期及是否爲正本等）。依筆者過去之經驗，外國公司對於在其本國之資料的保存及管理做得相當的確實，時間充分的話，大都能提出需要的資料，惟在台灣之資料卻未能有同等的管理及保存效果，資料多相當分散，最後多必須依靠承辦人之記憶，如承辦人已經退休，則更難取得相關之資料。因此，筆者建議公司應該建立一套可妥善、確實保管相關資料的系統。

定期進行市場調查：對於市場的動向如果能過充分掌握，亦多能採取具有相當效果之處置對策。如前所述，對策採取的時機點其實相當的重要，而其中之重點則是相關情報的蒐集。特別是對於公司不太重視之事業，其侵害往往在不知不覺中發生，因此定期的對市場進行調查是有其必要性。一般而言，購入商品的

相關書面資料，應確實保存，此雖然言之容易，但實際上實行起來並不簡單，特別是具有長期交易關係之客戶，其交易之進行多基於相互之信任關係，對於書面之資料多較不重視，書面資料的保存也相對較不齊全。此外，因為價格之考量而非從正式的代理店購入商品時，應該究明其價格以及進貨通路等，注意其與正品間之差異，有任何疑問時，應直接向商標權人或商標權代理人詢問相關資訊。此亦是法院認定被告對仿冒品有充分認識卻仍為販賣，而為其有罪判決之理由。亦即，非從正式代理店購入商品之情形，其對於商品真偽之注意義務較從正式代理店購入者為高，未盡該注意義務者，則會被認定具有故意之主觀要件。

又，發現有類似商標之使用事實或註冊時，立即通知商標權人或商標代理人，亦是得以迴避責任之方式。因為若有販賣仿冒品之情形，一般並不會將類似商標之使用或註冊情事通知商標權人或其代理人，因此得透過此通知，證明其並未具有侵害之故意。

肆、結語

企業常因為欠缺自己身為權利人之認識，而常受有利益上之損害，因此本文最後提出兩點企業應具有的基本認識，以供參考。

1. 侵害權利者或仿冒業者經常會嘗試探測商標權人對其商標權保護的底線為何，因此對於侵害之事實，一旦加以放任，其後侵害之事件將不斷發生。智慧財產權與其他財產權不同，對權利的評價較為困難，權利的價值回收亦不易顯現在帳冊上，即使受到侵害，亦經常不會有立即且實際之損害發生，也因此採取放任不處理之公司並不在少數，但當實際之損害發生時，通常亦已經到無法收拾之地步。依據筆者之經驗，如果仿冒商品已經充斥

於市場時，建議應採取二至三次的法律行動，並要求侵害者刊登
道歉啓事，其後並定期的進行市場之調查，應該是較有效的因應
對策。

　　2. 或許有認爲權利之行使需要花費龐大的時間及律師費
用，而對侵害加以放任並不會有實際損害之發生，因此與其採取
法律行動，寧可放任侵害之事實存在。但事實上，商標權之權利
行使經常透過和解或刑事之附帶民事訴訟請求損害賠償，以回收
律師費用或相關成本支出，並非一定不可能回收。

　　對於商標權侵害之事實一旦加以放任，受侵害者不僅是商標
權本身，代理店、經銷商，甚至是消費者對於公司之信譽、評價
等亦將受到不良影響，亦即，公司、事業應理解到所謂商標，並
非僅僅是商標權，其與公司之信用及社會評價等實亦具有密切之
關係。

18

智慧財產侵害案件程序概要及注意事項

萬國法律事務所資深合夥律師　鍾文岳

壹、前言

　　近年智慧手機及半導體興起專利大戰及2018年開始的美中貿易戰提及的竊取智慧財產，連帶使侵害智慧財產議題又再度受到矚目，隨著GAFA（GOOGLE、APPLE、Facebook及Amazon）的創新及在全球市場攻城掠地，著實給傳統以製造開發電子硬體產品的國家及公司上了重要的一課。台灣智慧財產法院自2008年7月1日創立以來迄2019年1月底約10年8個月，累積之終結案件量也已超過1萬4,500件，以往只有高科技公司才會注意到的智慧財產權領域，目前也已經受到一些傳統產業的重視。而一般產業也逐漸感受到唯有不斷創新，並加上智慧財產權的周全保護，才是長久經營的獲利之道。以下將就目前台灣實務的一些概要及注意事項作簡要說明。

貳、侵權事實及權利之確認

　　不論是權利人或收到警告函、起訴狀之相對人，首先均應確認雙方爭執之權利及權利侵害之態樣，因雙方爭執之權利及侵害之態樣將影響權利人將來行使權利的順序、程序及手段之選擇，而相反的相對人也因此有不同的因應之道。例如:同時被侵害專利權及著作權時，著作權之行使可考慮刑事程序，但須先證明自己是權利人，反之專利權之行使雖必須自行收集證據，且只能以民事程序進行，但因採註冊登記制度，無須舉證權利之根據。而相對人若接到權利人之警告時，也必須設想權利人可能之舉措，及早收集對己有利之證據，及準備反擊之手段。

參、侵權證據之收集

　　侵權證據收集完備與否往往關係日後訴訟或交涉之成敗，對權利人將來行使權利程序之影響占有極為重要之地位。而不論透過民事的保全證據程序或刑事搜索扣押程序，權利人一開始均需提出足以說服法院發動上揭程序之證據資料，否則法院不可能僅憑權利人的一面之詞，而核發民事證據保全命令或刑事搜索扣押命令。因此除在網路上可能收集之公司商號名稱、地址、負責人姓名及所營事業等外，若能取得市面上流通的1.侵權商品實物或照片；2.銷售廣告、銷售價格及數量等證明有銷售事實之資料，或3.證明侵權商品之生產（例如：零件、模具之委託製造商或工廠，或運送公司等）等資料，或4.證明侵權商品被輸入之海關通關資料，國外製造商等資訊，此外為將來損害賠償之請求，若能事前收集侵權商品之銷售價格及數量，將會有非常大的助益。

　　以專利訴訟為例，近年台灣的半導體及LCD相關產業非常發達，伴隨著此兩產業的生產機具、原料及耗材相關的專利侵權訴訟也相對增多，因為此二產業之各終端廠商家數有限，且使用之生產機具、原料及耗材也未必完全相同，往往由其尺寸、成分或構造，甚至價格即能反推使用之廠商，權利人難以假冒之廠商名義取得侵害商品，造成上揭侵權證據的收集極為困難，又或生產機具是量身定作之大型機具且價格甚高，除非潛入客戶生產線拍照，否則根本無從得知該機具之型號及構造，也因此實務上發生事前證據資料收集不足或根本無法取得，雖寄望透過法院證據保全程序取得侵權證據，卻難以證明有此一產品，或因一開始即弄錯產品型號，導致原本預期得到之後續產品型錄、使用說明書及銷售資料等證據無法順利取得，訴訟上被告當然也一再否認生產該型號之產品，結果難以舉證或不得不在訴訟中變更產品型號，當然因此遭致被告強烈反擊及喪失法院的信任，最終當然無

法取得保全程序裁定或勝訴之判決。

　　何況大型生產機具在搬入生產線前，大多尚未完成組裝甚難判斷是否構成侵權，頂多只能從製造商對客戶所作之產品簡報或說明中作初步之判斷，因專利侵權之標的必須以專利與實物作比對，除非被告承認產品簡報之圖面與實物相同，否則訴訟中仍有直接確認實物之必要，加以近來高科技公司對廠區人員進出之管理日趨嚴格，訴訟前之證據收集變的非常困難，相形之下如何透過法院程序取得對方資料或令對方抑或客戶提出資料應是今後重要之課題。

　　相對而言，被告對可能被主張侵權產品之相關資料或實物之管控即必須非常注意，稍有不慎就可能變成對方訴訟上有力之證據，而招致敗訴判決，輕者產品停止製造販賣，重者還需負擔高額損害賠償，因此相關可能變成證據資料之保存及管理就顯得非常重要。

肆、法律手段之選擇

　　就權利人而言，在收集證據告一段落後，即可就目的及效果等因素考慮採行之法律手段，一般權利人可能採取之手段有：1.寄發警告或通知函；2.聲請定暫時狀態之假處分；3.聲請保全證據；4.聲請假扣押；5.提起本案訴訟。謹簡略說明如下：

一、寄發警告或通知函

（一）寄發對象

　　因專利權人對製造、販賣、輸入、使用侵害專利權物品之人均得依法請求停止侵害及損害賠償，故對製造、販賣、輸入侵

害專利權物品之廠商當然可以寄發，除此之外，對使用侵害專利權物品之User依法也屬可寄發警告函或通知函之對象。雖然一般對User均不會作為侵權人處理，但若有使用係爭專利應仍屬侵害專利權之人。有關對非侵權人如侵權人之交易相對人等寄發警告函時應注意勿違反公平交易委員會公布之「行政院公平交易委員會對於事業發侵害著作權、商標權或專利權警告函案件之處理原則」[1]，否則有違反公平交易法之虞。

（二）寄發內容

　　警告函之內容大致可分成三部分，一是權利之根據，例如專利即是專利權人、專利名稱及證號，著作權即應表示創作時間及著作人，甚至提出原稿影本證明。二是表示對方侵權之標的等事實，例如產品之名稱型號，在何地製造販賣等情形，最後則是基於權利要求對方停止侵害及損害賠償等要求。為使侵權人能了解主張之根據及要求，應盡可能附上權利事證例如專利商標證書或公報，對侵權物品也應附上照片避免誤認。

（三）寄發效果

　　寄發警告函除向侵權人表示自己之權利，要求停止侵權行為外，法律上另將發生損害賠償請求權時效起算，及專利法第98條侵權人可得而知專利權存在之效果。易言之，警告函之送達即表示權利人已知悉侵權人侵害智慧財產權之事實，將來權利人若不在請求權時效完成前，進行起訴等中斷時效之行為，權利人之損害賠償請求權將因時效消滅而不得請求[2]。此外依專利法第98

---

[1]　詳行政院公平交易委員會網站，有關限制競爭或妨礙公平競爭之處理原則：http://www.ftc.gov.tw/internet/main/doc/docDetail.aspx?uid=163&docid=224。

[2]　詳專利法第84條第5項、著作權法第89條之1及準用民法有關時效等。

條規定專利物上應標示專利證書號數；不能於專利物上標示者，
得於標籤、包裝或以其他足以引起他人認識之顯著方式標示之；
其未附加標示者，於請求損害賠償時，應舉證證明侵害人明知或
可得而知為專利物。實務上也都以警告函之寄送作為證明侵權人
知悉專利物品之證明。因此縱專利權人未在專利物品或其包裝上
標示專利證書號數，透過寄發警告函證明侵權人知悉專利物品，
仍得請求損害賠償。

二、聲請定暫時狀態之假處分

　　因智慧財產案件審理法第22條第2項及智慧財產案件審理細
則第37條第3項針對法院審理定暫時狀態處分之聲請時，就保全
之必要性，規定應審酌聲請人將來勝訴可能性、聲請之准駁對於
聲請人或相對人是否將造成無法彌補之損害，並應權衡雙方損害
之程度，及對公眾利益之影響等四項因素[3]，其要件較舊法時期
嚴格許多，也因此自2008年7月起至2018年12月止聲請並已終結
案件約154件，其中核准者約47件，若扣除移轉管轄及和解、撤
回之案件，核准率約40%來看並不低，但其中有多少與專利侵權
案件有關，因無具體資料無從得知，另近年來核准率有逐漸增高
之趨勢。

---

[3] 詳智慧財產案件審理細則第37條：聲請人就有爭執之智慧財產法律關係聲請定
其暫時狀態之處分者，須釋明該法律關係存在及有定暫時狀態之必要；其釋明
不足者，應駁回聲請，不得准提供擔保代之或以擔保補釋明之不足。聲請人雖
已為前項釋明，法院為定暫時狀態處分之裁定時，仍得命聲請人提供相當之擔
保。法院審理定暫時狀態處分之聲請時，就保全之必要性，應審酌聲請人將來
勝訴可能性、聲請之准駁對於聲請人或相對人是否將造成無法彌補之損害，並
應權衡雙方損害之程度，及對公眾利益之影響。前項所稱將來勝訴可能性，如
當事人主張或抗辯智慧財產權有應撤銷或廢止之原因，並為相當之舉證，法院
認有撤銷或廢止之高度可能性時，應為不利於智慧財產權人之裁定。

三、聲請保全證據

　　如上所述，因近來對高科技產業之證據搜集困難，加以智慧財產案件審理法對保全證據程序給予法院執行之強制力，致近來聲請案件有大幅增加趨勢。究其原因除相對人難再以涉及營業秘密爲由拒絕法院進入外，有技術背景之法官及技術審查官到達現場參與程序進行，也造成相對人相當壓力無法拿不甚相關之資料搪塞，此一趨勢有助於補權利人行使權利時證據資料收集困難之不足，對被告以往只要在訴訟程序中堅拒提出侵權物品資料，或否認侵權物品之存在即可勝訴之情況有所扭轉，也解決法院面對原告起訴後卻陷入無侵權資料提出可供判斷之窘境。當然對將來可能變成被告之相對人而言，平時做好資料管理及保存，避免不必要的營業機密於證據保全程序時被法院要求一併提出，而在將來訴訟程序中被權利人得知，將是重要的課題。

　　實務也發生權利人聲請保全證據，法院也核准並至相對人公司及工廠進行保全執行，卻因事前情報有誤或被告有所準備，未能保全足供提起訴訟之證據，最後經過保全證據期限30日[4]未提起本案訴訟，而遭相對人聲請撤銷證據保全返還證據資料之情形。由智慧財產法院統計資料看來證據保全核准率最近三年來高達六成，聲請件數十年多來則約有410件（迄2018年12月），足見相較於其他起訴前之手段聲請件數要多出數倍。至於遭保全證據程序保全之資料是否一定會被公開，實務上權利人應僅能就與專利侵權判斷及將來涉及損害賠償計算部分要求法院提供，而被告若認爲該部分資料涉及營業秘密，也可聲請秘密保持命令[5]作

---

[4] 民事訴訟法第376條之2：「保全證據程序終結後逾三十日，本案尚未繫屬者，法院得依利害關係人之聲請，以裁定解除因保全證據所爲文書、物件之留置或爲其他適當之處置。前項期間內本案尚未繫屬者，法院得依利害關係人之聲請，命保全證據之聲請人負擔程序費用。前二項裁定得爲抗告。」

[5] 詳智慧財產案件審理法第9-15條及「法院辦理秘密保持命令作業要點」。

為因應。

四、聲請假扣押

　　正常之程序而言智慧財產權爭訟案件較少會利用假扣押之程序，除非侵權人財務狀況不穩定或屬仿冒業者而有脫產之虞，否則此類案件被告一般都有相當財力，甚難想像需藉助假扣押程序防止被告脫產。但隨著商場競爭日趨白熱化，如何在短時間內不經繁複之訴訟程序能迫使對方同意和解，假扣押程序就是經常被利用之手段。特別是對手是中小型企業，現金調度並不靈活之情形成功率較高，因台灣之中小型企業一般多對銀行有貸款，而債權銀行在借款人遭受假扣押時，為確保其債權之回收多會依雙方之借貸契約向借款人要求一次清償或以借款人之銀行存款優先清償，此舉往往造成中小企業資金調度發生問題，最後不得不與權利人妥協和解。但近年法院對假扣押申請除非能提出被告有脫產之虞的證據，否則並不容易取得假扣押裁定。法院揭示「請求及假扣押之原因，債權人如絲毫未予釋明，縱就債務人所應受之損害供法院所定之擔保者，亦不得命為假扣押，必因釋明而有不足，並經債權人陳明願供擔保或法院認為適當者，始得命供擔保後為假扣押。至於『證明』與『釋明』兩者之共同點，均在於『提出證據』，僅提出之證據在分量上有所不同」[6]。最近法院對假扣押聲請之審查之重點已從釋明是否足夠及擔保，轉至假扣押本質之原因，智慧財產法院2017年11月做出之民事裁定值得參考。「惟聲請人就其債權究有何『日後不能強制執行或甚難執行之虞』之假扣押原因，如相對人浪費財產、增加負擔或將其財產為不利益處分，致達於無資力狀態等不能強制執行之情事，或

---

[6]　最高法院九十九年度台抗字第370號及智慧財產法院97年度民專抗字第00007號可供參照。

有將移住遠方或逃匿等甚難執行之虞，或逃匿無蹤或隱匿財產，或就債務人之職業、資產、信用等狀況綜合判斷，其現存之既有財產已瀕臨成為無資力之情形，均未提出任何可使法院信其主張為真實之證據，本件聲請，顯然欠缺假扣押原因之釋明。」[7]足供參考。

五、提起本案訴訟

　　智慧財產法院因被告對原告主張侵權之請求項提出專利無效之抗辯主張比例高達74%[8]，而專利無效抗辯之先行技術比對須針對新穎性及進步性組合資料逐一比對曠日廢時，故近來進行之順序除先進行專利範圍解釋外，不再受限於先進行侵權判斷，或先針對構成侵權之請求項逐一比對先行技術判斷專利之有效性，必要時亦可徵得兩造同意後作中間判決，最後再進行損害賠償等主張審理之傾向。此種視案件情形之調整一則有助於法院審理速度，二則也多給被告提出專利無效抗辯之搜尋先行技術時間，對原被告雙方之利益較能兼顧。

　　此外過去權利人起訴時經常先委託第三人之鑑定機關製作侵害鑑定報告書，並附於起訴狀中提出，起訴後雙方再合意或由法院指定外部第三人鑑定機關進行鑑定。自從智慧財產法院成立後因法官專業化及配屬有技術審查官，故委託第三人鑑定機關進行鑑定之案例極少，雙方代理人各自提出有利資料，直接以投影片說明方式說服法官及技術審查官毋寧是目前訴訟進行之主流。此外法院對不易判斷之問題也公開以徵求法庭之友方式，請第三人公開提出看法，也是一種創新的作法。

　　據目前智慧財產法院之統計民事二審案件自2015年迄2018

---

[7]　詳智慧財產法院2017年11月7日106年度民全字第5號民事裁定。

[8]　詳http://ipc.judicial.gov.tw/ipr_internet/doc/Statistics/10801-14.pdf。

年4年平均終結每件案件所需日數為8個多月（234日，民事一審案件是242天），一般商標著作權案件若案情不複雜，所費時間應在3至5個月之間，但專利侵權訴訟因技術資料繁雜，除侵權主張外尚有專利無效之爭點，雙方主張答辯之書狀份量不少，每一審級所費時間應在1年左右，最終和解之比例應也不低（詳附件一、二）。

又依統計資料目前權利人之勝訴率不高，究其原因在於專利無效比例偏高，對權利人而言耗費時間金錢申請取得註冊登記之專利權，且每年尚須繳納金額不低的年費，而需行使權利時卻有一大部分的專利權被法院判定無效或須限縮專利範圍，此對權利人而言真是情何以堪，雖說專利審查因其搜尋先前技術之方式，有效與否本即具有相當不確定性，但除先前技術之比對外，主管機關智慧財產局與智慧財產法院間對專利範圍解釋及界定之見解不一致應也是主要原因之一，所幸主管機關智慧財產局近年針對法院之見解甚為重視，逐漸拉進雙方見解之差異，相信假以時日權利人之勝訴率應會有所改善。

伍、被告之反擊

一、提起專利舉發或商標評定

因目前智慧財產法院之審理速度每一審級平均約在一年內可以審結，與專利舉發程序每次書狀交換約需3個月之情形相較，被告縱在權利人一發動證據保全程序或起訴之初即提出專利舉發，恐主管機關智慧財產局也難在1年內做出舉發審定結果，因此實務上也常見主管機關智慧財產局一旦獲知專利舉發或商標評定案在智慧財產法院另有侵權訴訟進行，乾脆就等法院之判決揭曉後再做判斷，如此一來兩邊結果不會歧異，且智慧財產局之判

斷若與法院不同，將來行政訴訟仍會遭到撤銷，無法獲得維持，因此就採此保險做法，但近來此一做法逐漸有鬆動之趨勢。

二、在本案訴訟中主張專利無效或限縮其專利權範圍或商標有被撤銷或廢止事由

被告在專利訴訟中主要之抗辯除主張系爭物品不構成侵權外，最有效即主張專利無效或迫使權利人將專利權範圍限縮藉以達到不構成侵權之目的。雖主管機關智慧財產局近來將專利權更正範圍稍作放寬，但經由提出專利無效主張，迫使權利人為維護專利權有效而提出各種限縮專利要件或範圍之解釋及更正，藉由權利人該等專利之解釋及更正對照其侵權主張之解釋，使其出現禁反言等自相解釋矛盾之結果。故縱使被告提出之專利無效主張無法使該專利權無效，但迫使權利人提出矛盾或限縮之解釋一樣能達成不侵權結論之目的。

陸、損害賠償之舉證

專利法雖規定損害賠償計算明列有以所受損害及所失利益兩種方式，但一般權利人因不想揭露營業秘密及因果關係不易證明等原因，大多以所失利益即依侵害人因侵害行為所得之利益作為損害賠償計算依據。雖然條文規定侵害人得就其成本或必要費用舉證時，得加以扣除，但因公司針對特定產品管銷成本不易舉證，除非有購入材料或零件加工情形，否則不易被法院所接受。另需注意台灣專利法第98條規定專利物上應標示專利證書號數；不能於專利物上標示者，得於標籤、包裝或以其他足以引起他人認識之顯著方式標示之；其未附加標示者，於請求損害賠償時，應舉證證明侵害人明知或可得而知為專利物。權利人應在起

訴前確認，如未標示應以存證信函通知侵權人，俾利將來舉證。

　　至於商標及著作權侵害因各該法條除所受損害及所失利益外均另有規定其他便宜之計算方式[9]，因此實務上權利人也多利用該方式計算損害賠償。

柒、侵害智慧財產權訴訟之注意事項及趨勢

一、智慧財產權訴訟之專業化及多樣化

　　過去智慧財產權侵權訴訟特別是專利侵權訴訟因普通法院法官多無技術背景，也無技術人員輔佐，專利訴訟多只淪為協商訴訟程序及計算損害賠償之審理，真正核心之專利技術判斷反而委託給外部之鑑定機關，加以專利無效判斷另由智慧財產局、行政法院等行政救濟程序處理，雙頭馬車進行結果權利人與相對人之權益往往無法獲得即時的保護。2008年7月智慧財產法院設立迄今十年多，不僅法官受有智慧財產權相關之專業訓練，也配備專利審查經驗豐富之技術審查官，連同專利無效、侵權與否判斷及損害賠償一併審理，且每一審級審理時間僅數月，書狀往返頻繁及內容多樣較一般民刑事訴訟程序更為專業，加以專利技術相關文件多，非一般小型律師事務所可獨力承辦，且縱使中大型事務所承辦此類案件也都以團隊方式承接，因此相關費用自然較多。委託代理人時應詳細確認其經驗及能力，避免中途更換代理人之窘境。另近幾年來洩漏營業秘密案件大增，究其原因除營業秘密的洩漏已影響產業及國家競爭力，造成國安問題，我國不僅在營業秘密法增訂刑事責任[10]，甚至洩露秘密至域外的刑責加重條款

---

[9]　詳商標法第63條第1項第3款及著作權法第88條第2項規定。

[10]　參考營業秘密法第13條之1及第13條之2規定。

外，更於勞動基準法中訂有避免營業秘密洩漏的離職後競業禁止條款[11]，使智慧財產權保護的課題更加多元化也增加其複雜性。

二、適時協商和解

　　據智慧財產法院成立迄2018年底之統計，智慧財產案件之調解成立比率約35%，最近3年調解成立比例則高達42.7%，專利侵權案件不含和解，判決勝訴案件數（一部勝訴則以二分之一計算）約僅占全體起訴案件之21%，縱加上和解案件預估權利人勝訴率應約在28.6%，究其原因專利無效抗辯成立之比例偏高，且權利人之事前準備不足應是主要原因，加上考量專利產品之生命周期，二審廢棄原判決比例不高（全部及一部廢棄比例約25%）等因素，在達成一定目的後適時和解即屬重要。而依一般的一審法院判決統計，商標刑事案件判刑在6個月以上（6個月以下得易科罰金，且地檢署多會准予易科）者，約僅占全體案件之1%（其實有不少案件在偵查中業經做成緩起訴或職權不起訴處分），著作權刑事案件因刑責較重，但判刑在6個月以上者也不及20%，雖然原因不一，但法院對智慧財產權侵害判刑刑度明顯較有體物侵害之竊盜詐欺等罪為輕，且智慧財產侵害案件之被告多屬初犯且經濟能力不佳者，因此檢察官或法院為給予被告自新機會，多會勸諭雙方和解，此時若被告非累犯且認罪，則可考慮適時和解。

捌、結語

　　智慧財產權侵害案件日趨專業化，特別是專利侵權訴訟，以

---

[11] 詳參勞動基準法第9條之1及該法施行細則第7條之1至第7條之3。

往以拖待變及下次再以書狀提出的做法，逐漸遭法院所指摘，法院迫於結案壓力往往要求雙方當事人或代理人在一定期限前提出指定之資料否則即發生失權效力（即日後不得再行提出[12]），而該期限一般大約2到3個月，因此一旦開始進行訴訟程序，往往就是與時間競賽的開始，試想在二次庭期約1個月左右時間之內必須撰寫上次開庭報告並詳閱對方書狀（一般在30頁以上尚不含先行技術之附件，若當事人是外國公司尚需翻譯），之後再撰寫下次書狀（再翻譯）並與當事人討論，若有需要還需製作下次開庭之投影片（再翻譯）並再與當事人討論，然後周而復始三到五次，此種作業雖非起訴前完全無法準備，但因對方之主張或抗辯事前難以得知，縱使準備也可能無濟於事，因此經驗豐富並能立即對應的團隊是取得勝訴判決的必要且重要之條件。

　　整體而言，目前智慧財產權侵害案件之專業審理及判決速度相較於日美等先進國家已不遑多讓，應也足供國內產業日新月異的需求，且法院與代理人等制度利用人間之溝通也甚為頻繁，主事者均非常歡迎外界建言及學習國外新制度。雖然以往國內產業在專利領域較趨劣勢，被告是國內廠商較多，為保護國內產業損害賠償之計算難免保守尚屬情有可原，但近年國內廠商在專利領域有突飛猛進之成果，在國外連續多年名列專利數量前五名之國家，雖說質方面尚有加強空間，但在半導體光電面板產業國內廠商之專利不論質量均已有長足之進步已非吳下阿蒙，再者以智慧財產法院累計十年涉外智慧財產權侵害案件統計看來，涉外案件約占全部案件之15～20%（因民事訴訟或刑事行政訴訟而有些微差異），其中外國公司為原告之比例高達七八成，但也有不少案

---

[12] 依民事訴訟法第196條規定，未依訴訟進行之程度，於言詞辯論終結前適當時期提出攻擊或防禦方法，乃意圖延滯訴訟，有礙訴訟之終結，法院得駁回之。若經一審法院裁定駁回，依民事訴訟法第447條第3項規定，在第二審提出時，第二審法院亦得駁回之。

件是國外公司互提訴訟，或國內廠商對國外公司提起訴訟，因此為提升權利人行使智慧財產權之誘因，適度提高被告主張專利無效之舉證義務及放寬損害賠償舉證及計算標準應是後續必須檢討之課題。

附件一

民事第一審保全措施及秘密保持命令終結結果 （2008.7-2018.12）					
	准許	撤回	駁回	合計	*其他指移轉管轄及和解
聲請定暫時狀態處分	47	36	71	154	*部分核准及駁回件數以1/2計
保全證據	115	44	251	410	

智慧財產法院民事第一審事件終結情形 （2008.7-2018.12）						
件數（比例）	撤回	勝訴	敗訴	和解	其他（程序）	
	623（23%）	547（20%）	1,052（39%）	324（12%）	164（6%）	
種類	專利權	著作權	商標	其他		
	1,363	691	487	173		
智慧財產法院民事第二審事件終結情形 （2008.7-2018.12）						
種類	專利權	著作權	商標	其他		
	766	316	240	76		

民事第一審專利訴訟事件終結情形 （2008.7-2018.12）						
件數（比例）	撤回	勝訴	敗訴	和解	其他（程序）	
	296（22%）	181（13%）	704（52%）	132（10%）	49（4%）	

民事第一審專利訴訟事件無效抗辯成立比例情形（2008.7-2018.12）						
件數 （比例）	未判斷	有效	無效	成立比例	最近三年 成立比例	
	205.5	113.5	351.5	51.45%	36.67%	

附件二：智慧財產法院民事訴訟終結案件數

	合計	第一審					第二審				
		計	著作權	專利權	商標權	其他	計	著作權	專利權	商標權	其他
2008.7- 2018.12	4,112	2,714	691	1,363	487	173	1,398	316	766	250	76

19

論專利間接侵權
——以我國實務判決爲核心

萬國法律事務所助理合夥律師　黃惠敏

壹、前言

　　專利侵權原則上必須要證明被告之侵權行為符合全要件理論或均等論，始有構成專利侵權之可能，亦即倘非從事專利發明構成全體之實施，而僅實施其一部時，不能逕認為屬於專利權之侵害[1]。然而，侵權人為規避直接專利侵權，市面上開始出現以欠缺一部分要件或零件方式的產品，以迂迴手段侵害他人專利之方式，若堅持僅能以直接侵權規範侵權人，對專利權人保護實有不周。為了強化專利權之保護，開始有主張對於以間接手段侵害專利行為亦應加以規範之呼聲。

　　惟「間接侵權」乃「專利侵權」之例外，某一程度擴大專利權人權利範圍，為避免專利權人之權利無限擴張，影響他人技術創新及市場交易安全秩序[2]，間接侵權在法制度之設計上應有嚴格之要件，包括主觀要件之要求等，始能在專利權人權利之保護與大眾交易安全之間取一個平衡點。舉例而言，賣刀之人並不知道買刀的人是否殺人，當然其雖有販賣行為（客觀上之幫助行為），然而，倘其主觀上並無幫助侵權之故意（或過失），自無庸過度限制正常商業過程中之交易行為。反之，倘賣刀之人明確知悉買刀之人欲殺人，其不但販售刀具，且配合買刀之人之計畫提供刀具、甚至幫買刀之人規劃如何進行，此時，已非正常商業過程中之交易行為，其惡性更進一步，而應予以規範。因此，主觀要件對於「間接侵權」之認定相對更加重要。

　　目前我國專利法制中並無類似美國專利法第271條（b）及（c）「間接侵權」（indirect infringement）之規定，我國智慧財產權局（下稱「智慧財產局」）在民國（以下同）97年時曾

---

[1] 楊崇森，專利法理論與應用，三民書局，頁484。

[2] 楊宏暉，論專利權之間接侵害與競爭秩序之維護，公平交易季刊，第16卷第1期，頁98。

有意順應國際潮流，在專利法修法時增加關於「間接侵權」之規定，特別針對「間接侵權」辦了一場諮詢會議，於98年亦舉辦了「專利間接侵權」國際研討會。然而，與會人士多建議不宜倉促立法，宜待智慧財產法院成立後累積更多案例再評估。智慧財產權局乃決定暫不將「間接侵權制度」納入專利法修正草案，待將來案例累積後再做決定[3]。

　　從當時討論至今，實務上已出現不少處理「間接侵權」之案例，本文旨在分析目前實務上運作狀況，以瞭解目前法制是否以足以因應此一問題，從我國法院相關判決來看，我國法院似乎受到美國立法例之影響，故本文將先介紹美國立法例，再整理我國相關案例，藉由案例之分析，進而對於現行運作狀況更爲瞭解，作爲評估將來是否立法之參考。

貳、美國立法例

　　我國實務判決雖非直接依循美國「間接侵權」之立法例，甚至在判決中明文我國專利法並無間接侵權之規定，然而，由我國法院處理間接侵權之判決看來，我國法院似乎受到美國立法例之影響，如美國法對於「間接侵權」，不論是「誘導侵權」（induce infringement）或輔助侵權（contributory infringement），均要求必須符合一定之主觀要件—「故意」。惟這個「故意」認知的範圍到什麼的程度，非無疑問。美國法上要求「故意」之主觀要件，有其歷史淵源，倘我國需做相同的規定，或可從美國法上「間接侵權」主觀要件之要求加以瞭解。

---

[3]　智慧財產局專利法修法專區，https://www.tipo.gov.tw/ct.asp?xItem=202969&CtNode=6704&mp=1（最後瀏覽日：2019年1月15日）。

一、輔助侵權

間接侵權包括輔助侵權與誘導侵權。輔助侵權規定於美國專利法第271條第（c）項：「要約販賣、販賣或由外國進口機器構件、製品、組合物或化合物，或實施方法專利所使用之材料或裝置，構成專利發明之重要部份，且知悉物品乃特別製作或特別適合於該侵害該專利權，且非具有實質非侵權用途之常見產品者，應負輔助侵權之責任」[4]。由法條文字來看，輔助侵權主觀上以「知悉」（knowing）爲要件，且需知悉該物品是「特別製作或個別適合侵害系爭專利權」。

在Aro II一案[5]中，美國最高法院確立了輔助侵權「知悉」要件之內容，認爲專利法第271條（c）之主觀要件，必須包涵1.被告知悉系爭專利之存在；2.被告知悉所銷售之物品，經由顧客加以組合使用後，將構成專利侵權。最高法院在此採取較爲嚴格之見解，輔助侵權人不僅要知道所販售之物專供與他物結合使用，還必須知悉系爭專利之存在及組合後會侵害到該專利，缺一則不符合輔助侵權之主觀要件。

二、誘導侵權

誘導侵權規定於美國專利法第271條第（b）項規定：「任

---

[4] 35 U. S. C. §271 (c) ("Whoever sells a component of a patented machine, manufacture, combination or composition, or a material or apparatus for use in practicing a patented process, constituting a material part of the invention, knowing the same to be especially made or especially adapted for use in an infringement of such patent, and not a staple article or commodity of commerce suitable for substantial noninfringing use, shall be liable as a contributory infringer.")

[5] Aro Manufacturing Co. v. Convertible Top Replacement Co., 377 U.S. 476, 488-491 (1964).

何積極誘導專利侵權者，應承擔侵權責任」[6]。其中，「積極誘導」（actively induces）一詞透露出誘導侵權者應該對於其誘導行為有一定之主觀認知。因此，美國實務上多要求「誘導侵權」者主觀上必須有故意，只是因為「積極誘導」（actively induces）文字上並不明確，因此主觀故意認知的程度為何，困擾美國法院及相關評論者良久。

美國實務界針對這個問題分成兩派意見：

（一）第一派意見認為，誘導侵權者只要知悉其行為會使直接侵權人實行構成專利侵權之「行為」之程度即可，此以Hewlett-Packard Co. v. Bausch & Lomb, Inc.[7]一案為代表：

（二）另一派意見則認為，誘導侵權者必須知悉其行為會使「直接侵權人構成專利侵權」，此派見解以Manville Sales Corp. v. Paramount Systems, Inc.[8]為代表，在本案中，聯邦巡迴法院雖肯認公司主管在協助公司侵權時，其個人亦可能構成誘導侵權，但是原告必須證明「被控訴侵權者之行為誘導侵權行為且誘導侵權者知悉或應該知悉其行為會誘導專利侵權確實發生」。聯邦法院特別指出僅知道其行為會引起侵權行為並不足以構成誘導侵權，必須誘導侵權者對於「系爭專利」有所知悉才算構成侵權。

兩派意見之差異在於後者要求誘導侵權人必須知道其誘導的行為必定會發生專利侵權，且對於「被侵害之專利」有所知悉，而前者只要對於「行為」有所知悉即可。

美國聯邦巡迴法院對於「誘導侵權」之主觀要件程度在Hewlett-Packard Co. v. Bausch & Lomb, Inc.與Manville Sales Corp. v. Paramount Systems, Inc.二案有不同的見解，而這兩案

---

[6]　35 U.S.C. § 271(b) ("Whoever actively induces infringement of a patent shall be liable as an infringer").

[7]　909 F.2d 1464 (Fed. Cir. 1990).

[8]　917 F.2d 544 (Fed. Cir. 1990).

判決時間均是在西元1990年，時間相當接近，這個問題卻一直在美國實務界爭論不休，聯邦巡迴法院始終無法解決此問題。直到西元2011年在Global-Tech Appliances, Inc. v. SEB, S.A.[9]一案（下稱「SEB」案），美國最高法院才解決此爭議。美國最高法院認為「誘導侵權者必須知道他的誘導行為會構成專利侵權」，且將「刻意視而不見」（willful blindness）納入「知悉」之內容，亦即被告不能以自身行為刻意迴避得知其明知有高度可能性之事實，而排除其他主客觀具體違法事證，「刻意視而不見」與實際知悉（actual knowledge）具有相同之可責性[10]。

在本案中，由於被告故意漠視原告專利之存在，且被告的確有仿冒原告的油炸煎鍋，卻未告知其律師曾仿冒原告的油炸煎鍋之情事。最後，原告提出如果在外國已經有相當的證據證明被告仿冒系爭產品，被告當然有責任在美國販賣前就應該確定沒有侵害美國的專利權，被告仿冒了原告的油炸煎鍋，卻未在銷售至美國前再做專利檢索，被告最少也符合狹義的主觀要件要求。

最後，最高法院在本案做出以下之說明：1.誘導侵權者必須「知悉」其行為會構成專利侵權，卻仍誘導他人為之；2.明知（actual knowledge及constructive knowledge）與「刻意視而不見」（willful blindness）皆屬於「知悉」（knowledge）之範

---

[9]　563 U.S., 131 S. Ct. 2060 (2011).

[10]　在SEB案中，原告SEB S.A.（「SEB」）擁有系爭專利，Global-Tech Appliances, Inc.透過其子公司Pentalpha Enterprises, Ltd.製造、銷售侵害SEB的油炸鍋，銷售給在美國的其他公司，SEB在紐約南區的地方法院控告Pentalpha及其他公司直接侵權，並控告Pentalpha誘引侵權。Pentalpha主張「不知道系爭專利」，主張無誘引侵權。但法院認為在本案之情況，Pentalpha仍應負誘引侵權的責任，因Pentalpha曾經仿冒系爭專利之設計、以製造侵權物，且Pentalpha雖然曾請律師進行「專利侵權檢索」，但其並未告知律師曾經仿冒SEB的油炸鍋來研發自己的產品，最後有相當的證據顯示Pentalpha的總裁對於美國專利有相當的瞭解，且對於SEB的專利有相當認識。聯邦巡迴法院檢視所有具體狀況，認定Pentalpha「故意漠視SEB專利存在之風險」。

圍；3.「刻意視而不見」需符合兩要件：（1）誘導侵權者主觀相信侵權之事實很可能存在；（2）誘導侵權者故意避免獲悉侵權之事實。

三、間接侵權以直接侵權成立為前提

在美國法判例發展下，輔助侵權及誘導侵權皆以「直接侵權」成立為前提，如在Aro I一案[11]中，美國最高法院即明確表示輔助侵權仍以直接侵權為前提，如果直接侵權未成立，輔助侵權也不會成立；在誘導侵權之部份，同樣採從屬說，需以直接侵權成立為前提[12]。

參、我國法院對於專利間接侵權之判決趨勢

本文謹以「間接侵權」及「專利」為關鍵字搜尋司法院法學資料庫之判決（104年3月以前之判決[13]），藉以瞭解我國法院對於此問題之解決方式及態度。謹就法院曾經表示過意見之判決列表如下並說明如後：

---

[11] Aro Manufacturing Co. v. Convertible Top Replacement Co. (Aro I), 365 U.S. 336, 341-342 (1961).

[12] Limelight Networks, Inc. v. Akamai Techs, Inc., 134 S. Ct. 2111, 2117-18 (2014).

[13] 本文於2019年1月重新檢視我國智慧財產法院判決，截至2019年1月我國智慧財產法院對於專利間接侵權之見解仍與先前相同，並未有不同之見解。參智慧財產法院107年度民專訴字第13號民事判決、智慧財產法院107年度民專訴字第45號民事判決、智慧財產法院105年度民專訴字第66號民事判決、智慧財產法院105年度民專訴字第58號民事判決、智慧財產法院104年度民專訴字第54號民事判決、智慧財產法院103年度民專上更（一）字第4號民事判決、智慧財產法院103年度民專上字第2號民事判決等。

表一

編號	判決字號	判決日期
1	台灣高等法院93年上易字第44號民事判決	93年11月17日
2	智慧財產法院97年度民專訴字第00005號民事判決	97年10月28日
3	智慧財產法院97年度民專上字第20號民事判決	98年3月19日
4	台灣新竹地方法院95年度重智字第8號民事判決	99年11月19日
5	台灣新竹地方法院98年度重智字第3號民事判決	99年11月30日
6	智慧財產法院100年度民專訴字第69號民事判決	101年5月11日
7	智慧財產法院101年度民專上易字第1號民事判決	101年6月7日
8	智慧財產法院99年度民專訴字第59號民事判決	101年6月14日
9	智慧財產法院101年度民專上字第22號民事判決	102年5月2日

一、實務案例明確否定我國有類似美國之「間接侵權」之法制

我國高等法院93年上易字第44號民事判決是我國相當早期出現「間接侵害」一詞的判決[14]，我國高等法院依據財團法人中華工商研究所之鑑定意見認定系爭買賣標的物侵害他人專利，其理由為「本案採用『間接侵害』概念並用均等論進行判斷，亦即係爭水燈雖缺乏專利範圍之一零件，但此零件為一普及物，並可經由簡單之購買或容易之組裝完成，且係爭水燈已具備組合該零件組合部位（預備組合結構），應視為對於專利權範圍之侵害」。惟，財團法人中華工商研究所之鑑定意見是否正確，非無

---

[14] 本件與一般由專利權人直接向被控侵權人主張之案件不同，本件爭議在於買方向賣方主張因買賣標的有瑕疵（「侵害他人專利」），請求解除買賣契約、返還買賣價金之民事案件。

疑問。

　　首先，何謂「間接侵害」？此處之間接侵害是否等同於美國法上之「間接侵權」？倘此處的「間接侵權」與美國法上之「間接侵權」不同，則其所謂之「間接侵害」爲何？實則，財團法人中華工商研究所侵權鑑定既已指明「系爭水燈缺乏專利範圍之一零件」，依照專利侵害鑑定要點，「若待鑑定對象欠缺解析後申請專利範圍之任一技術特徵，即不適用『均等論』，應判斷待鑑定對象未落入專利權範圍」，則本案應該根本無「均等論」之適用。此時，自然要依照「間接侵權」之法理處理。惟，財團法人中華工商研究所侵權鑑定欠缺一零件之情況下，仍以「均等論」判斷，即已混淆「直接侵權」與「間接侵權」之概念。我國高等法院於本案一方面使用「間接侵害」之概念，另一方面又使用直接侵權之「均等論」判斷，已有矛盾。

　　後續雖陸續有原告引用本判決作爲我國亦有「間接侵權」判決之證據，如「我國新竹地方法院95年度重智字第8號民事判決」及「我國新竹地方法院95年度重智字第8號民事判決」，但均被承審法院指出「我國高等法院93年上易字第44號民事判決」的「間接侵害」實指「直接侵害」之均等論，而否認我國已承認「間接侵權」之法制。

　　其他判決亦多不承認我國專利法制中有「間接侵權」之規範，如我國新竹地方法院95年度重智字第8號民事判決、我國新竹地方法院98年度重智字第3號民事判決。我國新竹地方法院98年度重智字第3號民事判決更明確指出，我國專利法制並無間接侵權責任之概念，因此，如未直接參與或介入第三人侵害專利權之活動，尚不得僅以其與第三人之侵權行爲有所關連，而令該人負侵權責任[15]。反面解釋，似乎認爲「如果直接參與或介入第三

---

[15] 智慧財產法院97年度民專上字第20號民事判決、智慧財產法院100年度民專訴字第69號民事判決亦有類似文字。

人侵害專利活動」，仍可令該人負侵權責任。不過，倘是因直接參與或介入第三人侵害專利權之活動，是否已不是「間接侵權責任」，而是「就其行為參與或介入」專利侵權行為「直接」負責？此亦值得思考。

二、實務上改以民法第185條處理

由上可知，我國法院多認為我國並無間接侵權之法制，為解決這個問題，不少專利權人轉改主張「民法第185條第1條共同侵權行為」或「民法第185條第2項造意、幫助」之規定尋求解決之方式。

（一）民法第185條第1項：共同侵權行為

我國新竹地方法院95年度重智字第8號民事判決引用「司法院66年例變字第1號」，指出「共同侵權行為人仍須各自具備侵權行為之要件」，若其中一人無「故意或過失」及「不法行為」，則其並非侵權行為人，即非共同侵權行為人，自無與其他具備侵權行為要件之人，負共同侵權行為之連帶賠償責任。法院認為本案被告產銷系爭晶片之行為，依我國專利法並未對原告構成專利之侵權行為，而我國民法第185條第1項規定之共同侵權行為，其前提必須各個行為人本身均獨立構成侵權行為，因此，被告既然未對原告構成侵權行為，則即不構成共同侵權行為，負連帶賠償責任。

（二）民法第185條第2項：造意、幫助

1. 主觀要件大部分限於「故意」

智慧財產法院97年度民專上字第20號民事判決及智慧財產

法院101年度民專上易字第1號民事判決均引用最高法院92年度
台上字第1593號民事判決,肯認民法第185條第2項所謂之「造
意」、「幫助」,相當於刑法上之「教唆」、「幫助」概念,
「造意」係指教唆他人使生侵權行為決意,並進而為侵權行為;
「幫助」指予行為人助力,使之易於為侵權行為,其助力包含物
質及精神上幫助。主侵權行為人須為侵權行為,且客觀上造意、
幫助行為均須對侵權結果之發生有相當因果關係,造意人、幫助
人始負共同侵權責任。

　　細譯各判決,雖均主張以「故意」為要件,但程度仍略有不
同,可以分為以下三種:

(1) 主觀上須知悉所為何事

　　造意人、幫助人或被造意人或幫助人需「須知悉所為何
事」,此可以智慧財產法院97年度民專訴字第00005號民事判決
為例:「所謂『造意』或『幫助』,前者指原無該意,經他人告
知後而生其意,後者指原有該意,經他人之助而遂其意而言(不
論是否知悉獲有幫助),惟不論何者,該行為人(即被造意者或
被幫助者)均明知其所為何事。而本件被告僅係販售含有皮利酮
鹽類成分之『泌特士』藥品,在其仿單中並未告知病患於購買
服用後,於身體內可產生M-III及M-IV化合物,進而鼓勵病患服
用,病患服用含有皮利酮鹽類成分之『泌特士』藥品,其目的在
於治療糖尿病,而非意欲製造M-III及M-IV化合物,被告並不符
合『造意』或『幫助』行為。」

　　依此判決,不僅是造意人或幫助人需有故意,被造意人或
被幫助人亦必須有故意,否則即不構成「造意」或「幫助」行
為,且行為人均「明知其所謂何事」。如被造意者或被幫助者
(病患)並不知道其所為何事(服用後於身體可產生侵權之化合
物),被告仍不符合「造意」或「幫助」行為。依此見解,造
意、幫助應以「直接侵權」成立為前提,直接侵權人(被造意者

或被幫助者）亦應有故意，成立「直接侵權」後，始有造意或幫助之成立。

（2）主觀上須知悉侵害系爭專利

　　智慧財產法院97年度民專上字第20號民事判決[16]進一步指出，不僅是對於「行為」必須有認知，主行為人還必須知悉「侵害系爭專利」：「惟醫師及病患（主行為人）顯然未具侵害上訴人第135500號專利權之故意或過失，而不構成侵權行為，被上訴人自無何『教唆他人使生侵權行為決意，並進而為侵權行為』之造意行為可言。」依此，被造意人或被幫助人知悉所為何事，還必須對於「所侵害之專利」有所知悉，否則即不構成故意。智慧財產法院100年度民專訴字第69號民事判決也採相同見解。惟舉證之所在，敗訴之所在，要求證明被造意人或被幫助人具體知悉侵權專利為何，而非僅僅知悉所為何事，等於更加重了原告之舉證責任。

（3）知悉其所製造、販賣之系爭產品係實施係爭專利申請專利範圍第1項之主要核心技術（essential element）內容

　　智慧財產法院101年度民專上易第1號民事判決表示，被告還必須知悉「其所製造、販賣之係爭產品係實施係爭專利申請專利範圍第1項之主要核心技術內容」。換言之，僅知道侵害系爭專利還不足夠，還必須對於係爭專利申請專利範圍侵權項之主要核心技術內容所知悉：「被上訴人主觀上並不知悉其所製造、販賣之係爭產品係實施係爭專利申請專利範圍第1項之主要核心技術內容（essential element），日後如將本體與袋體結合為一

---

[16] 本案是「日商武田藥品工業股份有限公司」對前開「智慧財產法院97年度民專訴字第00005號民事判決」之上訴，同樣由智慧財產法院審理，智財法院採相同之見解，駁回上訴。

體，並於袋體內填設有碎石，即可完全落入係爭專利申請專利範圍第1項，難認有何『給予侵權行爲人助力，使之易於爲侵權行爲』之幫助故意可言」。

2. 少數案例認爲主觀上「過失」亦可

僅有「智慧財產法院99年度民專訴字第59號民事判決」引用最高法院98年度台上字第1790號判決，認爲民法第185條第2項之造意，乃教唆「爲侵權行爲」之造意，與刑法不同，不以「故意」爲必要，亦得有「過失」之教唆，倘若因欠缺注意而過失造意教唆第三人，該第三人亦因欠缺注意過失不法侵害他人之權利，則造意人之過失附合於行爲人之過失，侵害他人之權利，造意人視爲共同行爲人，即應與實施侵權行爲之人，負連帶損害賠償責任。

本判決認爲對於明知或可得而知他人有專利權，或有注意義務，卻仍實施侵害行爲者，即無保護必要，以實現專利法保護專利權之意旨及公平正義之原則，故其綜合各種客觀情況判斷認爲，被告本即此領域之知名廠商，擁有多項相關專利，就營業規模及組織，絕對有預見或避免因侵害原告專利致損害發生之能力及注意義務，卻仍未注意而侵害並使上開產品及規格書流通於市場上，致生自己或他人直接侵害係爭專利申請專利範圍第1項之行爲，顯有未盡注意義務之過失，及亦屬可得而知他人有專利權之情形。此判決將主觀要件擴及過失，並且賦予被告注意義務，尤其與專利權人屬於同一領域之廠商，此判決對於專利權人有利。但與美國間接侵權要求嚴格之主觀要件不同。

三、以「直接侵權」成立為前提

不論主觀要件是故意或包含過失，目前我國實務見解皆以「直接侵權」成立爲前提，始得依民法第185條第2項之造意或

幫助主張責任。

　　實務上多以直接侵權人不知情、直接侵權人無故意或過失，直接侵權不成立，故造意或幫助行為亦不成立為由，駁回原告之主張。如智慧財產法院99年度民專訴字第59號民事判決即認為民法第185條第2項造意或幫助犯之成立，必以有「直接侵權行為人」之存在為前提。智慧財產法院97年度民專上字第20號民事判決及智慧財產法院100年度民專訴字第69號民事判決亦採相同見解。

四、小結

　　總結我國目前實務見解如下：

（一）我國專利法無間接侵權之規定

　　蓋我國專利法尚未明文規定，但也並不排除依照民法第185條第1項共同侵權、第2項造意、幫助行為之規定判斷。

（二）關於主觀要件程度之要求

　　大部分認為僅限於「故意」，只有「智慧財產法院99年度民專訴字第59號民事判決」認為「過失」亦可，賦予廠商有注意他人專利之義務。至於故意認知之程度，略有不同，如「須知悉所為何事」、「須知悉侵害系爭專利」，甚至應到達「知悉其所製造、販賣之係爭產品係實施係爭專利申請專利範圍之主要核心技術內容（essential element）」之程度。

（三）造意或幫助行為，需以「直接侵權」成立為前提，採從屬說

　　然而，此見解之困境在於往往無法證明直接侵權人對於侵害

專利權之事實無故意，既然沒有故意，直接侵權不成立，自然亦
無法規範間接侵權人。尤其在直接侵權人是消費者、醫師或病人
之狀況下，往往難以課以直接侵權人確認是否侵害專利之義務，
對於消費者、醫師或病人而言，是否侵害專利權並非其所關心的
重點。然而，倘若直接侵權人並非消費者，而是購買零件組裝的
公司，如在同一製造產業之上下游公司，是否可推諉不知處於同
一領域大廠之專利，非無爭議。此亦是爲何在「智慧財產法院
99年度民專訴字第59號民事判決」中，法官會認爲有規格書、
交易廠商之存在，逕行推論當然有直接侵權人。從而，對於製造
零件之廠商（間接侵權人）之主觀程度要求較低，主觀上未必要
到達「故意」之程度，即使只有「過失」亦可。此見解與美國間
接侵權需以直接侵權成立爲前提是一致的。

肆、民法第185條之相關見解

　　由上開法院之見解可知，我國法院直接否認間接侵權之主
要原因，在於我國專利法制中並無「間接侵權」之明文。但由於
專利權人仍有解決「間接侵權」之需要，亦多嘗試以民法第185
條解決此問題。我國智慧財產局在修法提案中，亦提及非不可以
民法第185條處理本問題[17]，但智慧財產法院成立迄今，對於此
類案件卻多以「直接侵權人無故意或過失」、「直接侵權不成
立」，作爲駁回民法第185條處理「間接侵權」議題之理由，對
專利權人賦予相當重的舉證責任。

　　尤其是針對民法第185條第2項教唆、幫助之主觀要件，智
慧財產法院對於專利侵權案件之見解與我國實務及學者在處理一
般案件時之見解不同，非無加重專利權人責任之嫌。詳如下述：

---

[17] 同前註4。

一、最高法院之見解

（一）主觀上不限於故意，過失亦可

　　傳統對於民法第185條第2項「造意」及「幫助」行為，最高法院認為並不限於以「故意」為主觀要件，「過失」亦可構成。如最高法院99年度台上字第1207號民事判決。

　　最高法院98年度台上字1790號判決亦明揭，「亦得有過失之教唆」，亦即倘若欠缺注意而過失之造意教唆第三人，該第三人亦因欠缺注意過失不法侵害他人之權利，則造意人之過失附合於行為人之過失，侵害他人之權利，造意人視為共同行為人，即應與實施侵權行為之人，負連帶損害賠償責任。

　　前開智慧財產法院判決嚴格要求主觀要件為「故意」之判決所引用之「最高法院92年度台上字第1593號民事判決」，事實上亦明揭主觀要件不限於「故意」：「次查民法第185條第1項所謂之數人共同不法侵害他人之權利，……且均須有故意或『過失』，並與事故所生損害具有相當因果關係者始足當之；第2項所稱之幫助人，係指幫助他人使其容易遂行侵權行為之人，其主觀上須有故意或『過失』，客觀上對於結果須有相當因果關係，始須連帶負損害賠償責任」。

（二）客觀上對於結果需有相當因果關係，並不要求「直接侵權」之成立

　　除了主觀要件之外，所有實務見解均提及共同侵權行為或「造意」或「幫助」行為應該對於「結果」有相當因果關係，共同侵權人或「造意」、「幫助」之人始負連帶賠償責任，並未提及需以「直接侵權」成立，作為教唆、幫助成立之前提。

　　至於幫助行為之「因果關係」如何判斷，最高法院99年台上字第1058號民事判決提及「應以加害行為與損害發生及其範

圍間之因果關係為主，倘幫助行為結合受幫助人之侵權行為後，均為損害發生之共同原因，即足堪認定幫助人應連帶負損害賠償之責，至於幫助行為與受幫助人之侵權行為間是否具有因果關係，則非所問」，亦應證明幫助行為結合受幫助人之侵權行為是否為損害發生之共同原因。

二、學者見解：不限於以「故意」為主觀要件，但應判斷是否有「因果關係」

孫森焱大法官認為：「造意人及幫助人對於教唆或幫助之行為須有故意或過失，被害人所受損害與教唆或幫助行為之間並應有因果關係」，並舉例說明，如公務員甲職司土地測量因過失指示疆界錯誤一案，乙雖明知指示有誤，乃將錯就錯，越界建築福屋，侵害鄰地所有權，自應負共同侵權行為責任[18]。

學者王澤鑑教授則認為，關於過失造意（教唆）或過失幫助，則依「行為關連加害行為」處理之，同樣舉了公務員甲過失指示疆界錯誤侵害鄰地所有權負共同侵權行為責任之例子。同時亦舉一例，甲實習銀行經理乙因過失交付存單予丙，丙偽造存單，向丁銀行冒領款項時，對丁權益受侵害，亦具共同原因，應連帶負損害賠償責任[19]。

綜上可知，我國學者及實務對於「造意」、「幫助」之侵權行為，特別要求對結果之發生有「相當因果關係」，始需連帶負損害賠償責任，並無如刑法教唆或幫助犯需以「直接正犯」成立作為「間接正犯」成立前提（即「從屬說」）之要件。前揭孫森焱大法官及王澤鑑教授之見解，亦肯認縱屬過失，但只要與結果之發生有相當因果關係，即足以構成共同侵權行為。此與前開智

---

[18] 孫森焱，民法債篇總論，孫森焱發行，三民經銷，頁284頁（2008年）。

[19] 王澤鑑，侵權行為法第二冊，頁41（2006年7月）。

慧財產法院多數見解（主觀上需故意，且需有直接侵權存在），顯增加我國民法第185條所無之限制，非無檢討之處。

三、以現行民法共同侵權行為處理「間接侵權行為」之困境

（一）目前實務處理方式限縮民法第185條之主觀要件

依照我國實務及學說上一般對於共同侵權之主觀要件要求，並不限於「故意」，只要客觀上「行為關連」，亦即侵害行為與損害發生之間有因果關係即應該成立。

然而，將共同侵權理論套用在「專利侵權」上，卻會發現我國多數法院有意或無意地極力地限縮「共同侵權」之主觀要件，不僅主觀要件限於故意，更限縮「必須知悉侵權物是用系爭專利之『主要核心技術內容（essential element）』」[20]之故意，且需以「直接侵權」成立為前提要件。

尤其，我國實務已肯認民事共同侵權之「造意」、「幫助」與刑事的「教唆」、「幫助」不同，但何以在面對「專利侵權」訴訟時，智財產法院又採不同的態度？這樣因案件性質不同而變更對於要件認定之法院態度，非無疑問。

是否是因為我國法院受到當初智慧財產權局決定不立法之影響，因恐對我國產業造成重大影響，從而限縮共同侵權於專利間接侵權之適用，並且參酌美國立法例將主觀要件限於「故意」？然而，如此一來，反而造成「專利侵權案件」獨立於其他共同侵權類型處理，就法理一致性來說，實有重大問題。倘要解決此問題，實應從基本上之「專利間接侵權」之立法著手。

---

[20] 詳參智慧財產法院101年度民專上易字第1號民事判決。

（二）主觀要件採「過失責任」，造成專利權人舉證困難

美國「直接侵權」是採嚴格責任（strict liability），類似我國無過失責任，即不論主觀上有無故意或過失，只要有侵害專利權之行為，即應該負責。因此，只要客觀上被告有侵害專利權之行為，即屬違反專利法之規定而應負損害賠償責任，而在間接侵權之案件上，專利權人只要可以證明有直接侵權存在即可，毋庸證明直接侵權人是否有故意或過失。

然而，我國專利侵權之主觀要件，早期因為修法前之專利法第84條第1項並未明文主觀要件，論者有謂因專利侵權仍為侵權行為損害賠償，而應以加害人有「故意或過失」為前提，而主張「過失責任」[21]；亦有主張因修法前專利法第56條屬於民法第184條第2項「違反保護他人法律之責任」，從而主張「應推定有過失」[22]或「無過失責任」者[23]。在專利法修法後，目前已明文以「故意或過失」為主觀要件[24]。

我國直接侵權既是採「過失責任」，法官自然會要求原告應該證明「直接侵權人」是否有故意或過失，然而問題就在於「直接侵權人」可能是終端消費者、或不知情的第三人，而在一般業界之情況，更有相當的可能是專利權人之交易相對人，專利權人基於商業考量，未必會向交易相對人主張專利侵權責任。規定專利侵權需以故意或過失為主觀要件，將導致因專利權人無法證明直接侵權人之故意或過失，造意或提供幫助之間接侵權人反而可脫免其責任之情況。

---

[21] 詳參最高法院93年度台上字第2292民事判決號。
[22] 詳參最高法院94年度台上字第1340號民事裁定。
[23] 詳參我國高等法院台中分院91年度上字第55號民事判決。
[24] 我國專利法第96條第2項規定，「發明專利權人對於因故意或過失侵害其專利權者，得請求損害賠償。」

（三）無例外規定

　　如美國、日本及德國法制，除明文「間接侵權」之規定外，為維護市場交易秩序之安定，避免動輒得咎，也會制定例外規定[25]，除非修法，否則很難以民法第185條規定來處理此議題，尤其是如何說明為何專利侵權與其他侵權行為不同而有例外規定。

（四）現行民法無法完全解決「間接侵權」之問題

　　事實上，各國在處理「間接侵權」之問題時相當小心，避免過度規範，造成正常交易過程之困擾，如美國立法例在「誘引侵權」的部分，會加上「積極誘導」（actively induces）之要件，除了誘導行為之外，還需要積極行為。而在「幫助侵權」的部分，除了主觀要件要求外，尚必須「不是常用商品或具有實質性非侵權用途之商品」，且亦有其他例外規定。單以現行民法之規定，要處理間接侵權之問題，不免有疏漏。

伍、結論與建議

　　針對我國相關案例之分析，本文之結論與建議如下：

一、智慧財產法院將「間接侵權」之主觀要件限於「故意」，加重原告舉證責任

　　按專利直接侵權僅為「過失責任」，但智慧財產法院在處

---

[25] 如美國專利法第271條第(c)項即排除「具有實質非侵權用途之常見商品」之狀況，不構成輔助侵權。

理「間接侵權」問題時，卻限縮於「故意」，此不但不符合最高法院之見解，法院亦無實際依據之基礎。事實上我國民法第185條之設計目的，本不在處理「專利權」之侵害問題。以民法共同侵權法理處理「間接侵權」之問題，難免會發生不周全之處。如對於主觀要件要求之程度，大部分智財法院僅限於「故意」之見解，似乎與我國最高法院之見解不符。

　　前開判決之理由大部分皆基於短短的「最高法院92年度台上字第1593號民事判決及王澤鑑，「侵權行為法」，第456至458頁參照）」等語[26]，即將「造意」、「幫助」之主觀要件限於「故意」。惟查，最高法院92年度台上字第1593號民事判決[27]及王澤鑑教授，並未將「共同侵權行為」、「造意」、「幫助」行為之主觀要件限於「故意」，此實為我國智慧財產法院之誤解。是以，前開實務見解在處理「間接侵權」時，將主觀要件限縮於「故意」，並加了「以直接侵權成立」為前提之要件，反而加重了我國專利權人舉證上之困難，實則無法達到規範間接侵權之目的。

二、「間接侵權」明文化

　　雖有論者認為，專利間接侵權對於我國OEM及ODM產業之發展不利，但此是否能成為我國法制獨立於世界潮流之理由？蓋即使我國無專利間接侵權之規定，但我國主要出口國如美國、歐盟等，均已有「專利間接侵權」之規定，我國廠商於國外間接侵權，仍無法避免在主要出口國如美國、歐盟等國家發生爭訟，我國廠商於他國爭訟，未必會比在我國法院解決為佳，所花費的勞

---

[26] 如智慧財產法院101年度民專上易字第1號民事判決及智慧財產法院100年度民專訴字第69號民事判決。

[27] 詳參最高法院92年度台上字第1593號民事判決。

力、物力及訴訟費用也相對較高；況且，我國雖無「間接侵權」
之立法，我國智慧財產法院卻仍然是依照國際間對於專利間接侵
權之規定爲判斷，如智慧財產法院101年度民專上易字第1號民
事判決即創設出「知悉侵權物是用系爭專利之主要核心技術內容
（essential element）」之主觀要件，此即類似美國誘導侵權之
主觀要件內容。

　　本文認爲明確立法反而可以釐清「專利間接侵權」之主、客
觀要件之問題；甚者，明文規定「排除規定」，更有助於我國廠
商在訴訟上之防禦主張，減少適用我國民法第185條時發生之不
確定性及適用歧異。

國家圖書館出版品預行編目資料

台灣IP法制近十年發展／萬國法律事務所著. -- 初版. -- 臺北市：五南，2019.04
面；　公分
ISBN 978-986-763-390-3（平裝）

1.智慧財產權　2.法制　3.臺灣

553.433　　　　　　　　108005419

4U13

台灣IP法制近十年發展

作　　者 ― 萬國法律事務所

發 行 人 ― 楊榮川

總 經 理 ― 楊士清

副總編輯 ― 劉靜芬

封面設計 ― 王麗娟

出 版 者 ― 五南圖書出版股份有限公司

地　　址：106台北市大安區和平東路二段339號4樓

電　　話：(02)2705-5066　傳　　真：(02)2706-6100

網　　址：http://www.wunan.com.tw

電子郵件：wunan@wunan.com.tw

劃撥帳號：01068953

戶　　名：五南圖書出版股份有限公司

法律顧問　林勝安律師事務所　林勝安律師

出版日期　2019年4月初版一刷

定　　價　新臺幣480元